PRÁTICAS PSICANALÍTICAS NA COMUNIDADE

Blucher

PRÁTICAS PSICANALÍTICAS NA COMUNIDADE

Relatos em dois atos

Sonia Terepins

Silvia Bracco

Organizadoras

Práticas psicanalíticas na comunidade: relatos em dois atos

Editora Edgard Blücher Ltda.

Publisher Edgard Blücher
Editor Eduardo Blücher
Coordenação editorial Jonatas Eliakim
Imagem da capa Felipe Ferraz

Colaboradores
Adriana Nagalli de Oliveira
Alice Lekowicz
Ana Laura Huitizil
Ana Rozenfeld
Eduardo de São Thiago Martins
Fryné Santisteban
Pablo Dragotto
Luiz Moreno Guimarães Reino
Margarita Cervantes
Monica Sá
Susana Balparda

Blucher

Rua Pedroso Alvarenga, 1245, 4º andar
04531-934 – São Paulo – SP – Brasil
Tel.: 55 11 3078-5366
contato@blucher.com.br
www.blucher.com.br

Segundo o Novo Acordo Ortográfico, conforme 5. ed. do *Vocabulário Ortográfico da Língua Portuguesa*, Academia Brasileira de Letras, março de 2009.

Dados Internacionais de Catalogação na Publicação (CIP)
Angélica Ilacqua CRB-8/7057

Práticas psicanalíticas na comunidade: relatos em dois atos / organizado por Sonia Terepins, Silvia Bracco. – São Paulo : Blucher, 2022.

384 p. : il.

Bibliografia
ISBN 978-65-5506-474-2 (impresso)

1. Psicanálise 2. Problemas sociais I. Terepins, Sonia II. Bracco, Silvia

22-5005 CDD 150.195

Índice para catálogo sistemático:
1. Psicanálise

Conteúdo

Prefácio
A democracia excludente e a clínica psicanalítica em tempos de neoliberalismo

Bernardo Tanis
Sociedade Brasileira de Psicanálise de São Paulo

Nós psicanalistas não estamos imunes a formular ou aderir a discursos ancorados em ilusões supostas como verdades. Seduzidos pelo canto das sereias, ora fascinados pela inefável e inapreensível natureza do ser, ora por teorias em torno das dimensões mais arcaicas do psiquismo e sua constituição ou ao buscar formas de continência para aquilo que no real escapa à simbolização (ao laço social). Sem dúvidas, todos esses são assuntos relevantes e caros à investigação psicanalítica e merecem nossa atenção, no entanto observo que este fascínio, por momentos conduz a certas repetições de natureza narcísica sobre o saber (não suposto). Enquanto isso, vemos milhões de indivíduos condenados a um deserto excludente e solitário para os quais a nossa escuta, uma palavra no contexto transferencial, grupal, institucional, vincular poderia ser uma voz em meio a um desamparo social esmagador e traumático. Porque contrapor estes dois aspectos da realidade que bem poderiam não ser excludentes.

Não se trata aqui de um moralismo militante, mas de um convite à reflexão, à interrogação sobre a ética psicanalítica em face ao desamparo social e o lugar que esta reflexão ocupa em nossas instituições, congressos e formação de analistas. Nada novo enquanto a existência na modernidade de uma democracia excludente,[1] a não ser que nas últimas décadas tem se agudizado em função das políticas neoliberais.[2]

> *Baseado em um conjunto de práticas de gerenciamento do mal-estar – por exemplo, a individualização da culpa, o repúdio ao fracasso depressivo, o louvor maníaco do mérito e a criação de um estado de crises e reformulações, bem como de anomia e mudanças permanentes –, o neoliberalismo consegue extrair um a-mais de produtividade das pessoas (Da Silva Jr & Safatle, 2021).*

Se o futuro é incerto, não podemos negar que em parte construímos esse futuro, ao menos parcialmente, ele reside em nossas ações concretas, nossas intervenções, atitudes e propostas para sustentar o vigor de nosso campo. Assim, impõe-se uma indagação sobre a psicanálise que almejamos continuar construindo e o lugar que nela ocupa a sensibilidade à dor e ao sofrimento psíquico em todos os contextos em que ela se manifesta. A partir desta perspectiva irredutível ao intrapsíquico e intersubjetivo a produção social

---

1 Geneviève Fraisse, em seu livro *Musa da razão: a democracia excludente e a diferença dos sexos* (1989).

2 A bibliografia é imensa. Destaco apenas um trabalho recente de um grupo de investigação no Brasil: *Neoliberalismo como gestão do sofrimento psíquico*, de Nelson da Silva Junior e Vladimir Safatle (Autêntica, 2021).

da subjetividade deve ser pesquisada com rigor epistemológico e incluída no modo em que afeta as anteriores.[3]

Este livro, organizado por Sonia Terepins e Silvia Bracco, diretoras de Comunidade e Cultura de FEPAL, nos proporciona uma resposta inquestionável, trazendo a diversidade de contextos e intervenções a partir de uma escuta psicanalítica estendida, demonstrando assim o potencial transformador da psicanálise. Agradeço a ambas pelo convite para prefaciar este importante livro, sinto-me honrado e as felicito pela iniciativa.

As organizadoras solicitaram breves relatos de intervenções na comunidade em diferentes cenários e práticas variadas. Se sucedem em seus capítulos situações em múltiplos contextos de sofrimento psíquico. Os relatos solicitados foram agrupados em quatro eixos: Clínica na comunidade, Clínica da comunidade, Abismo social e Pandemia. A esse primeiro momento dos relatos deram o nome de *Primeiro Ato*. Posteriormente foram convidados notáveis analistas de diferentes países latino-americanos para tecer reflexões teórico-clínicas sobre cada um dos relatos, denominado *Segundo Ato*.

O resultado é de uma riqueza admirável, se constitui como uma trama complexa, com muitos pontos de contacto e aberturas, que permite várias vias de entrada, assim como no clássico "Jogo de Amarelinha", de Cortázar. As experiências e as reflexões convocadas constituem um verdadeiro convite a ampliar os limites por vezes demasiado estreitos da clínica e da metapsicologia. Ampliar a escuta nos diferentes cenários nos convoca a novos interrogantes assim como a rever caminhos consagrados.

---

3 Ver p.e. Silvia Bleichmar (2004). Límites y excesos del concepto de subjetividad en psicoanálisis. *Revista Topía*, año XIV, n. 40, Buenos Aires.

Qualquer leitor médio interessado nos fenômenos de nosso mundo atual se depara com um caldeirão de significantes: fronteiras rígidas, exclusão, muros, comunidade, miséria simbólica, modernidade liquida, simulacro, sofrimento, discriminação social, racismo, democracia excludente, injustiça social, questões de gênero etc. Citar autores no campo das ciências sociais, filosofia, antropologia, economia política, seria redundante e vocês os encontrarão ao longo da leitura do livro seguindo as preferências de cada autor.

No entanto, todos sabemos que estes significantes aludem ao mal-estar, a uma realidade conflitiva em diferentes níveis, cujas tensões ganham escaladas das mais diversas. Desde discriminações de gênero e manifestações de racismo estrutural no nosso cotidiano aos grandes movimentos como a "primavera árabe" e ao seu sufocamento em sangrentas guerras civis, a consequente pauperização de grandes grupos populacionais que conduzem a migrações, reações nacionalistas e segregacionistas a estes movimentos, gerando massas de excluídos. Racismos que adotam formas pós-coloniais e que revelam sua dimensão estrutural. Barreiras urbanas que separam as periferias das grandes cidades dos bairros murados das classes mais avantajadas. Descrédito de uma ordem institucional tão bem descrita por vários autores, que conduz a um cenário de anomia e desespero. Faça justiça por si mesmo ou recorra a líderes autoritários ou a soluções mágicas ou religiosas.

Coexistem no nosso cansado planeta Terra, já dando sinais de exaustão, antigas e novas formas de exclusão: uma dimensão objetiva concreta e material de acesso a um mínimo de bens necessários para uma vida digna, uma dimensão de injustiça que fere a ética do respeito aos direitos humanos básicos e uma dimensão do sofrimento subjetivo que se manifesta de inúmeras formas. Seja na nossa cultura ocidental, seja nas culturas orientais ou no Oriente Médio,

A opressão e o mal-estar assumem diferentes formas, inerentes às diferentes configurações sociopolíticas e culturais das diferentes regiões e populações do planeta.

Na América Latina, território de promessas não realizadas, vivemos oscilantes entre momentos de esperança que nos acenam com um futuro de justiça social e desenvolvimento econômico mais igualitário, e outros de obscurantismo político no qual as forças de sempre se organizam para submeter a grande maioria de nossa população, reforçando a concentração da riqueza e a pauperização de grandes massas populacionais. Seja as promessas da religião ou dos diferentes líderes populistas de esquerda ou direita, a alternância de momentos democráticos com ditaduras militares faz de nosso continente um espaço condenado a uma compulsão à repetição traumática. A um ciclo de ilusões e desilusões colocando em xeque nossos sonhos e utopias.

As experiências relatadas não podem ser se não reflexo de uma história do nosso continente e do lugar que a psicanálise pode vir a ocupar. Uma psicanálise atenta a esses movimentos e que oscila, porque humana e pulsional, entre momentos de abertura e fechamento.

Quando assumi, em 2007, a diretiva de Comunidade e Cultura da FEPAL, organizamos na cidade de São Paulo junto com Magda Khouri e uma excelente e comprometida equipe, o I Simpósio de Comunidade e Cultura de FEPAL, seu título: A psicanálise nas tramas da cidade do qual resultou também um livro[4]. Tínhamos a plena convicção de que a psicanálise na América Latina deveria trabalhar para superar o trauma do período ditatorial e de terrorismo de estado dos anos setenta em diferentes países e retomar seu destino de uma psicanálise inserida no contexto amplo no qual vivemos e atuamos.

---

4 Tanis, Bernardo & Khouri, Magda (2009). *A psicanálise nas tramas da cidade*. São Paulo: Casa do Psicólogo.

Era necessário mapear junto a historiadores, antropólogos cientistas sociais, arquitetos, filósofos e claro psicanalistas e trabalhadores da saúde o contexto das nossas metrópoles e cidades.

Vemos hoje com entusiasmo, o crescimento e envolvimento dessa iniciativa que ganha cada vez maior corpo e envergadura. Assim também a IPA reconheceu na gestão de Virginia Ungar e Sérgio Nick, que seria necessário abrir um espaço para a comunidade. Espaço que não é livre de conflitos e resistências, e que para muitos trata-se apenas de uma "psicanálise aplicada".

Esta formulação: "psicanálise aplicada" considera apenas o trabalho clínico no consultório como fonte exclusiva de produção de conhecimento. Insisto neste ponto pois a ideia de método e objeto podem ser reificadas em modelos que impeçam uma fluidez e abertura fruto do receio de perder o tal "ouro puro".

Isso fez com que nossos institutos em grande medida não incluíssem nos seus programas de formação o estudo teórico clínico em torno destas variadas práticas. Essa mesma concepção tem dificultado que também os seminários clínicos possam estar abertos à discussão e elaboração destas intervenções.

Essa "clínica extensa" como a chamou Fábio Herrmann no Brasil e que teve seus precursores nos anos 1960 como Pichon Riviere, Bleger, Reinoso, Isidoro Berenstein Janine Puget, goza hoje de um prestígio renovado e de novos expoentes. Nossos analistas em formação em nossos institutos deveriam se nutrir desse conhecimento e atuação. Na minha experiência, esta clínica extensa transforma a escuta do analista em todas as frentes de atuação inclusive sua escuta na clínica de consultório ampliando a sua compreensão sobre a constituição, ouvindo o social e processos constitutivos correlatos, não redutíveis ao psiquismo precoce.

Essas breves palavras têm apenas a função de reconhecimento à atual diretiva de Comunidade e Cultura da FEPAL e a todos os autores que compõem este livro. Tomara que se torne leitura em todos os Institutos de nossas Sociedades.

Desejo a todos uma ótima leitura!

Bernardo Tanis

São Paulo, junho 2022.

Introdução

Sonia Terepins e Silvia Bracco
Sociedade Brasileira de Psicanálise de São Paulo

Ao assumirmos a Diretoria de Comunidade e Cultura da FEPAL (Federação Psicanalítica da América Latina) em 2020, em resposta ao convite feito por Andrés Gaitán, elegemos como principal eixo de trabalho a reflexão teórico-clínica sobre as modalidades de intervenção praticadas fora do setting psicanalítico tradicional. Nosso objetivo era não apenas fomentar o diálogo entre os psicanalistas dos diferentes países da América Latina, como também – e principalmente – consolidar as práticas e os conhecimentos que vêm sendo construídos sobre a extensão da clínica.

Sabemos que essa construção herda muito do que já foi feito pelos pioneiros do Rio da Prata. As experiências nos anos 1960-70 na América Latina, onde autores como Bleger, Pichon Riviere e, mais recentemente, Viñar, Puget, Herrmann e muitos outros, trouxeram grandes contribuições no campo da saúde mental e ações importantes fora dos consultórios. Somos herdeiros de uma tradição e compreendemos nossa tarefa em dar continuidade e aprofundar a trilha aberta por eles. A FEPAL, ao longo de várias gestões, tem sido um fórum fértil e criativo nesse debate, ampliando o espaço para pensar a relação da psicanálise com a comunidade e a cultura.

No decorrer do trabalho percebemos que a *extensão da clínica* não é simplesmente a psicanálise usada fora do consultório, onde a técnica padrão não é exequível, mas aquela que pode se dar na medida em que o método ultrapassa a técnica. É uma clínica ampliada e que exige muito dos analistas. Exige, entre outras coisas, que se abram uns para os outros e troquem experiências para além das barreiras dos idiomas e das distâncias, bem como para além dos próprios idiomas psicanalíticos – freudiano, kleiniano, bioniano, winnicottiano etc.

> *Talvez a Psicanálise sofra por ser demasiado forte e não demasiado fraca, tão forte que nós analistas não a conseguimos manejar adequadamente e ficamos a repetir modelos já assegurados, só de raro ensaiando uma psicanálise original em área nova (Herrmann, 2001, p. 23).*

Precisamos de pontes e pontos de contato: compartilhar experiências de trabalho e aprofundar ainda mais a reflexão teórica-clínica sobre as modalidades de intervenção. Trata-se de reconhecer ou até mesmo inventar dispositivos nos quais a escuta psicanalítica aconteça e favoreça processos de transformação subjetiva.

Quando assumimos a Diretoria de Comunidade e Cultura, estávamos mergulhados na pandemia da covid-19, vivendo os impactos e o sofrimento decorrentes. Nas palavras de Birman (2020, p. 12), "o mundo enfrentou uma ruptura e uma descontinuidade radical das práticas de sociabilidade e dos laços intersubjetivos, de forma que fomos levados a nos relançar e rearticular em outras bases as coordenadas do processo civilizatório." Isso marcou sobremaneira aquilo que entendíamos como urgente e necessário a ser realizado por essa diretoria.

Com o objetivo de garantir e estimular espaço para esse debate, organizamos, ao longo de nossa gestão, uma série de *webinares* em que colegas de diferentes países e instituições puderam compartilhar e refletir sobre experiências de atendimentos extramuros. Estávamos construindo a base do que se transformaria no projeto deste livro, batizado de *Práticas psicanalíticas na comunidade: relatos em dois atos.* Trata-se de um projeto coletivo, realizado pelas mãos de muitos colegas-psicanalistas comprometidos com a realidade social latino-americana.

Convidamos os colegas de todas as sociedades integrantes da FEPAL a escreverem sobre suas experiências clínicas na comunidade. Pedimos que nos fossem contadas cenas dessa forma de trabalho, sobretudo as que trouxeram questionamentos e inquietudes aos analistas, privilegiando, nesse momento inicial, uma narrativa descritiva, deixando de lado a teorização. Recebemos material diverso e proveniente de diferentes lugares da América Latina.

Chamamos essa coletânea de textos de *Primeiro Ato*, que dividimos em quatro eixos principais:

1. Clínica **NA** comunidade
2. Clínica **DA** comunidade
3. Pandemia
4. Abismo social

Num momento posterior, que chamamos de *Segundo Ato*, convidamos colegas latino-americanos a se inclinarem sobre os textos recebidos pondo em relevo aquilo que entendiam como fundamental nessa forma de fazer psicanálise. Nosso objetivo era elaborar um pensamento metapsicológico que desse densidade às experiências relatadas.

Este livro reúne artigos com essa dupla mirada. Os capítulos iniciam com o texto reflexivo e a ele se seguem os relatos das experiências extramuros. De tal forma que temos um trabalho coletivo em diversas frentes.

Agradecemos os generosos colegas-autores que nos enviaram material para o primeiro ato, assim como os analistas convidados que se debruçaram e trouxeram reflexões ricas e cuidadosas a respeito do material recebido.

Nossa diretoria esteve por dois anos trabalhando arduamente nesta proposta, que decorreu da nossa linha adotada. Agradecemos a contribuição inestimável da comissão organizadora do livro, Adriana Nagalli, Eduardo de São Thiago Martins, Fryne Santisteban, Luiz Moreno Guimarães Reino, Mônica Sá e Susana Balparda, pelo trabalho cuidadoso e criativo que ajudou a iluminar o caminho. E também aos colaboradores da nossa Comissão: Alice Lekowicz, Ana Huitizil, Ana Rozenfeld, Pablo Dragotto e Margarita Cervantes que fizeram parte da idealização do projeto. E, por fim, agradecemos à Diretoria da FEPAL 2020-2022, à Isabel Botter que com sua competência nos ajudou a colocar o livro em pé, à Editora Blucher pela parceria e a todos que contribuíram para que este livro pudesse ser realizado.

Convidamos o leitor a mergulhar na ampliação do horizonte da clínica, que ao nosso ver deve estar no cerne da psicanálise, ligada à sua vocação. A extensão da clínica pode surgir, então, não como um mero excedente da prática no *setting* tradicional, mas como produtora de saber psicanalítico e parte essencial do processo de formação. Que a psicanálise usada fora do consultório possa trazer alterações externas e internas, fomentando o diálogo e desenvolvendo programas que levem a prática comunitária para dentro dos espaços de formação, criando material que possa ser referência para futuras iniciativas.

Referências

Birman, J. (2020). *O trauma na pandemia do coronavírus*. Rio de Janeiro: Civilização Brasileira.

Herrmann, F. (2001). *O divã a passeio: à procura da psicanálise onde não parece estar*. São Paulo: Casa do Psicólogo.

0. Para esboçar um diálogo entre psicanálise e ciências sociais: mudanças sócio-históricas e subjetividades

Marcelo Viñar
Associação Psicanalítica do Uruguai

Nos paradigmas da modernidade sólida, cada disciplina tinha que definir seu objeto e seu método e nesse território estudar regularidades observáveis, causalidades e previsões. A psicanálise privilegiava a intimidade e a singularidade do indivíduo, as ciências sociais exploravam os fenômenos sociais, coletivos, as consequências de viver juntos. Esse foco mostrou suas conquistas e insuficiências.

Felizmente prescreveu a falácia do homem isolado, somos seres relacionais e inacabados – o interior (endógeno), o social (exógeno), como campos heterogêneos. O par natureza e cultura é indissociável da condição humana e coextensivo à condição do falante.

Diz Arendt (1972):

> *Todo pensamento é um diálogo entre eu e eu mesma, mas esse diálogo interior de dois em um não perde contato com o mundo dos semelhantes que estão representados no meu diálogo interior.*[1]

A mente humana se organiza e se estrutura em uma língua e cultura, ou seja, em uma realidade sócio-histórica, singular e precisa. Daí que nossa identidade inicial, originária, nos é dada a partir de uma fonte exógena e só mais tarde o pensamento primitivo, animista, dos inícios é (parcialmente) substituído por uma racionalidade crítica, que questiona as arestas atribuídas pelos pais e pela cultura e constrói – no seio das almas coletivas (conjuntos trans subjetivos) – sua parcela de singularidade.

O uso cotidiano da expressão *psicossocial* para explicar diversas situações e conflitos de convivência torna trivial ou dá por resolvido um território complexo e problemático que abriga múltiplos enigmas a resolver.

Demos um exemplo brutal e telegráfico: a delinquência infantojuvenil tem causas psicológicas de um narcisismo maligno de indiferença ou prazer diante da dor alheia ou causas sociais derivadas do ressentimento que ocasiona a privação.

Estas dicotomias simplificadoras têm consequências profundas na compreensão dos fenômenos e no desenho dos procedimentos e instituições para encarar o problema e combater o mal.

Somos produto e somos agentes na construção de sentidos que orientam e organizam os nossos anseios, projetos e condutas, a nível individual e coletivo.

---

1 Arendt, H. (1972). *El sistema totalitario*. Paris: Seuil – Points. p. 227. Tradução livre.

A subjetividade é uma fita de Moebius na qual é difícil ou impossível definir os limites do dentro e do fora. Foro interior e laços sociais (vínculos interpessoais) criam um conglomerado (talvez devêssemos dizer um fino bordado), que define nosso perfil identitário.

Não se trata de diluir a especificidade de cada tarefa em um humanismo do vale-tudo, nem converter nossos ofícios e afazeres em um campo fechado (como uma câmera de filmagem), mas sim sair dos nossos caminhos habituais e experimentar a alteração da interdisciplina. É saudável o impacto de descobrir que nossas teorias não podiam dar conta de tudo e perceber que o mundo é complexo demais para um só narrador.

Não tenho nem a capacidade nem o tempo necessário para enumerar uma lista exaustiva de assuntos e, como disse Z. Bauman, quando os temas a tratar são complexos demais, convém limitá-los à nossa capacidade de compreensão. Tentar, então, articular mundo contemporâneo e subjetividade, não com a pretensão de chegar a discernir o verdadeiro do falso, mas sim descrever minimamente alguns algoritmos de uma mudança entre um passado precursor e um futuro (ou presente) em vias de construção.

Neste espaço introdutório ao livro sobre o trabalho dos psicanalistas na comunidade, quero apresentar uma questão que considero muito atual: o declínio dos códigos e discursos normativos.

A noção de *Modernidade Líquida* introduzida por Z. Bauman e retomada por I. Lewcowicz, aponta a rapidez das mudanças, em que certas regras do passado perderam validade e as do presente não se legitimaram, deixando assim os sujeitos abandonados à necessidade de construir seus próprios referenciais, quando antigamente estes estavam constituídos e nos davam a opção ou oportunidade de aderir a eles ou combatê-los.

Isto, atualmente, se não entendi errado, em Ciências Sociais se chama "declínio dos grandes relatos" e, em psicanálise, derrubada do Grande Outro da modernidade sólida. De diversas maneiras é expresso na vida íntima dos adolescentes e jovens; em todas elas uma mudança de ênfase entre atos, imagens e palavras.

Um traço relevante da perspectiva freudiana foi e é o de articular o sintoma ou o sofrimento psíquico do sujeito às peripécias da sua história pessoal, superando a dicotomia entre normal e patológico que a psiquiatria postula, restabelecendo a equação entre sofrimento neurótico (estéril) e uma desadaptação criativa. A tentação de um enfoque antagônico binário entre o normal e o patológico é substituído pelo empenho em ler e compreender as arestas destrutivas e as criativas que se expressam nos conflitos e condutas desadaptadas. O centro de gravidade é a cultura e não a psicopatologia, que fica relegada como outro recurso.

É necessário levar em consideração a velocidade das mudanças societárias. Mudanças que na sociedade ocidental "tradicional" levavam décadas ou séculos, a partir das revoluções industriais parecem produzir-se vertiginosamente; e com a revolução digital, subjetividade, cidade e cultura se conjugam de modo diferente.

Família, parentalidade e filiação, sexualidades legitimadas ou transgressoras, trabalho e ócio, norma e proibição, tempo vivencial interiorizado etc. são referenciais conceituais das nossas práticas, que nas últimas décadas modificaram de maneira contundente seu significado e suas ressonâncias associativas.

O crescimento descomunal das cidades produz desordem e solidão que antes eram amortecidos pelos conjuntos trans subjetivos, a afinidade ou comunhão de interesses ou sentimentos, de lealdades e pertencimentos. Se conhecia o nome dos vizinhos e comerciantes e os vínculos interpessoais tinham certa permanência que permitia dirimir afinidades e rivalidades e lidar com os conflitos entre a amizade ou a aversão. A grupalidade local era um suporte relevante para organizar a singularidade de cada um. Hoje o vizinho é um estranho e a cidade gigantesca, ou, – como diz W. Benjamin: o desaparecimento da comunidade de ouvintes – se torna anônima. "As vidas que ninguém vê", chama-as Eliane Brum.

De qualquer forma, a importância dos primeiros anos de vida na construção identitária (o desenvolvimento da personalidade) que nós chamamos estruturação psíquica é um fato capital, cuja eficácia simbólica dificilmente poderia ser superestimada.

A prática e reflexão freudiana foi colocando em evidência que, para além do sujeito racional com seus propósitos intencionais e conscientes, existia e operava um sujeito descentrado que, com seus conflitos, ambiguidades e contradições, colocava em xeque a razão.

Consequentemente não era a razão nem a vontade consciente a que guiava nossas origens e definia alguns dos nossos destinos de uma maneira enigmática e por decifrar. A dimensão irracional do ser humano foi reconhecida desde a noite dos tempos, o original do freudismo é focar nessa aresta para alargar a razão, para poder com ela vislumbrar o que a transborda e excede.

Hoje, já avançando pelo terceiro milênio, reconhecemos com crescente assombro que não é a racionalidade que prevalece no determinismo histórico, e sim a perplexidade e o desconcerto que definem nosso presente e futuro próximo.

Baudrillard resume isso com a frase contundente: "No mundo atual não há realidade e não há história, mas sim o simulacro de uma e a negação da outra." O mundo midiático é o construtor ideológico de uma realidade virtual que obscurece a realidade real através do exercício retórico de uma hiper-realidade. Esta é uma ilusão radical: não se copia ou imita o que se quer mostrar, e sim se cria um simulacro em que o midiático desloca e substitui o que é.

Parte I
Clínica na comunidade

1. Sofrimentos à espera de simbolização[1]

Da psicanálise como intervenção no campo social: as dificuldades de simbolização, *seu primeiro ponto de entrada*

Alejandro Beltrán
Sociedade Psicanalítica do México

El sufrimiento,
¿Es derrota o es batalla?
Juan Gelman

A título de introdução

Sugiro abordar estes trabalhos de intervenção comunitária com a mesma escuta que me proponho com o material analítico. Por esse motivo não pedi às editoras do presente livro nenhum esclarecimento sobre o contexto e o programa institucional por trás de cada intervenção. Sem sombra de dúvida perde-se clareza sociológica com este método, mas eis a minha aposta, coloca-se no centro o

1 O artigo que abre este capítulo, de Alejandro Beltrán, foi elaborado com base nos trabalhos das colegas Alicia Beatriz Dorado de Lisondo e Claudia Janette Boutros Carvalho, de Campinas, São Paulo; Grácia Maria Fenelon e Delza Maria da Silva Araújo, de Brasília; e Cristiane Paracampo Blaha Rangel, do Rio de Janeiro. Os respectivos trabalhos também compõem este capítulo.

tipo de perspectiva e instrumentos que a psicanálise oferece para entender um grupo institucionalizado. Os exemplos que constituem meu objeto, e se apresentam como dificuldades na simbolização, são paradigmáticos na medida em que o processo em questão é o próprio centro da humanização do *infans*. A forma de abordá-lo pelos analistas aqui é visto então como detonador que evidencia o princípio básico pelo qual se constrói a subjetivação do indivíduo.

Evidentemente, não podemos ignorar então o primeiro ponto que sustenta essa perspectiva:

1. **O princípio do inconsciente como dimensão imprescindível para compreender as relações intersubjetivas.** Já aqui temos que enfrentar um desafio disciplinar. Da perspectiva das ciências sociais, nós psicanalistas passamos rápido demais, sem uma organização teórica e metodológica minuciosa, do inconsciente como explicação intra-subjetiva para a sua ampliação como fator decisivo das relações sociais. É evidente que nessa consideração não podemos nos esquecer do êxito que os textos considerados antropológicos de Freud tiveram por várias décadas, e que é indispensável retomar como fonte, referência e inclusive como recurso atual na reflexão da psicanálise comunitária. A sociologia, a antropologia, a etnografia, a história das mentalidades e inclusive a filosofia do século XX tiveram influência de diversas correntes da psicanálise e, por sua vez, a forma em que a própria psicanálise pode entender o social e o comunitário pode ser explicitada com base nesse diálogo que já é centenário (Pasqualini, 2016). Por isso, é necessário esclarecer que:

2. **É preciso tornar consciente as raízes disciplinares que sustentam a perspectiva psicanalítica da comunidade.** As fontes e encruzilhadas do diálogo e do debate entre a

psicanálise e as ciências sociais são complexas tanto em profundidade quanto pela multiplicidade das suas vertentes. No entanto, o psicanalista que desenvolve um trabalho comunitário não pode alegar inocência teórica, pois o seu olhar está atravessado por perspectivas sobre a natureza do vínculo do indivíduo consigo mesmo e com o outro que provêm do debate apontado. Dada a natureza do presente ensaio, só poderei enunciar alguns deles, deixando para um trabalho posterior sua necessária reflexão com maior profundidade:

- Na sociologia, a tentativa de integração que fez Talcott Parsons (1967) na sua teoria geral da ação; a inclusão da dicotomia do latente e do manifesto nos padrões culturais que realizou Robert Merton (1968) e, particularmente importante para a concepção contemporânea, a influência que Freud teve na teoria crítica do sujeito, da Escola de Frankfurt (Whitebook, 2019), de forma talvez mais explícita mas não exclusiva, na obra de Marcuse (1955; 1964; 1970) na qual, para dar só um exemplo de vários, o jogo entre o princípio de realidade e o princípio do prazer explica a culturalização de todos os aspectos do humano, inclusive a sua suposta dotação instintiva.
- Na antropologia, a busca da universalidade da estrutura edípica realizada por Malinowski (1923) e o seu posterior debate com Jones são parte da história da nossa disciplina (La Barre, 1989). Sua compreensão ajuda a elucidar a extinção de explicações psicanalíticas no campo da etnografia a partir de meados do século passado (Rivera, 2017).

- A problematização da constituição subjetiva com base no estruturalismo, particularmente os desenvolvimentos realizados por Levi-Strauss (1987), foi um eixo de fertilização cruzada, pois a psicanálise lacaniana não pode ser entendida sem que essa raiz intelectual seja considerada. Mas também a crítica sociológica francesa da segunda metade do século, assim como a crítica cultural norte-americana dos últimos anos, não podem ser explicadas sem a contribuição de princípios elementares de Lacan, por exemplo o RSI e a subjetivação do indivíduo. Um lugar significativo, pelo papel que teve novamente no pensamento contemporâneo, é o estruturalismo marxista desenvolvido por Louis Althusser (1988; 1996) que em seu diálogo com Lacan serviu de ponte entre a psicanálise e as ciências sociais para uma das perspectivas críticas mais populares na última década: a escola eslovena.

- O desaparecimento do sujeito como categoria com conteúdo imanente, implícita no pós-estruturalismo, abarca um amplo leque de autores: vai desde certo Foucault (1990; 2002) até o sábio bicéfalo Deleuze-Guattari (1985), passando sem dúvida por Derrida (1997; 2001), e tem uma de suas raízes na própria psicanálise francesa, particularmente, as evidências do declínio da Lei e a condição circunstancial, histórica, de tudo aquilo que se considerava transcendente no cânone ocidental.

- Quero ressaltar uma dessas raízes que, pelo seu envolvimento em movimentos sociais libertários e anti-sistêmicos, tende a ser, no sentido freudiano, esquecida, além de ser censurada; me refiro à análise institucional. Junto ao trabalho seminal de Devereux

(2008), que oferece algumas das suas fontes epistemológicas, Georges Lapassade (1980) e, em maior medida René Lourau (1970; 1980; 1989), retomam a teoria da transferência e da contratransferência para entender o lugar do observador e, no caso de Lourau, explicar o funcionamento inconsciente do profissional que intervém em projetos comunitários através da teoria da implicação. Em outro lugar desenvolvi com mais extensão a riqueza que esta perspectiva pode oferecer para entender a dimensão transsubjetiva da psicanálise (Beltrán, 2022), mas aqui quero ressaltar que a análise do envolvimento do analista no grupo revela tanto seus princípios básicos teóricos quanto também a lógica de interesses que estão implícitos em qualquer intervenção grupal. A socioanálise esteve presente em numerosos movimentos comunitários na América Latina; a grande batalha pela memória e o esquecimento das últimas décadas relegou o seu lugar

- Nesse mesmo sentido estão os movimentos sociais, sindicais e antissistêmicos que povoaram o último século. Refeitórios comunitários, cooperativas, comunas e um grande *et cetera* geraram estratégias de intervenção e de autorregulação coletiva que devem continuar sendo estudadas como fonte legítima de modelos de intervenção coletiva.

Essa breve e sem dúvida incompleta enumeração tem, por necessidade, um outro lado, a influência, em alguns casos essencial, das ciências sociais na psicanálise. Disso quero ressaltar não apenas o transbordamento entre um marco e outro, evidente na enumeração já realizada, como as implicâncias de assumir certa perspectiva teórica e metodológica emanada das ciências sociais. Essas implicâncias são tanto uma posição política entendida como a relação de poder que supõe certos saberes institucionais e como esta relação de conhecimento se desdobra em uma prática onde se constrói certo tipo de subjetividade dado o próprio desenho do enquadramento metodológico. O político, como uma relação institucional de saberes e suas práticas como reprodutoras de subjetividades – e não (apenas) como expressão ideológica e partidária – é uma dimensão indispensável para entender o vínculo que ocorre entre o analista e a comunidade na qual intervém, razão pela qual:

3. **É preciso tornar conscientes as implicações políticas da perspectiva teórica escolhida.** O outro lado da moeda, a influência da sociologia sobre a psicanálise, teve consequências às vezes lamentáveis. Em um polo esteve o chamado freudo-marxismo (Fromm, 1962; Reich, 1971; Pavón-Cuellar, 2017), no outro, a introdução de certo darwinismo social e a assimilação acrítica do funcionalismo parsoniano, provocando, em meados do século XX, que a psicologia do Eu impulsionasse um novo eixo metapsicológico, a adaptação. O êxito que teve em círculos acadêmicos a crítica persistente que Lacan fez desse projeto dificulta a compreensão de um fato: que na prática, dentro de Institutos e livros de divulgação, a adaptação do indivíduo como imperativo do desenvolvimento seja parte dos ensinamentos psicanalíticos, ainda mais em países como o meu, o México, onde o pensamento norte-americano é particularmente hegemônico. Critérios como "tolerância à frustração", "linha de desenvolvimento", "normalidade", junto da mesma ideia de adaptabilidade escondem uma concepção em que a subjetivação supõe uma valorização do desempenho do indivíduo em seu entorno institucional.

Deixei de lado a perspectiva teórica e clínica que Kaes, Puget, Berenstein, Krakov, entre outros importantes autores desenvolveram ao constituir o campo transubjetivo da psicanálise. É um modelo que tem uma enorme coerência e grandes potencialidades, merecedor de um estudo específico, que terei que realizar em outro momento.

Nessa breve enumeração, sem dúvida uma tentativa incompleta, não pode faltar uma plataforma que continua sendo poderosa na América Latina. Refiro-me às políticas assistencialistas. Por um lado, alimentado do pensamento social da Igreja Católica, geram-se intervenções no campo público baseando-se no humanismo cristão, que vão desde as práticas filantrópicas que consideram o outro um menor de idade que deve ser protegido, até os projetos emancipatórios emanados do Concílio do Vaticano II e da Teologia da Libertação. Por outro lado, o assistencialismo na América Latina faz parte dos programas corporativos dos governos nacionalistas, como o cardenismo no México e o peronismo na Argentina. Em vários casos, notoriamente no mexicano, a psicanálise foi considerada uma disciplina individualista e burguesa e foi de fato excluída como ferramenta de reflexão e metodológica nos trabalhos comunitários. Essa é uma das razões, não a única, pelas quais no México a psicanálise se encontra fora, com notáveis exceções, dos projetos sociais e é considerada somente como clínica individual. Na maioria dos casos, quando os psicanalistas mexicanos tentaram operar no campo do social se viram pressionados a se despojar do seu papel de psicanalista e trabalhar como "profissionais da saúde mental", perdendo com isso o olhar crítico que oferece a psicanálise.

Quando aponto então, que abordarei o material deste capítulo a partir do inconsciente, estou pondo em jogo os diferentes registros implícitos em tal dimensão: o institucional, certa ontologia – a concepção do sujeito –, certa topologia – a lógica dos lugares que ocupa o sujeito em um contexto –, e a dimensão histórica que supõe cada intervenção, isto é, as determinações que supõem a ilusão de que certos traços individuais são universais.

Dito de outra maneira, suponho que as dificuldades de simbolização podem ser tanto um trauma no real – aquilo que denominamos o orgânico e o mundo lá fora – como uma resistência, com conotações políticas, mas não por isso menos inconsciente, à configuração das relações simbólicas do indivíduo como uma tentativa de diferenciação das determinações históricas nas quais esse indivíduo existe. Vejamos se essa suposição se sustenta. Para seguir com o mesmo exemplo da variável histórica, se o analista determina como é uma detenção no desenvolvimento, supõe-se que ele entende o indivíduo como construção diacrônica e seu foco é no problema na subjetivação. Supõe-se também que a construção do indivíduo se dá com base em uma estrutura simbólica. Assim, os pontos esboçados em apenas alguns dos seus autores são continentes patrimoniais que estão implícitos nas intervenções comunitárias cuja definição supõe a determinação de certo dispositivo pelo qual se produz certo tipo de subjetividade. A determinação do dispositivo é, então, fundamental para entender a reprodução ampliada de certo projeto subjetivo que corresponde aos saberes institucionais delineados anteriormente.

Vou me deter com muito mais detalhe na intervenção realizada em Rosa e sua família, para mostrar as determinações que depois considerei levantadas nos outros trabalhos.

Título da intervenção: Projeto SOS Brasil

Primeiro ponto de entrada, idade da menina, que nos posiciona de imediato numa lógica de desenvolvimento, neste caso a latência.

Segundo ponto, a condição migrante da mãe, que nos posiciona em que o português não é a língua nativa da mãe.

Terceiro ponto, o português é a marca do pai. Quem opera a ruptura da fantasia fusional com a mãe?

Movimento inaugural: a psicanalista anuncia à menina que ela atende as dores da alma, isto é, anuncia que tem algo universal na menina que escapa às determinações sociais e históricas antes expostas. Essa forma de introduzir a intervenção terá efeitos estruturantes?

A forma em que se estrutura o problema "Rosa", é significativa: Rosa deve ser entendida como parte de uma família, e essa família deve se entender pelas suas determinações sociais. A idade dá conta da importância que tem para a analista a linha de desenvolvimento e a referência à alma, sendo, sem dúvida, reflexo de um diálogo, talvez inconsciente, com os projetos emancipatórios da teologia da libertação iniciados na década de 1960.

A menção à alma é fundamental, porque Rosa é descrita como alguém sem espaço. Onde eu resido se não tenho espaço? O que me representa? Logo de entrada, então, a pergunta pelo símbolo. Quem não para de falar é a mãe. Quem tem a língua materna e onde está a sua boca? Os irmãos comem o espaço de Rosa. O pai, falante de português, não aparece nesse primeiro momento.

Baseando-se nisso, o tipo de intervenção que realiza a analista é determinado: apontar um lugar possível para Rosa. A estrutura familiar, trama de lugares e intercâmbios simbólicos como explicou Levi-Strauss, era para Rosa um sistema excludente onde só podia ser eco do falatório da sua mãe. É a analista que, cumprindo a função do pai, dá um lugar próprio à Rosa separando-a da mãe. Já apontei em outro espaço (Beltrán, 2021) como a atribuição de um lugar na estrutura simbólica produz, em alguns casos, rápidos efeitos na criança e na sua família, o que explica em grande medida as mudanças radicais em alguns dos casos tratados por Françoise Dolto.

A reprodução na família da lógica de exclusão própria do capitalismo, em que um ou vários membros são alienados do sistema de trocas simbólicas, costuma produzir uma miríade de efeitos que, na perspectiva da assim chamada saúde mental, são patologias. Mas aqui enfrentamos um problema que podemos levantar a partir da antropologia estrutural: a patologização supõe congelar o indivíduo como o responsável – ainda que seja por (d)efeito orgânico – de uma suposta incapacidade de participar no sistema de trocas simbólicas – no exemplo que estudamos, a forma em que a mãe fala sem parar e o alvoroçamento dos irmãos não lhe dão lugar. Como Levi-Strauss (1987a, 1987b) aponta em seu célebre trabalho sobre xamanismo, o membro doente é aquele que está fora da estrutura, seja por contaminação ou por falha ritual; muitos dos padecimentos e seu "resgate" descritos pela antropologia poderiam ser definidos como uma forma de curar e inclusive restaurar a alma que apartou-se do indivíduo, deixando-o ser simples argila. A arte do xamanismo é, recordemos a célebre polêmica entre Lacan e o antropólogo (2003; 2007) restaurar o lugar do membro alienado dentro do sistema.

Por tudo que foi dito, é altamente significativo que a presença da psicanalista seja explicada como quem atende "as dores da alma". Certamente, Rosa parecia desalmada, sem o espírito vivaz que animava o resto da família. Aqui abrirei outra bifurcação, peço paciência, pois está relacionada com o ato de "retornar a alma ao corpo" como certa ideia de psicanálise.

A escolha que nós analistas fazemos dos pseudônimos de nossos analisandos está carregada de significação. Assim, o nome de Rosa e sua posterior vinculação com a pele e a argila não me parecem casuais. Recordo Borges: "Se (...) o nome é o arquétipo da coisa / já nas letras de *roas* está a rosa..."[2]. Com o verso, Borges nos lembra

2 N.T.: Borges, Jorge Luis (2013). "O Gólem", In *Quase Borges: 20 transpoemas e uma entrevista*. São Paulo: Terracota. Tradução de Augusto de Campos.

que o império da escritura está acompanhado no Ocidente de uma convicção esotérica; nas palavras de Foucault (1968:46):

> *O que Deus depositou no mundo são palavras escritas; quando Adão impôs os primeiros nomes aos animais, não fez mais que ler essas marcas visíveis e silenciosas (...) antes de Babel, antes do Dilúvio, houvesse uma escrita composta pelas marcas mesmas da natureza, de tal sorte que esses caracteres tivessem o poder de agir diretamente sobre as coisas (...) Escrita primitivamente natural, da qual certos saberes esotéricos e a cabala, em primeiro lugar, conservaram a memória dispersada e tentam retomar os poderes desde muito tempo adormecidos.*[3]

Se *nas letras de rosa está a rosa*, se à alma da menina – nos parâmetros estabelecidos pela analista, que se denomina como quem se ocupa das dores da alma – é o nome o que lhe atribui um lugar, quem denomina essa menina como Rosa? Estamos em uma primeira colocação do problema da intervenção a partir da palavra que designa à menina: é Rosa, que aponta para uma flor mas, significativamente, por homonímia que funciona tanto em espanhol como em português, tal palavra também soa como roça, roçar,[4] que descreve o contato entre as superfícies.

Não é por acaso que Rosa, quando roça, vive na bidimensionalidade da identificação adesiva com a mãe (Bick, 1968). Sua existência como Eu-pele (Anzieu, 2010) a impedia de ocupar um lugar no espaço tetradimensional próprio de um contexto simbólico como é a família. O roçar das peles psíquicas da mãe e da filha criava uma

3 N.T.: Foucault, Michel (2016). *As palavras e as coisas – uma arqueologia das ciências humanas*. São Paulo: Martins Fontes. p. 53. Tradução Salma Tannus Muchail.

4 N.T. O significado mais comum de "rozar" em espanhol é "encostar levemente em algo".

severa dermatite que, graças ao olhar analítico, poderia ser pensada como um rudimentar protossímbolo que assinalava o *mal-estar* da menina na cultura da família. Aqui não é um acaso a acepção topológica do *estar mal* colocado na lógica de trocas familiares. Era sem dúvida um *mal-estar* que, se não fosse atendido, podia conduzir ao *não estar* da loucura privada.

À sua maneira, a analista aponta precisamente a essas erupções como uma espécie de sinal, de comunicação não verbal por parte da menina: não é só um problema orgânico, é uma bandeira que anuncia uma dor psíquica. Ao fazê-lo, propõe uma operação de forte conteúdo simbólico: a menina é vendada e a venda, colocada pela mãe, a separa da imediatez com a própria mãe, do roce quase físico com a mãe. Também não é por acaso que a prova documental dessa operação seja uma imagem trazida pelo pai, que agora aparece como figura simbólica: essa menina vendada já não roça na mãe, é a mãe quem a cuida para que seja apresentada a um terceiro pelo pai. Triangulação sem dúvida, que forma parte de toda troca simbólica, comparável de pleno direito com qualquer rito de passagem que supõe a entrada de um indivíduo em uma comunidade.

Quando o pai aparece em cena com o pleno direito de ator que cumpre um papel fundamental, vale a pena recordar que o poema de Borges que citei acima se chama *O Gólem*. Da mesma forma que Leão de Judá na lenda, o pai "tentou permutações / De letras (...) / E pronunciou o Nome que é a Chave /... / Num boneco em que os seus dons inumanos / Lançou para ensinar a ele os arcanos / Das Palavras, do Tempo e do Espaço".[5]

Assim como o rabino que na figura de argila escreve o Nome que dá vida ao Gólem, o pai usa a argila como uma forma que contém um algo, a dor psíquica da menina, e a menina como vasilha que

5 N.T. Borges, 2013.

carrega o nome que designa um lugar na família. Agora Rosa não é uma superfície, é o nome de um integrante da comunidade.

Seria um erro, pelo menos neste momento, nos distrairmos na possível crítica à ideia de que a psicanálise atende as dores da alma. A escolha possivelmente inconsciente da analista das palavras e suas operações – alma, rosa, as vendas que dão forma a uma múmia (lembremos que as múmias preservam o corpo para uma segunda vida, mais verdadeira que a material), e a argila – supõe uma complexa estratégia de intervenção simbólica do grupo familiar. Como resultado dessa intervenção, com o dom da palavra insuflado na argila, o pai dá uma alma à menina. Não importa, insisto, o *status* que a palavra "alma" tem para o leitor e para quem escreve isto. A analista soube localizar um eixo que estrutura a família e a partir daí operou a sua intervenção.

Podemos então resumir, e abrir um debate futuro, dizendo que a psicanálise como dispositivo de intervenção no social tem, como primeiro campo de ação:

- A modificação do entorno do ou dos indivíduos enquanto estrutura simbólica. Como o caso apresentado, a psicanalista cumpre com o que costuma ser chamado de função paterna ao:
    - Separar simbolicamente a criança da mãe, onde por identificação adesiva que supõe um eixo de contato com o Eu Pele, seu nome por si só significava ser um roçar entre superfícies. A menina vivia em um espaço bidimensional.
    - Dar a ela um lugar ao preencher de conteúdo simbólico seu nome ao propiciar a intervenção do pai, que através da operação do jogo (no sentido kleiniano) da argila, converte o nome Rosa em uma vasilha que

terá de ser preenchida na troca simbólica com o resto da família. Pode se instalar a identificação projetiva e Rosa poderá habitar em um espaço tridimensional (Meltzer, 1982; 2018).

Título da intervenção: Breve relato de uma experiência com pais em uma UTI neonatal

Primeiro ponto, a analista coloca um marco de ritmos naturais: as estações, o clima, a própria vida.

Segundo ponto, as manifestações corporais dos pais e possivelmente dela mesma.

De modo que os primeiros elementos que temos para pensar na intervenção é que ocorreu um evento do real que rompe o tecido do contínuo do grupo, o casal e seu filho sonhado, deixando os pais à intempérie. Dito de outra forma, o impacto do real rompe ou danifica a barreira de contato, deixando os membros com a dificuldade de metabolizar tanto os acontecimentos externos – a emergência médica – como internos – a ansiedade catastrófica de perder um filho –, ficando diante da impossibilidade de simbolizar o acontecimento (Bion, 1980; Meltzer, 1998).

A conversão dos estímulos em elementos alfa fica severamente danificada, situação que é descrita pela analista com as imagens somáticas que usa e as referências constantes a eventos naturais. A simbolização é então precária, com dicotomias polarizadas, como “noite e dia”, evidentes referências à polarização vida e morte na qual se debatem os bebês.

O trauma que quebra a ilusão que, para usar a expressão da analista, havia construído um ninho onde o bebê, investido da energia narcisista dos pais, cresceria cumprindo os ideais, supõe um dano da função alfa. Dito com base em outro vetor, o casal parental que estrutura a matriz simbólica que cumpre a função de metabolizar as ansiedades em cada um dos pais se fratura.

Aqui, como no caso anterior, vemos a analista incidindo no contexto simbólico da família, nesse caso, tentando restaurar a função alfa dos pais, ajudá-los a sustentar a convicção imaginária de que um desejo pode ter efeitos no corporal. Deixo também para um debate posterior sobre as implicações que poderia ter esse modelo de intervenção. O que podemos levantar é que se constitui como parte de uma estratégia terapêutica com sofisticadas implicações no grupo sobre o qual intervir, porque supõe evitar a instalação de um princípio básico de ataque e fuga – a unidade médica está contra nós, isso é um complô – a uma de trabalho – cooperação com o trabalho médico, mas também com o trabalho de luto (Bion, 1961).

Aqui temos o segundo campo de ação:

- Modificar o princípio básico do grupo a um modelo de trabalho.

Intervenção sem título

Primeiro ponto, é o único texto que me chega sem um título e tampouco se esclarece o gênero do ou da psicanalista.

Segundo ponto, tudo começa com certo estado de confusão, desde a natureza da prestação do serviço como do próprio contrato, passando pela falta de um título.

A mulher declara que "tinha que estar tudo bem". A que devemos esse mandato superegóico? A partir da sua experiência subjetiva, ela esteve a ponto de morrer, embora a obstetra pense em outra coisa, por que, então, tinha que estar tudo bem. Aqui de novo a confusão, talvez a confusão inicial com o(a) analista seja um desdobramento dessa primeira discrepância.

Rapidamente, a imagem do sangue que não para parece inundar a narração. Lembro do conto de García Márquez, "O rastro do teu sangue". Caso continuasse, um evento sem nome, pois nem os médicos parecem conseguir nominá-lo, faria que a consultante se dessangrasse, perdesse a sua vitalidade. Apesar de ser uma intervenção desenhada para ter poucas sessões, pelo que entendo do contexto, o(a) analista, com inteireza, espera que o material se desenvolva. Não tem pressa e esse gesto serve de contenção para a consultante. O sangue, evento somático, continua sem explicação, mas há um primeiro sinal de dar a ele um outro sentido que seja o dessangrar sem sentido, como a Nena Daconte. Na pausa suportada pela analista aparece a mãe (e imperceptivelmente dei a ela o gênero feminino, evidentemente por causa da mãe invocada na conversa telefônica).

E aparece uma das histórias mais antigas de todas as histórias, o luto pela mãe. E agora entendemos com a analista as confusões da consultante, estas são um eco do tumor cerebral da mãe. Presa nessa equação imaginária, onde a cabeça com cisto da mãe era figura do feto no ventre, as confusões zonais (Meltzer, 2014) começam a se resolver quando a analista com sua escuta reintroduz a linha simbólica através da linhagem feminina: esse é o fio de sangue.

Assim podemos reconstruir aquilo que rasgou o tecido simbólico da consultante. Em primeiro lugar, o isolamento da covid que a alienou do desdobramento social da identificação com a mãe como figura emancipada, "tinha sua própria vida". A gravidez não desejada e o isolamento a empurram, sem elementos que a ajudem a elaborar um lugar diferente, a uma identificação com uma figura que aparentemente desconhece pois supostamente nunca teve esse tipo de mãe: "minha mãe tinha a vida dela e a gente que se virasse".

Estamos, de novo, numa situação em que a intervenção supôs uma reintrodução ao tecido simbólico, por meio da linha de sangue que supõe a linhagem feminina da consultante. Em outra ocasião, com pertinência, a analista decide a possibilidade do trabalho de luto. A consultante já não tinha que sangrar pela sua mãe, pois encontrou o outro onde conter aquilo que transbordava.

Conclusão

1. Com dificuldades de simbolização devemos entender, neste caso, as eventualidades que expulsam ou colocam à margem pelo menos um membro do grupo.
2. Tais eventualidades são produzidas por um trauma, entendido como uma irrupção do real, porque o indivíduo ou os indivíduos rompem um código, ou pelo ritual do bode expiatório, entre outros processos.
3. O resultado desses diferentes processos é a marginalização ou exclusão dos processos de trocas simbólicas do grupo.
4. Os casos aqui reunidos que produzem tais exclusões são claros a respeito dos efeitos psíquicos e, inclusive, somáticos. Para outro espaço multidisciplinar, deixaremos as evidentes implicações socioeconômicas.
5. Nas sociedades contemporâneas tende-se a responsabilizar o indivíduo marginalizado pela sua condição: é uma patologia, devido à sua característica genética, ou um acidente do caos que reina nas trocas capitalistas do qual o próprio sujeito tem que se salvar. O excluído fica potencialmente sem um outro a quem recorrer ou apelar sobre essa condição.

6. Assim, dificuldades de simbolização supõem os obstáculos ou a impossibilidade de acessar as trocas simbólicas do grupo ao perder um lugar como ator na encenação do mito fundacional do coletivo.

7. As intervenções aqui apresentadas apontam para uma estratégia, que me pareceu clara talvez pelo meu trabalho com crianças autistas, em que se mostra este fenômeno com radical clareza radical. Tal estratégia é a reintrodução do indivíduo ao tecido simbólico do grupo.

8. Essa reintrodução coloca em jogo uma série de fenômenos amplamente estudados na clínica individual:

    - Ao estar excluído o indivíduo, faz com que presenciemos eventos relacionados à somatização sem que esta parecesse ter a qualidade comunicativa do sintoma como o entendemos na psicanálise.
    - Ao não habitar ou radicar nas margens do grupo, a condição espacial de matriz simbólica não existe ou é precária.
    - Nesse sentido, o indivíduo emprega identificações adesivas privilegiando a superfície da pele e o resto dos órgãos, movendo-se em um espaço bidimensional. Aparecem, portanto, confusões de tempo e espaço.
    - O analista se propõe como um outro privilegiado que restaura o lugar nas trocas simbólicas, devolvendo ao consultante a sua condição de sujeito do discurso grupal.
    - A forma em que este fenômeno opera é propiciando os fenômenos de identificação introjetiva da figura do analista, assim como intervindo nos princípios básicos

do grupo para modular a qualidade das identificações projetivas.

- A rapidez com que operam essas intervenções é para mim convincente, pois na clínica individual com algumas crianças temos evidências de que essa estratégia tem resultados cuja prontidão assusta aos desavisados.
- Sem dúvida, e da mesma forma que na clínica individual com crianças, haveria que pensar que essa é parte do trabalho e falta ainda um bom trecho para recorrer. No caso dos grupos sociais, pelo menos neste capítulo, deixamos de lado a condição alienante que é efeito irremediável da estrutura socioeconômica que vivemos.
- É pertinente nesse sentido discutir a crítica de Lacan à proposta xamânica de Levi-Strauss pois aponta precisamente para essa operação terapêutica (Lacan, 2003, 2007; Ramírez, 2018; Peña, 2000). Adianto uma ideia: que um indivíduo se torne sujeito do seu discurso não é sinônimo de uma maior liberdade. A liberdade seria a distância crítica do sujeito diante da própria configuração do contexto no qual se desenvolve.

Referências

Althusser, L. (1988). *Ideología y aparatos ideológicos del Estado*. Buenos Aires: Nueva Visión.

Althusser, L. (1996). *Escritos sobre Psicoanálisis*. Freud y Lacan. México: Siglo XXI.

Anzieu, D. (2010). *El Yo-Piel*. Madrid: Biblioteca Nueva.

Beltrán, A. (2021). "Es que yo no estoy ahí...": La construcción de sentido en el tratamiento de un niño autista. *Calibán*, 19 (1-2), 95-112.

Beltrán, A. (2022). Ser alguien más en algún otro lado: malestar e ilusión en el psicoanálisis contemporáneo. *Psicoanálisis*, XLIV.

Bick, E. (1968). The experience of skin in early object relations. En *The Tavistock model* (133-138). London: Karnac.

Bion, W. (1961). Experiences in groups. En *The Complete Works of W. R. Bion Volume IV* (95-246). London: Karnac.

Bion, W. (1980). *Aprendiendo de la experiencia*. Barcelona: Paidós.

Deleuze, G., & Guattari, F. (1985). *El anti Edipo*. Barcelona: Paidós.

Derrida, J. (1997). *Mal de archivo*. Madrid: Trotta.

Derrida, J. (2001). *Estados de ánimo del Psiconálisis*. Buenos Aires: Paidós.

Devereux, G. (2008). *De la ansiedad al método en las ciencias del comportamiento*. México: Siglo XXI.

Foucault, M., (1968) Las palabras y las cosas, *SigloXXI*, México.

Foucault, M. (1990). *Tecnologías del yo*. Barcelona: Paidós.

Foucault, M. (2002). *La hermenéutica del sujeto*. México: FCE.

Fromm, E. (1962). *Marx y su concepto del hombre*. México: FCE.

La Barre, W. (1989). The Influence of Freud on Anthropology. *American Imago*, 46(2/3), 203-245.

Lacan, J. (2003). Subversión del sujeto y dialéctica del deseo en el inconsciente freudiano. En *Escritos* 2(773-807). México: Siglo XXI.

Lacan, J. (2007). *La angustia*. Buenos Aires: Paidós.

Levi-Strauss, C. (1987). *Antropología estructural.* Buenos Aires: Paidós.

Levi-Strauss, C. (1987a). El hechicero y su magia. En *Antropología estructural* (195-210). Barcelona: Paidós.

Levi-Strauss, C. (1987b). La eficacia simbólica. En *Antropología estructural* (211-228). Barcelona: Paidós.

Lourau, R. (1970). *El análisis institucional.* Buenos Aires: Amorrortu.

Lourau, R. (1980). *El estado y el inconsciente.* Barcelona: Kairos.

Lourau, R. (1989). *El diario de investigación.* México: Universidad de Guadalajara.

Malinowski, B (1923). Psychoanalysis and anthropology. *Nature* 112:650-1.

Marcuse, H. (1955). *Eros and Civilization: A Philosophical Inquiry into Freud.* Boston, MA: Beacon press.

Marcuse, H. (1964). *One Dimensional Man: Studies in the Ideology of Advanced Industrial Society.* Boston: Beacon press.

Marcuse, H. (1970). "The obsolescence of the Freudian Concept of man," In *Five Lectures.* Boston: Beacon press.

Meltzer, D. (1982). *Exploración del autismo.* Buenos Aires: Paidós.

Meltzer, D. (1998). The clinical significance of the work of Bion. En *The Klenian Development* (271-396). London: Karnac.

Meltzer, D. (2014). *El proceso psicoanalítico.* México: Paradiso.

Meltzer, D. (2018). *Estados sexuales de la mente.* México: Pardiso.

Merton, R. (1968). *Social Theory and Social Structure.* Glencoe, IL: Free Press.

Parsons, T. (1967). *The Structure of Social Action*. New York: Mc-Graw- Hill.

Pasqualini, M. (2016). *Psicoanálisis y teoría social*. Buenos Aires: FCE.

Pavón-Cuellar, D. (2017, julio-diciembre). Del revisionismo al freudomarxismo: los marxistas freudianos en los orígenes de la revolución cultural occidental. *Culturales*, 1, 239-285.

Peña, F. De la. (2000, enero-abril). Más allá de la eficacia simbólica del chamanismo al psicoanálisis. Cuicuilco, 7, 1-16.

Ramirez, Fernando Cesar (2018). Lacan y Levi-Strauss: una diferencia de estructura. *X Congreso Internacional de Investigación y Práctica Profesional en Psicología XXV Jornadas de Investigación XIV Encuentro de Investigadores en Psicología del MERCOSUR*. Facultad de Psicología – Universidad de Buenos Aires, Buenos Aires.

Reich, W. (1989). *Materialismo dialéctico y psicoanálisis*. México: Siglo XXI.

Rivera, P. (2017). 'Freud's speculations in ethnology': A reflection on anthropology's encounter with psychoanalysis. *Int J Psychoanal*. 98(3):755-778.

Whitebook, J. (2019). Psychoanalysis and Critical Theory. En *The Routledge Companion to the Frankfurt School* (32-47). New York: Routledge.

***

Projeto SOS Brasil – Atendimento emergencial

Alicia Beatriz Dorado de Lisondo
e Claudia Janette Boutros Carvalho
Sociedade Brasileira de Psicanálise de Campinas

O Projeto S.O.S Brasil foi criado com o objetivo de oferecer atendimento psicológico emergencial diante das situações de desamparo, angústia e incertezas que a pandemia de covid-19 causou, e ainda vem causando, nas pessoas. A equipe de psicanalistas e outros profissionais da saúde disponibiliza de três a oito sessões on-line, num trabalho interdisciplinar cujo foco é o atendimento gratuito de bebês, crianças, adolescentes, gestantes e cuidadores.

Rosa e a família no S.O.S. Brasil

Rosa foi atendida com sua família por uma psicanalista, em três sessões, e encaminhada ao Eixo Corpo, a cargo de Claudia J. B. Carvalho. O diagnóstico clínico de Rosa é dermatite crônica agudizada, rinite importante e má formação de vias aéreas superiores (VAS). Neste grupo multidisciplinar, Rosa é atendida pelos seguintes profissionais: pediatra, fonoaudióloga, odontopediatra e osteopata.

O atendimento da menina que berra no corpo sua dor psíquica

Rosa é uma criança de oito anos, irmã mais velha de outros três irmãos homens (de cinco, quatro e um ano). É filha de Sandra, uma mulher de origem peruana, 30 anos, pedagoga e atualmente estudante de psicopedagogia. Veio para o Brasil aos dez anos de idade. O pai de

Rosa é Gustavo: brasileiro do Rio Grande do Sul, 32 anos, biólogo e professor concursado de uma universidade estadual.

Primeira entrevista com a família de Rosa

Rosa está sentada no sofá, num canto, sem muito espaço, ao lado dos pais. Apresento-me como psicanalista que cuida das dores da alma e apresento o projeto; Sandra pede para a filha desenhar, enquanto fala torrencialmente. Ela faz o que a mãe impõe sem pestanejar, parece não ter nem espaço físico nem psíquico.

Os irmãos gritam, brigam entre eles, pegam o material gráfico da menina. Todos solicitam a atenção dos pais. Mostro como é difícil para Rosa ter seus desejos, seu espaço e se colocar com esses irmãos todos.

A mãe me conta sobre as dificuldades enfrentadas no passado, na sua própria infância: teve que cuidar do irmão menor no cortiço onde viviam: "*precisava ser boa e não dar trabalho*". Interpreto que a vida de Rosa pode ser diferente dessa vida tão sofrida. Ela não precisa ser gente grande antes da hora. A menina me olha, concordando comigo.

O pai sai de cena e tenta entreter os meninos, que ainda gritam e brigam, oferecendo argila. Quando retorna, conta que, em 2020, nasceu o filho mais novo. Rosa ficou meses na casa da avó materna. O pai então reflete que ela deve ter sentido a falta dos pais.

A mãe diz que Rosa se cobra muito. Isso gera mais coceira e pinica muito a roupa no corpo. Com a pandemia, não conseguiram sair de casa e ir à escola. A pedido da mãe, a menina me mostra a pele em carne viva. Quando não aguenta a dor, pede para a mãe colocar bandagens. O pai me mostra uma foto. Parece uma múmia. Penso na Pele Psíquica.

Assinalo que Rosa fica toda enroladinha, aquecida, protegida com as bandagens. Mas o mais importante é o amor, a dedicação da mãe só com Rosa neste momento, cuidando dela.

Os irmãos entram na cena: berram, o caçula balbucia algo e logo puxa a saia da mãe. Mostro como todos querem atenção, mas Rosa também precisa disso, porque ela é uma menina e não gente grande. Rosa me mostra o desenho.

"*É você.*"

Uma cópia e uma criação? Ela quer ficar com meu retrato como testemunha de nosso encontro? Ela busca se identificar com uma figura feminina, forte? Seriam as diferentes direções do azul e a diferente aparência do cabelo, de cada lado do rosto, a presença de emoções contraditórias? Rosa bem comportada, por um lado, e indócil, por outro?

Digo: "*Nossa, Alicia com óculos para te enxergar por dentro. Uma Alicia bem grande! Assim eu fico com você e dentro de você, te fazendo companhia e tentando te compreender.*" Após minha intervenção, ela pede ajuda ao pai para amassar a argila. Ele abre espaço para ela, que modela uma xícara.

"Você quer ter dentro de você um lugar... um canto bem seguro nesta família. E você precisa muito da ajuda dessa família e de mim para viver sem esse sofrimento todo. Eu vou passar o contato de uma pediatra, Claudia, que vai cuidar de você junto comigo."

Trabalho no eixo corpo

Após o atendimento psicanalítico, a mãe (que não gostava de medicar os filhos com alopatia) aceita dar os remédios que a pediatra prescreve para aliviar a coceira e as lesões de pele de Rosa. Após uma semana de medicações básicas, quando sua rinite também havia melhorado, as lesões da pele cicatrizaram, porém se mantiveram inflamadas. Ao prescrever que Sandra coloque o seu leite materno sobre a pele de Rosa (a mãe amamentava o caçula), elas se olham com um prazer compartilhado de que iam ficar bem, parecem gostar da ideia. Uma semana depois, a pele de Rosa está totalmente sem lesões.

A intervenção transdisciplinar de fono, osteopata e odontopediatra pretende dar a Rosa uma condição respiratória para que ela possa dormir melhor e descansar. As orientações, além de técnicas, dão à mãe e à filha o toque de pele com pele – para refazer o laço inicial entre a mãe e a bebê que Rosa foi, e a criança que pode ser na sua idade e tempo.

***

Breve relato de uma experiência com pais numa UTI neonatal

Grácia Maria Fenelon e Delza Maria da Silva Araújo
Grupo de Estudos Psicanalíticos de Goiânia – GEPG
/ Sociedade Brasileira de Psicanálise de Brasília

Os momentos dentro da Unidade de Terapia Intensiva neonatal (UTI), junto aos pais, repetem, a meu ver, a vida. São chuvas torrenciais, com trovoadas que se alternam com sóis que brilham e iluminam esperanças sem fim. Estações do viver.

Encontro-me com os pais no "Acolhimento aos pais", momento em que Delza Maria da Silva Araújo e eu conversamos com eles antes das visitas aos filhos internados. A reunião tem o objetivo de acolhê-los e escutá-los, e acaba sendo também um espaço para se conhecerem e compartilharem suas histórias. Depois, os acompanhamos na visita aos filhos.

Aguardo que entrem para depois me juntar a eles. São minutos preciosos. A visita é de somente 30 minutos, um tempo muito esperado e sentido por eles como se fossem apenas cinco, como costumam comentar. A angústia da espera por esses minutos junto aos filhos sai aos borbotões, cada um à sua maneira: alguns expressam sentir "frio na barriga", outros, "não dormir a noite", "não conseguir comer antes da visita e, depois, ter uma fome de leão". O que comunicam? Como podemos ver, são, em sua maioria, experiências somáticas que talvez possamos entender como respostas à intensidade de suas identificações com seus bebês.

Outros pais expressam ainda a expectativa pelo que irão "ouvir do médico". A esperança sustentada numa corda bamba, dependurada, a cada evolução que o médico lhes transmite, por menor que ela seja. Faz-se luz nesse percurso tão sombrio e inesperado que estão vivendo. Outras vezes, não.

Nenhuma mãe e nenhum pai espera que o filho tenha um desvio no caminho para casa logo que nasce. A expectativa de todos é de que o filho vá com eles usufruir o ninho que prepararam durante a gestação. No imaginário dos pais, a UTI não se faz presente.

Vivo com eles esses momentos, e também carrego comigo a esperança de boas notícias. Percebo meu coração e meus olhos atentos às mínimas manifestações do médico(a) e das enfermeiras e enfermeiros presentes na UTI. As vestimentas são iguais, mas os olhos de cada um manifestam o "clima" do momento. Após a *passagem* eu me dirijo a cada um e me coloco à disposição para escutá-los, para estar junto.

Quase sempre têm o que dizer, a começar pela apresentação que fazem de mim para seus filhos: "Essa aqui é a titia". É muito difícil para eles, e para mim, quando a realidade os choca e retira a esperança alimentada. São momentos cruéis nos quais posso sentir a impotência avassaladora que os retira do chão. Quando isto ocorre, o que sinto é vontade de sair o mais rápido possível dali, mas o relógio parece parado, os ponteiros não andam e minha hora de sair não chega.

O *setting*, na UTI, tem um contexto diferente, é um lugar muito mais amplo que o setting no consultório. Nove leitos e uma equipe com médicos, enfermeiros, técnicos em enfermagem, fonoaudiólogos, fisioterapeutas, nutricionista e lactarista. Pergunto-me: Qual seria a função psicanalítica ali? Quanto de psicanálise é possível realizar?

Detenho-me nas representações apresentadas pelos pais junto aos filhos. Observo e tento dar-lhes sentido. Cada visita é única e particular, portanto, meus olhos, meus sentidos, meu corpo, enfim, estão, dentro do que me é possível, disponíveis para aqueles encontros. Às vezes, o que pode ser oferecido é um ambiente no qual o *existir* possa acontecer e se manter. Não é fácil. Trata-se de um *setting* complexo onde a verdadeira importância não está nos materiais, mas nas pessoas que estão no ambiente.

Os pais, imersos em seus obstinados esforços para se comunicarem, mencionam seus desejos dirigidos aos filhos, quase como quem entoa uma cantiga de ninar, alguns mais agitados, outros mais suaves. Cada um tenta preservar seu "canto" e ficar com seu bebê, assim se abstraem dos outros territórios.

Cada qual, com os recursos que lhe são permitidos, enfrenta esse percurso: alguns podem colocar suas mãos pelos espaços próprios e tocar seu bebê; outros, aqueles cujos filhos já evoluíram em sua prematuridade, podem pegá-los no colo; e há ainda as mães que já podem amamentar. Essa possibilidade é muito esperada, por ser um sinal de que a ida para casa está próxima. São momentos especiais nos quais pode se supor que as mamães e seus bebês podem realizar um reencontro da *fusão* que foi perdida temporariamente, e que é, como sabemos, de fundamental importância. Percebo uma grande alegria, mas ao mesmo tempo suas angústias, como expressou uma mãe: "Quero muito levá-lo para casa, mas será que vamos dar conta? Fico com muito medo".

Na UTI a luz quase não se apaga. Apenas na hora do soninho ela fica como numa espécie de penumbra. Ali não existe dia e noite, claro e escuro. Não existe a possibilidade do escuro. A claridade é imprescindível e não há lugar para incertezas, embora elas rondem abertamente o ambiente.

O ambiente é frio, e com cheiro de morte. Mas também preenchido por leitos quentinhos e pela presença atenta dos cuidadores-pais substitutos. Recordo o dia em que cheguei e os bebês estavam deitados em redinhas. Como foi gostoso vê-los esparramados, relaxados e embalados. A enfermeira chefe do serviço me explicou que as redes eram utilizadas na estimulação precoce. Bravo! Encantador!

Mas, um pai não deixou de fazer sua queixa. Ele disse que a rede era ótima, mas que podia não ser cor-de-rosa, pois seu filho era homem. Ainda bem que essas coisas acontecem. Não são apenas máquinas, mas amorosidades que permitem o desenvolvimento do sentimento de ser amado.

Um paradoxo que me ocorre é sobre o tempo: ele é curto para os pais, os bebês e para a equipe de profissionais que atua na UTI neonatal durante a visita de 30 minutos. Curto prazo de internação para alguns bebês. Um pequeno espaço temporal diante de um longo que é vivido, creio eu, pela intensidade da experiência emocional. Esse é o contexto que vivo nesse trabalho: um tempo não medido pelo relógio.

Lembro-me de uma enfermeira ao lado de um leito, toda curvada sobre si mesma, com um dedo revestido com luva. Nele sobrava uma pontinha com a qual massageava os lábios e a língua do bebê, em movimentos de vai e vem, para estimular a sucção. Como pude constatar depois, este é um exercício frequente na UTI neonatal com os bebês prematuros. O mais interessante é que observei essa mesma enfermeira aplicando a mesma técnica em outros bebês.

Entretanto, com aquele primeiro senti que era diferente. Em um dado momento, pude fazer essa observação a ela, que respondeu com um olhar e um sorriso que confirmavam minha observação. Aquele bebê, para ela, era diferente. Penso que ele tocava seu coração, de uma maneira tal, que ressoava em um cuidado especial, uma dedicação delicada e atenta. Uma diferença entre uma aplicação técnica e a presença humana e total. A partir do que se diz, uma revelação é possível. Não apenas com palavras, mas do que é escutado, visto e sentido pelo outro. Privilégio daquele bebê.

A UTI é um lugar de competição com a morte: estamos cara a cara com esse fantasma, com sua existência crua e fria. Os filhos são pedaços dos pais e estes os socorrem, os amparam e se amparam com todas as forças que podem reunir. É uma luta feroz de narcisismos feridos versus filhos que nasceram com deficiências e estão à beira da morte. Os pais sustentam os filhos e, mais especificamente, pode-se observar a função dos pais em apoiar as mães, para que essas amparem seus filhos que acabaram de sair de dentro delas.

Muitas vezes os pais podem oferecer somente o olhar – o que, confesso, me intriga. Em outras, nem isso. É possível sentir seus esforços para passarem aos filhos a esperança e o sonho de logo irem para casa. Nós outros, pretensos cuidadores desse sofrimento, ficamos juntos, cada qual com suas possibilidades de ajuda, para conseguirmos, ou não, nos manter firmes no que nos propusemos. Ali, sempre com a *esperança* de que ganharemos a batalha, pelo menos por enquanto, muitas vezes enfrentamos o fracasso, sucumbimos à força daquilo que nos arranca de nós mesmos e nos encontramos com a morte.

No entanto, também experimentamos, igualmente, a alegria com as boas evoluções de muitos bebês que vão para casa e retomam seus caminhos. Acabaram de nascer, é muito doloroso que não tenham o direito de experimentar o viver.

O que mais faço é escutar, trocar olhares, ficar ao lado. Às vezes, em algumas situações estarrecedoras, uma mão no ombro, um afago. São 30 minutos que às vezes passam muito rápido, mas às vezes demoram a passar, sufocam!

O que estou aprendendo?

Que 30 minutos podem ter o significado de uma vida.

Que a esperança move moinho.

Que o desejo tangencia a morte, deixa-a de lado e ainda lhe dá uma piscadela de até um dia.

***

Estamos ouvindo

Cristiane Paracampo Blaha Rangel
Sociedade Brasileira de Psicanálise do Rio de Janeiro

Ana, 35 anos

Primeira sessão

Ligo na hora marcada e A. atende prontamente. Escuto uma voz de mulher jovem, ansiosa (consigo ouvir sua respiração).

Apresento-me e A. diz que foi o "Dr. S..." (não consegue lembrar o sobrenome e fica um pouco aflita com isso) que fez a indicação para que A. fosse atendida duas vezes por semana em análise.

Pergunta sobre esse nosso primeiro contato: "é a inscrição, é triagem, é o atendimento?".

Por um momento fico confusa: será que a secretária da SBPRJ se enganou e é uma entrevista de triagem para atendimento na Clínica Social? Sinto-me perdida até A. dizer que deu à luz há quinze dias. Tudo correu conforme o planejado, foi parto normal e o bebê está bem. Mas no final do parto, ainda na banheira em que parira, ela ouviu uma pessoa da equipe dizer: "o útero não para de sangrar".

Na mesma hora achou que estava morrendo, que ia se esvair em sangue. Olhou para a água e teve certeza de que estava morrendo mesmo. A obstetra a tranquilizou dizendo que estava tudo bem, comentavam sobre outro caso, mas essa frase não saiu de sua cabeça desde então.

Teve alta, foram para casa mas ela não consegue se conectar com o bebê, amamentar direito, está muito estranha, vai ao banheiro e fica tomando conta da quantidade de sangue que sai, tira uma foto para mandar para a médica que reafirma que está tudo bem. Nesse momento minha confusão se dissipa e opto por atendê-la. Penso que está num momento decisivo da sua vida e do filho e uma escuta psicanalítica poderá ser de grande valia.

"É seu primeiro filho?", pergunto. Ela dá uma risadinha: " não, é o terceiro, e o segundo também foi de parto normal". "Foi em casa?" "Não, na Maternidade X, tudo certinho, com a mesma equipe do outro (me chama a atenção que ela não fala o nome dos filhos). "Fui na médica ontem, ela me examinou e disse que estava tudo bem. Ela me conhece, sabe que sou controladora, foi ela que fez o outro parto normal, o primeiro foi cesárea. Mas eu não paro de pensar que alguma coisa ruim vai acontecer: faço xixi e dou a descarga correndo para não ver o sangue, tomo banho e fico olhando o sangue correr. E não era para ser assim, era para estar tudo bem, tenho um bebê que está bem, não entendo como posso estar assim". A voz é ansiosa mas não transmite tristeza.

"E a gravidez, A., como foi?", eu pergunto. "Foi tudo bem, não foi planejada mas nós ficamos bem felizes quando aconteceu, queríamos mais um filho, não agora, né, mas já que veio, tudo bem. Eu e meu marido estamos trabalhando em casa desde o início da pandemia. Minha mãe ficou um tempo com a gente no início do isolamento porque a pressão dela estava alta, então fizemos o isolamento direitinho desde o início, também por conta da população, claro. O final da gravidez foi tenso por conta do COVID, mas demos conta de tudo." "Eu sou professora e no ano passado não tive aula presencial. Neste ano voltamos, janeiro e fevereiro eu participei bastante, foi bom, fiquei ocupada, me ajudou com a tensão do final da gravidez". Continuo a ouvir sua respiração, há uma ansiedade palpável. Passaram-se uns quinze minutos desde o início da ligação. A. fica em silêncio por um tempo e eu aguardo.

"Tem uma coisa: no final do ano passado a minha mãe morreu. Ela tinha 76 anos, morava sozinha, primeiro apareceu a pressão alta, depois um tumor, ela teve seis convulsões e internou em dezembro para fazer a cirurgia, pegou COVID e morreu em dez dias". Começa a chorar e me pede desculpas por isso. "Sua mãe morreu há tão pouco tempo, A, tem muito o que chorar..." Chora de soluçar. "Foi horrível, eu tinha conseguido convencer ela de morar com a gente, já tinha até comprado a bicama, eu ficava preocupada com ela morando na casa sozinha, ia ser tão bom". Chora copiosamente. Soluçando, diz: "Ela morava numa casa desde os 11 anos, tinha quintal, tinha sido construída pelos pais, ela amava a casa, a vizinhança, foi difícil à beça convencer ela de morar com a gente, eu estava feliz".

"Sua mãe era independente...", eu digo. "Muito. Ela nem casou. Eu e minha irmã somos filhas de um namorado, eles até tentaram morar juntos, mas não deu certo. Aí ela assumiu uma vida sozinha, gostava disso, deixou o cabelo crescer, teve namorados. Mais velha um senhorzinho até foi morar com ela mas ela botou ele para fora: "não lavei cueca até hoje não vou lavar agora."

Eu e A. rimos juntas. "Tive muitas diferenças com minha mãe, especialmente na adolescência, mas depois que tive filho ficamos mais próximas, ela gostava de vir aqui, de ficar com os netos, e finalmente convencemos ela a morar com a gente. Aí veio a doença, primeiro a pressão alta que a gente não sabia se tinha a ver com o tumor, depois o tumor, ela começou a trocar algumas coisas (chora muito), não queria operar de jeito nenhum. Ela era espírita, não queria que mexesse na cabeça dela e nem queria cortar o cabelo, foi um custo para convencer. Acabou que pegou COVID e morreu antes da cirurgia. (O relato fica confuso e eu aguardo, fazendo alguns sons para mostrar que estou ali a escutando). "E eu nem pude ir ao hospital, quem ficou com ela foi minha irmã que queria que ela operasse, fico pensando que, se eu estivesse lá, se eu tivesse perguntado tudo direitinho... nem fui ao enterro". Chora muito. ". Eu falo: "E ficou a dor, a saudade, o projeto interrompido de ter a mãe junto com você..."

Penso numa mãe arisca, que teve a própria vida, que foi mulher antes de tudo, e só agora estava sendo mãe. Penso que há muito assunto para análise, mas que nesse momento há uma mãe que não está conseguindo ser mãe de seu bebê. Digo: " você vai ficar bem, não agora, nem de um dia pro outro, você ainda sangra pela mãe, pelo luto dessa morte nessas condições. Vamos continuar conversando?"

Ouço que a respiração melhorou. Ela responde que sim e marcamos para a semana que vem no mesmo horário.

Segunda sessão de Ana

Ligo no horário marcado e A. atende com barulho em volta. Está no carro, com o marido e o filho, voltando do hospital. Cismou que estava sangrando mais e conseguiu ser atendida na emergência da maternidade. A médica que a atendeu disse que está tudo bem. Pergunta se posso ligar às 20h: "a essa hora já botei os dois mais velhos pra dormir e meu marido pode ficar com o bebê. Respondo que sim, posso ligar nesse horário. (Adaptando-me aos horários de um bebê recém-nascido?)

Nessa ligação a voz é mais triste. Foi à emergência porque continuava preocupada com os sangramentos. . A médica a examinou, fez uma ultrassonografia, disse que tudo estava bem e que se o sangramento não passasse em duas semanas bastaria fazer uma curetagem. Pronto, foi o que bastou para que A. pinçasse essa frase de todo o resto e aderisse à ela. "Por que ela falou isso? Será que ela viu alguma coisa na ultra e não quis me dizer?", fala. "Eu nunca fui assim, não sei o que está acontecendo comigo, aqui em casa o hipocondríaco era o meu marido, conseguiu "cavar" uma cirurgia no ano passado. Por isso nem falo muito com ele."

"Com quem você fala?", pergunto. Pausa. "Pois é...com ninguém", ela responde. Silêncio, eu aguardo. "Eu sinto falta da escola, eu falava com as pessoas lá, mas amiga, amiga é uma coisa que eu não tenho. Estudei tanto, estive tão ocupada, quis uma família grande, um marido." "Quis ser diferente da mãe", digo. "É. Muito ruim o que vivi, a minha mãe tinha a vida dela e a gente se virava."

Relata vários eventos da vida, a falta do pai e de festas de aniversário, Natal, esse tipo de coisa. Noto a mágoa e o ressentimento em relação à mãe. Sinto-me insegura com relação a opção no primeiro atendimento, "é uma paciente para análise", penso eu. Um atendimento breve não vai dar conta desse vazio todo. Fico desanimada.

"Acho que vou me envolver em algum projeto da escola", diz. "Estou muito sem o que fazer, só cuidar de criança, amamentar J., ir ao banheiro e tomar conta do sangue, só isso". O tempo do atendimento termina e marcamos mais um para a semana seguinte.

Terceira sessão de Ana

Ligo na hora marcada e A. não atende.Tento mais algumas vezes sem sucesso e escrevo uma mensagem para ela. Fico preocupada. No final do dia há uma mensagem dela pedindo desculpas, escreve que estava dormindo, tinha amamentado o bebê e depois dormiu. Pergunta-me se posso ligar naquele horário de 20h. Respondo que sim.

No horário marcado, ela atende com o bebê no colo. Ele faz alguns barulhinhos e eu falo com ele. Ela diz: "O sangramento parou. Que loucura aquilo, não sei o que aconteceu, passou tudo, já deletei as fotos, como assim fui tirar foto de sangue em vaso sanitário? Que maluquice! Voltei a ser quem eu era".

"Que bom, A", eu digo.

"Mas também ouvi que você falou que eu era sozinha e fui procurar duas pessoas que gosto. Uma colega de Doutorado e uma professora da escola. Tem sido muito bom conversar com elas. Que alívio!

Conversamos mais um tempo sobre as coisas da rotina de uma mãe de três filhos. Sua voz me parece mais forte e vitalizada, o bebê continua a fazer barulhinhos. Sinto que o trabalho terminou, pelo menos por ora.

"Bem, A. podemos encerrar por aqui, não? Qualquer coisa é só entrar em contato com o EO novamente."

"Foi muito bom falar com você (se emociona), nem sei o que dizer, muito obrigada..."

2. Prisões e liberdades: tornar-se sujeito[1]

Des-marcando limites

Fernando Orduz
Sociedade Colombiana de Psicanálise

Introdução

Marca é uma noção que já foi usada para delimitar e diferenciar territórios, por isso surgem palavras como comarca ou demarcação. Também deu origem ao nome dos indivíduos aos quais se encarregava o cuidado de tais marcas, os marqueses.

Existem marcas históricas muito importantes, como a Marca Hispânica que diferenciou o território andaluz do império carolíngio,

1 O artigo que abre este capítulo, de Fernando Orduz, foi elaborado com base nos trabalhos das colegas Alicia Beatriz Iacuzzi, da Argentina, e Pilar Raffo, do Peru. Os respectivos trabalhos também compõem este capítulo.

ou a marca que traçou o Tratado de Tordesilhas pelo qual portugueses e espanhóis se dividiram os territórios recém conquistados.

Marca também dá sentido à palavra marco[2], a qual remete àqueles bastiões que sustentam a tela pintada, e que de alguma forma se associa à palavra que tanto usamos na nossa técnica: enquadramento. Marcos, que tanto na arte como na nossa técnica, foram pouco a pouco atravessados e transbordados pelas vanguardas artísticas modernas do século XX e pelas forças de muitos movimentos sociais que foram denunciando a insuficiência de tais perímetros para conter suas formas, suas diversas identidades, suas múltiplas representações.

Toda institucionalidade se sustenta sob o cuidado das marcas. Os Marqueses e inquisidores têm a função de supervisionar e controlar os limites do território, para sancionar aquele sujeito, grupo ou ideia que transgrida com alguma ação, fala ou pensamento o limite continente do território e, portanto, excluir, extraditar, marginalizar qualquer representante-representativo que se oponha às identidades que marcam o território.

Há conceitos que se associam a essa ideia de marca, como a palavra limite ou a palavra borda. A noção de limite tem uma procedência particular, refere-se ao caminho que separa duas propriedades, que contorna seus territórios e que não é posse de ninguém como tal, permitindo a circulação daqueles que compartilham um bairro. O limite não teria posse, separa dois proprietários, mas é em si mesmo um território sem dono.

Essa ideia de limites nos leva a uma concepção de espaço onde sempre nos moveremos entre dois. Cada vez que marcamos uma linha limítrofe dá-se existência a uma divisão, como quem abre com um bisturi a pele, expondo dois tegumentos, duas lâminas. Mover-se no limite é um vislumbre da compreensão de outros territórios.

2 N.T. "Marco" em espanhol quer dizer "moldura (de um quadro ou pintura)".

A noção de borda tem origens diversas, uma de origem gaulesa que faz referência à lateral de uma nave (por isso dizemos em espanhol que 'abordamos' uma nave); por outro lado o adjetivo latino *burdus* que se refere a tudo aquilo que emerge fora de um marco estabelecido; além de 'burdo'[3], raiz da origem da palavra bastardo (animal que surge do cruzamento de um cavalo com um burro) e à palavra bordel. Seria possível pensar a psicanálise a partir daí, de uma construção marginal que a levou a ser referida por Freud como uma disciplina que só podia ter emergido nesse prostíbulo chamado Viena. [4]

Sobre os trabalhos clínicos

Os trabalhos de Alicia Iacuzzi e Pilar Raffo mostram esse funcionamento, em que duas terapeutas parecem atravessar os limites permitidos dos nossos confortos identitários como se atravessassem os limites do Rio Estige. Ambas adentraram em um território que trabalhava com os seres que a sociedade exclui por exercer algum tipo de ação que contraria os marcos legais. Homicídio, subversão, identidade trans, me lembram de alguma maneira a tríade levantada por Freud, de incesto, canibalismo e homicídio.[5]

Lá onde os marcos sociais atuam com dinâmicas de exclusão e readaptação, nossas duas analistas assumem o trabalho que de alguma maneira se espera da nossa técnica, dar palavra para que o excluído possa de novo aparecer nos terrenos da consciência e do tecido social, recuperando uma nova significação do que foi estigmatizado, invisibilizado e silenciado.

---

3 N.T.: O adjetivo "burdo" em espanhol significa "rude, grosseiro".
4 Freud (1914). A história do movimento psicanalítico.
5 Freud (1927). O futuro de uma ilusão.

As duas colegas no seu trabalho clínico com os pacientes cruzam as margens indevidas do enquadre instituído, não eximidas de passar por uma prova de ferro e fogo emocional, recordando a frase de Hipócrates retomada por Freud[6], pela qual passamos os terapeutas ao nos expor aos efeitos da transferência e, neste caso, são adicionados os sentimentos que surgem dos efeitos de transgredir a norma institucional.

Pilar dá a mão a Alfredo e cruza os limites proibidos, sai do consultório ao encontro do paciente, perto da prisão onde seu pai está preso. A terapeuta participa do encontro extramuros com seu paciente possuída por aquele sentimento de culpa que se parece com um vigia que nos supervisiona por dentro para nos lembrar que estamos a um passo de enfrentar os julgamentos de Torquemada que nos levarão ao inferno.

Mas Pilar não se intimida, se atreve, travessa e atravessa o portal, espera Alfredo no espaço externo da prisão. Por esse espaço, analista e paciente caminham de mãos dadas, cada um com o seu silêncio, como se adentrassem em algum dos círculos de Dante, buscando um espaço dedicado à memória.

O lugar da memória é uma exposição chamada Yuyanapaq, uma mostra fotográfica que oferece um testemunho da violência ocorrida no Peru entre 1980 e o ano 2000. Época em que Alfredo é concebido, e também a época em que seu pai é encarcerada.

A analista hesita em confrontar Alfredo com a mostra sobre a verdade que tanto se ocultou a respeito da história do seu pai. Me pergunto por que se questiona sobre o valor da verdade, quando essa busca é a tentativa inicial do trabalho psicanalítico freudiano, e ainda que a nossa tarefa não seja só recordar versículos bíblicos,

---

6 Freud Sigmund (1914). Sobre amor de transferencia. NT: Encontré "Observações sobre o amor transferencial" con fecha 1915.

não é demais lembrar a frase de San Juan que diz que a verdade nos libertará.

Lá onde Pilar sente-se culpada diante dos observadores de sua transgressão liminar que a fazem lembrar que a psicanálise é um divã preso entre quatro paredes brancas, Alicia invoca o horror sobre o novo. As verdades da ciência ou as da realidade não sempre são agradáveis, prefiro dizer que são desagradáveis e por isso tendem a ser evitadas. Por isso possivelmente são renegadas, convertendo em equívoco aquilo que é desagradável.

Essa tendência de tingir o desconhecido com adjetivos de desgosto é observada na forma como o mundo europeu ia qualificando de forma negativa qualquer nova figura que chegasse a seu conhecimento. Nas épocas medievais, no extremo liminar que dava fim à terra, o mundo estava povoado de monstros. Algo similar ao que Pigaffeta narrava sobre a recém-descoberta América:

> *"El explorador florentino, dice García Marquez en su discurso de aceptación del Nobel, contó que había visto cerdos con el ombligo en el lomo, y unos pájaros sin patas cuyas hembras empollaban en las espaldas del macho, y otros como alcatraces sin lengua cuyos picos parecían una cuchara. Contó que había visto un engendro animal con cabeza y orejas de mula, cuerpo de camello, patas de ciervo y relincho de caballo".*[7, 8]

---

7 García Marquez (1982). *Discurso de aceptación del Nobel de Literatura.* Estocolmo. Disponível em https://cvc.cervantes.es/actcult/garcia_marquez/audios/gm_nobel.htm

8 N.T. "O explorador florentino contou que tinha visto porcos com o umbigo no lombo, e uns pássaros sem patas cujas fêmeas chocavam nas costas do macho, e outros como alcatrazes sem língua cujos bicos pareciam uma colher. Contou que tinha visto um monstruoso animal com cabeça e orelhas de mula, corpo

Do outro lado do mundo, ou seja, do universo que existe para além de nossas limitadas representações, emerge um universo cheio de aberrações e bizarrices, mas é monstruoso porque é irrepresentável para os marcos ou enquadramentos das nossas coaguladas identidades.

Alicia nos mostra um sujeito trans para o qual não há um alojamento institucional. "Dentro da instituição penitenciária não se tinha achado um lugar adequado para essa hibridação".

Eis aí o problema de muitos processos identitários que só se reconhecem de forma especular na imagem unitária que constroem dentro de instituições que modelam formatos repetíveis como a família e a escola. Nesses espaços é construído um molde no qual, em muitas ocasiões, só há existência para as cópias desses modelos. Quando o indivíduo escapa desse molde, só sobra atuar ao estilo Procusto ou ao estilo penitenciário, isto é, o excedente é cortado ou mutilado, se pensamos no primeiro caso, ou o indivíduo se reforma para que a sua diferença em relação ao modelo possa ser corrigida.

Alicia enuncia isso de alguma maneira ao início da sua entrevista, quando afirma que não é fácil acolher Jéssica pela saturação que a sua imagem produz. A tendência inicial diante do excesso é recortar, em particular operando sobre o que é diferente, preservando aquilo que nos lembra de nós mesmos.

Nas épocas contemporâneas o queer e o trans puseram em questão nossas identidades unitárias, mas esse questionamento acontece em qualquer ordem instituída que marque um centro e limites, gerando configurações prototípicas ou estereotipadas.

Alicia fala de uma clínica em extensão, que ultrapasse os marcos instituídos. Enquanto a leio penso que de alguma maneira isso fez

---

de camelo, patas de cervo e relincho de cavalo". Tradução própria de García Marquez.

a disciplina psicanalítica desde as suas origens. Freud pareceu não se contentar com habitar o território das neuroses, pouco a pouco seu território foi ampliado, cruzou os limites da psiquiatria, por exemplo, para explorar as psicoses e, pouco a pouco, suplantou seu conhecimento e transitou em direção a outras espacialidades, à arte, à literatura, à mitologia, à infância, aos processos coletivos, à cultura.

Esse transitar pelo caminho ou margem dá uma particularidade à nossa disciplina, não sei se uma marca de origem, mas dá um certo caráter marginal ao nosso pensamento.

Pena, castigo e reforma

A intolerância ao diferente, a quem nos apresenta um código de funcionamento alternativo, a quem foge das nossas normas estabelecidas, parece tender a um castigo, a uma sanção normativa e a alguma prática corretiva que opere como reformadora de tal diferença.

Se o sujeito é a unidade idêntica a si mesma e o outro é o que se marginaliza de tal ação unitária, o fator correcional, normatizador, apontará e colocará algum estigma sobre o diferente, como fizeram os nazistas com o povo judeu. Isso quando o corpo não leva uma marca em si próprio, a qual o torna condenável, como acontece com a cor da pele.

Há uma ação primária de punição, que a obriga a passar pelo corpo, através do castigo físico. Quando digo primária me refiro tanto a algo estrutural como a algo histórico, temporal. Talvez por isso os primeiros sistemas de penalização passavam pelo maltrato corporal. A punição ao sujeito que transgredia as normas gerava práticas que atentavam contra o corpo como acontecia com o apedrejamento, a mutilação ou a crucificação. O corpo que transgredia a norma devia ser exposto a um castigo pelo qual era torturado ou até queimado ou esquartejado.

Corpo é a superfície primária sobre a qual a história é escrita, seja como carícia amorosa ou como um gesto de violência. Para o caso em questão, o castigo ou a pena são a expressão do traço violento que dilacera a pele, que pretende desfazer ou quebrar o corpo infrator.

O mito fundante, que nos constitui como disciplina psicanalítica, tem a sua expressão máxima de castigo no momento em que Édipo reconhece a verdade que tanto quis negar na sua arrogância. Édipo tira os próprios olhos, o corpo deve sofrer a afronta por não perceber a verdade que o destino lhe tinha anunciado. Com o broche que tirou do vestido da sua mãe morta (Jocasta pendurou seu corpo, e a vida que o animava, em uma viga do seu quarto) ia golpeando os olhos, enquanto o mensageiro se lamentava dizendo:

> *"Las pupilas ensangrentadas teñían las mejillas y no destilaban gotas chorreantes de sangre, sino que todo se mojaba con una negra lluvia y granizada de sangre" (p. 23).*[9]

Nos primeiros sistemas de penalização a justiça operava quase como uma letra sobre o corpo, era o olho por olho e o dente por dente, o ladrão perdia a mão, o homicida tinha que ser assassinado. Em épocas contemporâneas, pelo menos no meu país, o condenado por estupro no momento em que chega na prisão recebe a mesma ação da qual foi acusado; de maneira similar, o rapaz jovenzinho que é capturado pela multidão no espaço público, possivelmente caia sob a surra que a massa ensandecida pode aplicar como vingança.

9 N.T. "As pupilas ensanguentadas tingiam as bochechas e não destilavam gotas encharcadas de sangue, mas sim molhavam tudo com uma chuva negra e granizada de sangue". Tradução livre.

Para dizê-lo na nossa linguagem, a castração opera como ato e não como ameaça. Ainda que a visibilidade do corpo mutilado pretenda operar como mensagem, por isso os corpos cortados eram expostos à massa. A cabeça cerceada do seu corpo, os cadáveres empalados, o ato dos corpos queimados na fogueira, todos esses atos colocavam uma mensagem efetiva, gerar horror em quem os observava, fazê-los sentir que qualquer ato de transgressão passaria pelo seu corpo assim como havia acontecido com o corpo mutilado que olhavam; algo similar devia sentir o menino descrito por Freud ao observar a menina.

Esse elemento visual, voyeur, sobre a mutilação corporal, sobre o cadáver, poderia ser relacionado com o fenômeno que denominarei pornô. Há uma pornografia que não passa pela visão do erótico, há uma pornografia da violência, que passa por essa exposição dos corpos insolentes, cerceados, golpeados. Essa pornografia da violência que além de satisfazer o prazer mórbido visual busca excitar o terror como uma forma de controle.

Existem outros modos de operar sobre os corpos nos sistemas de justiça primários que de alguma maneira se contrapõem a este fato da exposição pública do cadáver, me refiro ao ato de expulsar um corpo para fora dos limites da cidade. A expatriação, o exílio, a condena ao não retorno, o corpo expulso da polis adquire o caráter de uma estrangeiridade angustiante e maldita. De novo o personagem do nosso mito encarna este segundo fato, Édipo é expulso de Tebas, o outrora rei venerado agora vaga pelos caminhos da Grécia, nem seus filhos o acompanham, exceto Antígona. O descanso eterno é encontrado em meio ao bosque das Euménides em Colono.

Esses sistemas de expatriação podem ser simbólicos, como acontece com as formas de sanção sociopolítica que operam sobre a exclusão ou negação da palavra àquele que atua ou fala fora do permitido pelo código normativo. Essa é a forma por excelência da violência sociopolítica do Estado, negar a possibilidade da palavra ao outro como representante de uma diferença.

Essas formas penitenciárias de operar sobre o simbólico me permitem dar origem à segunda forma de ação punitiva, que já não opera como castigo corporal. Entramos nos terrenos da forma penitenciária moderna, que emerge de alguma maneira com a revolução francesa e a revolução industrial e que operam sob a ação do isolamento e da privação da liberdade.

A perda desse direito cidadão é acompanhada de outras práticas como o trabalho forçado, a reeducação do preso, o pagamento da sanção pecuniária. A ação cruel sobre o corpo desaparece e os sistemas pós-revolução (francesa e industrial) começam a estar permeados de um certo racionalismo humanista, do corpo como objeto de sanção se passa ao indivíduo como sujeito de uma ação reformadora.

Esse processo de transformação do castigo corporal à perda da liberdade como pena poderia ser homologado na forma como da psicanálise se concebe a passagem da sanção edípica à sanção superegóica, com os perigos e as limitações que todo reducionismo conceitual possa trazer.

Na moral e na punição edípica, como já havia anotado, o perigo da castração como representante de um castigo corporal iminente suscita o temor do infante, perigo que a menina não teria e que, portanto, tornaria muito falível essa hipótese para a compreensão da sanção desde o feminino.

Na configuração superegóica como entidade substitutiva da dissolução do Édipo, se daria lugar a uma sanção de caráter mais racional, "mais independente de suas origens afetivas" como diria Freud.[10]

Mas o caráter punitivo da sanção sobrevive na configuração superegóica. A exposição pública se sustenta agora a partir de uma auto-observação e o castigo corporal se sustenta como memória, como vestígio, que dá suporte a uma ameaça. O sujeito que ingressa na penitenciária moderna operará uma mudança a partir da reflexão educativa e do trabalho adaptativo.

Muitos centros penitenciários começaram a mudar sua denominação pela de centros reformatórios, onde a prática educativa tende a renormatizar e a renormalizar. A perda de liberdade é reduzida em sua penalização se o reformado dá mostras de uma reinserção dentro dos códigos sociais estabelecidos.

Entre o temor e a liberdade

Há conceitos que sempre excederão as definições, ao lado do amor e da morte, penso que a liberdade é um deles. Ama-se a liberdade, tanto, que seria possível entregar a vida por ela. A vida sob o princípio de operar livremente, encontra em determinados momentos a margem, o perímetro normativo, como a limitação da sua possibilidade.

Se tentasse fazer de novo um reducionismo psicanalítico, uma leitura da pegada pulsional que me permitisse encontrar uma causa da sensação de liberdade no psiquismo humano, eu a vincularia com aqueles elementos que incidem no processo de separação da mãe, na passagem em direção a uma certa independência a partir da dependência do corpo da mãe fruto do nosso nascimento prematuro e da consequente incapacidade motriz. Essa pulsão certamente se

---

10 Freud (1925). Algumas consequências psíquicas da distinção anatômica entre os sexos.

desencadeia com a descoberta da capacidade de locomoção, ação que permite à criança desenvolver os primeiros passos para além do centro de gravidade em que pode constituir-se o corpo materno para a sua vida.

Por isso possivelmente haja uma sensação vinculada à liberdade, à capacidade de movimento; ação que permite explorar, aventurar, transitar, transgredir, o movimento significa o atravessamento do limite e a permanente recomposição dessas bordas. Essas ações que acontecem em direção aos extremos ou margens, de alguma maneira se convertem em símbolos da noção de liberdade, o homem que se afasta da cidade, o explorador que chega além dos territórios conhecidos, o navegante que perde a linha da fronteira terrestre.

Esses casos que pego como exemplo, mantêm de alguma forma um certo centro de gravidade, todo explorador, aventureiro ou navegante regressa como um filho pródigo ao território materno. No retorno desse homem que se move livremente pelos confins da terra, emerge a narrativa que nos surpreende com esses mundos do além, como encontramos nos relatos de Marco Polo, ou nos relatos de Pigaffeta que havia citado anteriormente.

Mas como figura oposta ao que retorna, haveria outra forma de pensar a liberdade. Penso naquela noção de ser livre na qual perde-se ou se desfaz o centro de gravidade, seria aquele que se desprende das amarras que o unem ao centro, o que não tem ponto de retorno, algo disso poderia estar determinado pela dinâmica do desejo parricida, gestada na infância e reatualizada na metamorfose do adolescente.

Digo *metamorfose* para trazer a palavra de Freud ao se referir aos processos da puberdade, mas também para ressaltar que muitos desses processos adolescentes implicam liberar-se do modelo paterno, romper com as identificações primárias para adotar novas formas identificatórias. Talvez, devido a isso que enuncio, a liberdade se associe a muitos movimentos juvenis, que continuamente estão repensando a relação com a geração anterior.

Essa reconstrução da identidade implica dois movimentos libertários, a possibilidade de expressar a diferença em relação ao modelo geracional anterior, e a possibilidade de levar à ação essa diferença. Essa ideia tem seu correlato em um conceito que em direito se denomina *agere licere* que considera que todo cidadão tem capacidade de externalizar seu sentir íntimo e poderia atuar de acordo às suas convicções, mantendo-as diante de terceiros.

A liberdade vista a partir desta noção é a capacidade de se expressar, de sair de si e dar forma a um sentir, é uma liberdade denominada liberal, onde o homem pode atuar de acordo com o que pensa sem ceder às restrições que o outro oponha à sua maneira de pensar ou sentir.

Como extremo oposto à ideia de liberdade, estaria o conceito de subordinação ou submissão. No sentido do que estou expondo, corresponderia a esses sujeitos que se prendem ao centro de gravidade, que são fiéis à réplica dos moldes, que buscam conservar as normas e ser inquisidores das marcas, e que certamente adquirem sua expressão máxima nos regimes totalitários que buscam essa ideia de unidade e integridade baseada na cópia da marca paterna.

Há uma paixão pelo poder e pela autoridade que corresponde a um desejo de subordinação. Isso poderia ser o vestígio da estrutura totêmica que continua vivendo nos nossos núcleos de funcionamento primitivo, uma necessidade de adorar o pai e/ou uma necessidade de se identificar com o pai para sentir a admiração e a subjugação dos que funcionam como filiais, como filhos. Um desejo que dificilmente se resiste a desaparecer e que determina na tragédia de Édipo as frases finais de Creonte: "Deixarás de querer ser sempre o amo, pois o que obtiveste não foi sempre pelo bem da tua vida".

Seria possível pensar que com a evolução das civilizações, o homem teria ido transformando essa estrutura totêmica, o homem foi se desfazendo dos mitos onde dominavam os deuses, dos impérios onde reinavam os reis absolutistas. O homem foi se liberando desses patrões, paradoxalmente, guilhotinou os regentes, para impor um governo onde se privilegiaria a igualdade entre os irmãos: a democracia. A época da modernidade se constituiu a partir de um laço social baseado na igualdade, na fraternidade e na liberdade.

Então, por que o desejo de retornar a um estado de submissão e entregar o poder a um regente que opere a partir do absoluto? Pareceria que no homem livre foi o temor do poder autoritário, poder que teme tanto a liberdade do que diverge ou se diferencia.

Para os sujeitos que buscam se prender a uma ordem absoluta, a liberdade tem um tom de ameaça e de imortalidade. Quando anuncio isso refiro-me à memória de uma imagem universal, o quadro de Delacroix, *A liberdade guiando o povo*, onde Marianne, representando a liberdade expõe seu peito nu, algo obsceno representa o homem livre.

Ao modo de conclusão

Para além dos atos criminosos em que se atenta contra outros homens e que competem ao direito e suas normas, os casos expostos pelas nossas colegas e que têm o centro penitenciário como espaço direto ou como referente, nos falam desses indivíduos que excederam um certo limite das representações sociais unitárias em termos de identidade. O transgressor da ordem estabelecida pela norma social, o transgressor das identidades nas quais se organiza uma ordem denominada natural, esses dois sujeitos não refletem uma imagem ideal e por isso devem ser relocalizados em um centro que opere como reeducador ou reformador.

O pluralismo ou a diversidade operaria como a manifestação de uma liberdade que não se enquadra no território dos tiranos. Atualmente diria que dentro do campo da Psique muitos de nós operamos como reeducadores de diversidades anatômico-políticas, sujeitos que excedem as margens estabelecidas e que só podem se reintroduzir nos limites da polis às custas da sua reforma.

Pico della Mirandola levanta em seu Discurso sobre a dignidade do homem os três ideais do Renascimento: o direito inalienável à discrepância, o respeito pelas diversidades culturais e religiosas e, finalmente, o direito ao crescimento e enriquecimento da vida a partir da diferença.

Pareceria que a partir de certos instituídos ainda não estamos com capacidade de sustentar esses ideais que constituem o núcleo da ética das subjetividades modernas.

***

Escuta psicanalítica de uma travesti em uma penitenciária masculina

Alicia Beatriz Iacuzzi
Associação Psicanalítica Argentina

"No trabalho científico não deveria haver espaço para o horror ao novo"

Freud (1925). *A resistência contra a Psicanálise.*

Nos tempos atuais, o trabalho clínico realizado em penitenciárias opera em condições impensáveis. No entanto, não podemos simplesmente nos dar ao luxo de evitá-lo. O fundo das celas implora pelo nosso compromisso!

Apresentarei como exemplo de clínica ampliada os registros do atendimento de uma travesti de 30 anos, encarcerada em uma penitenciária masculina, condenada pelo assassinado de outra travesti. O ano era 2005, época em que situações deste tipo começaram a vir à luz. Dentro das instituições penitenciárias, não havia sido criado (e já se criou?) um espaço adequado para pessoas travestis, transgêneros e não-binárias.

A construção de um modelo clínico dentro de uma prisão ainda está cercada de obstáculos que desafiam os analistas, suas ferramentas conceituais e seus recursos clínicos. O indivíduo e o contexto judicialmente estabelecido do cárcere apresentam preconceitos difíceis de superar. Por isso, sou favorável a que a clínica ampliada seja incluída na formação analítica.

Esse registro foi obtido sob sigilo profissional

N., 28 anos, ingressou em uma penitenciária de Regime Aberto depois de passar por diversas instituições carcerárias onde, após contrair HIV, foi vítima de diversas violações. Isso a levou a diversas situações de automutilação (cortes de vidro nos braços e no pescoço etc) e, em razão disso, ao atendimento pela instância judicial.

Por fim, foi homologado um decreto institucional para a apresentação de um Habeas Corpus, com uma medida cautelar que obrigasse a penitenciária a transferir N. seguramente em veículo próprio, além de garantir que ela fosse instalada em uma prisão onde houvesse pavilhões para travestis e transsexuais (levantando questões juridicamente complexas).

Delito: Foi condenada a 8 anos de prisão por homicídio simples e resistência à autoridade. Após "acertar as contas" com a vítima – uma travesti que tentou agredi-la com uma faca – e depois de uma discussão acalorada, N. respondeu a agressão com uma série de golpes fatais. Os diversos ferimentos na cabeça, feitos com uma barra de metal, fizeram com que a vítima perdesse massa encefálica e falecesse. Ao tentar ajudar a vítima, N. acabou sendo presa pela polícia. A esse respeito, afirma: "Me sinto mal por tirar a vida de alguém, mas, sem isso, seria eu embaixo da terra".

Na prática pública, o peso do meta-enquadre merece ser igualmente considerado e abordado. Dada a ausência de presos transexuais precedentes, sua presença faz com que os demais detentos, e mesmo os funcionários da penitenciária, o rechacem, levando à desestabilização institucional. Durante seu período de privação de liberdade, foi punida por começar um incêndio, realizar greves de fome e por tentativas de fuga. Sua postura frente às instâncias jurídicas é exigente e contenciosa, tendo inclusive solicitado que o júri fosse alterado com base em acusações de abandono e discriminação.

Em seu documento de identidade (legalmente válido frente ao Poder Judiciário e o Sistema Carcerário) consta apenas seu nome de batismo (masculino). Insistindo que a instituição não o chamasse pelo nome de N., nossa paciente teve sucesso em conseguir que passassem a utilizar apenas o seu sobrenome, assim como acontece com os demais presos.

Sua solicitação para ser atendida por mim foi escrita com uma ortografia bagunçada e suja, no verso da folha. Quando convocada, vem às aulas de teatro, única atividade da instituição que a interessa.

Sempre que entra na sala de entrevistas se olha no espelho, arruma o cabelo e a maquiagem. Sua vestimenta feminina é provocativa, com manifestações exacerbadas. Seu modo de andar e de falar demonstram seu empoderamento.

Primeira entrevista

Analista (A): Bom dia! Muito prazer! Como está?

Sujeito (S): Estou esgotada por causa do encarceramento, quero decidir por mim mesma... Em nenhuma prisão me sinto confortável, não me encaixo.

A: Gostaria que você se apresentasse, te conhecer. Quem você é, qual é a sua história.

S: Tenho três irmãos e três irmãs, sou a segunda, depois de uma mulher. Nós duas criamos o resto de nossos irmãos, éramos muito unidas. Meus pais são divorciados. Meu pai tem HIV e minha mãe acabou de fazer uma colecistectomia. Quando criança, fui criada por uma tia esquizofrênica que vivia conosco (porque minha avó era uma desaparecida política); essa tia era muito rígida, nos castigava severamente. Eu era uma criança muito travessa, sofri vários acidentes, tomei vários pontos. Na escola primária, por conta de problemas de comportamento, me enviaram a um psiquiatra que me receitou Valium. Desde os nove anos me vestia de mulher, com roupas das minhas irmãs, para brincar, e sonhava que era uma menina. Aos 11 anos já me interessava por meninos. Tinha boas notas na escola secundária, mas não me adaptava às regras. Foi minha avó que se deu conta de minha questão com a sexualidade e contou para minha mãe. Não houve problemas porque ela sempre foi muito liberal, teve muitos parceiros, inclusive homossexuais. Aos 14 anos, quando bebia, várias vezes quis me matar. Então comecei o tratamento hormonal e depois fiz implante de glúteos e de mamas. Ah... olha as minhas tatuagens: são oito. Tem meu nome, o de minha mãe e o da minha irmã.

A: (Pensei: não é fácil acolher essa conversa psicanalítica por causa da saturação produzida por sua imagem, onde tanto se mostra a partir do aspecto visual. No entanto, considerei que o olhar de sustentação e apoio do psiquismo em favor da integração foi um ponto de inflexão).

S: Quando fui viver com um homem, comecei a me chamar de "Jéssica", porque era o nome de uma mulher famosa. Durou pouco: nos maltratávamos porque nos drogávamos muito. Entrei em cursos de cabeleireiro e de costura, mas larguei porque não ia ganhar dinheiro com isso. Passei a vender meu corpo – usando o pseudônimo de Delfina – e cheguei ao status que queria. Para minha família, hoje sou Jéssica Delfina. Mas estava sempre com medo e, para ter coragem, me drogava. Um só homem era suficiente para satisfazer minhas necessidades financeiras, eles me apoiavam, mas eu me cansei depois de oito meses.

Não me identifico nem com mulheres nem com homens. Vivo com homens, gosto deles porque os exploro financeiramente e mostro às pessoas de baixa renda que sou melhor que elas. Não tenho interesse em fazer a cirurgia, aceito que sou homem e não o renego. Gosto de fazer sexo quando há pele e aceitam a minha condição, isso me dá prazer e eu ejaculo. Quando ejaculamos juntos, é um grande prazer. Assumo o papel passivo-feminino, mas quero que conheça todo meu corpo; que assuma sua sexualidade, que é bissexual ou homossexual "enrustido". Já tive relações por prazer em que depois senti um vazio! Não sei... amo e odeio os homens. Gosto que me entretenham, que me mostrem, mesmo que seja fingido e temporariamente; e os odeio quando sua conduta primitiva faz com que me machuquem ou me abandonem. Admiro as mulheres, ainda que não quisesse ter nascido mulher... não gosto de ser mãe, criar filhos... Nunca levantei a mão contra uma mulher, e ainda que muitas (esposa dos meus amantes, que abominam minha condição de travesti etc) tenham me ameaçado, eu respondo com categoria. Por que essa hostilidade das mulheres contra mim se elas podem engravidar?

A: (Pensando: seu discurso é assertivo, não esconde suas opiniões. Tenho a impressão de que se previne contra toda mensagem-pregação-intervenção que possa ser entendida como um questionamento quanto a sua identidade de gênero.) Então...

S: Me defino como transgênero com relações heterossexuais, de acordo com as mudanças na identidade de gênero.

A: (Pergunto-me: Qual é o motivo principal de sua solicitação para ser escutada por um profissional da saúde mental? Busca alguém que se dê conta do sofrimento atrelado à precocidade de sua constituição enquanto sujeito psíquico? Alguém que seja testemunho de sua subjetividade?). Parece que, para você, ter esse espaço comigo não é visto como um passatempo ou uma forma de melhorar sua imagem dentro da instituição... O que te fez buscar por este atendimento?

S: Sonho com uma vida melhor e nesse aspecto não me imponho limites. Me ocupo comigo permanentemente e não sinto alegria em viver. Não me lembro de, em algum momento, ter ficado feliz por alguma coisa. A solidão e o vazio são meus problemas.

A: (No decorrer da entrevista – conforme suas defesas foram caindo – suas expressões se tornaram mais sociáveis). Como se sentiu nesse primeiro encontro comigo?

S: Muito bem! Sabe...? Em nenhuma prisão, nenhum psicólogo dedicou tanto tempo comigo. Vai fazer uma devolutiva de tudo que estou dizendo?

A: (Comuniquei sobre a possibilidade de estabelecermos uma parceria básica de trabalho). Se estiver tudo bem para você, marcamos uma vez por semana e continuamos trabalhando com o que surgiu hoje e com o que surgir daqui para frente.

S: Tudo bem por mim...

Corolário: A paciente seguiu comparecendo semanalmente às sessões até o momento de sua transferência para uma penitenciária com pavilhão para transsexuais.

***

O medo dos outros de que eu me pareça com você

Pilar Raffo
Sociedade Peruana de Psicanálise

Alfredo foi meu paciente em uma instituição de saúde mental e direitos humanos, onde trabalhamos com pessoas afetadas pela violência de origem política.

Aos 11 anos, Alfredo foi levado para a consulta por duas tias paternas. Disse que o menino costumava transbordar alegria, ser precoce e vivaz, mas que vinha perdendo essas espontaneidade e alegria, adquirindo uma personalidade fechada e um ânimo triste, "vivia nas nuvens". É filho de um casal "inseparável" que, no entanto, se apartou quando o pai se juntou a um grupo subversivo. Desde que seu pai foi preso, Alfredo vive com seus avós maternos, que o trazem a Lima duas ou três vezes ao ano para visitá-lo na penitenciária de segurança máxima.

Quando pequeno, disseram a ele que seu pai estava internado em um hospital e, apesar de visitá-lo com certa frequência, nunca usava a palavra "prisão". Seus familiares nunca lhe contaram a verdade, só falavam de como o pai cozinhava bem e de como o garoto se parecia com ele.

Para mim, ele parecia uma garoto de olhar vivo, mas muito inibido e de poucas palavras. Apenas quando lhe perguntei se sabia por que não vivia com seu pai, foi que me deparei com um menino falante que me respondeu: *"porque meu pai não está de acordo com o governo, já que ele quer que todas as crianças tenham comida e um lugar para viver."* Quando perguntei onde estava seu pai, ele me disse: *"isso não sei te explicar, em um lugar onde lhe dão de comer. Vou visitá-lo, jogo vôlei e converso com ele"*.

Encontrei-o em ocasiões distintas, em breves momentos que ele sempre interrompia sem avisos ou despedidas. Apesar de minhas recomendações de que lhe dissessem a verdade, esta não aparecia nas conversas com as tias: Alfredo não perguntava e elas não estavam dispostas a lhe contar. Pouco depois, a preocupação das tias se transformou em um medo real, quando perceberam que o jovem havia se tornado um adolescente rebelde que, além de tudo, desejava frequentar o mesmo curso pré universitário que o pai havia frequentado.

Voltei a vê-lo aos seus dezesseis anos, quando ele já havia concluído o ensino médio. Decidi que seria necessário um enquadre mais firme. Sugeri que trabalhássemos por um certo período, com datas estabelecidas de início e fim e que, dessa vez, ele não fosse embora sem nos despedirmos. Propus-me a lhe ajudar a descobrir o que ele desejava, e não o que queriam sua família ou seu pai. *"Não estou trabalhando em conjunto com eles* – expliquei – *o que desejo é que você tenha sua própria vida e por isso estou aqui para te ajudar. Se o que você quer é ser professor ou ser chef de cozinha, vamos conversar sobre suas motivações."* Precisávamos proporcionar um ambiente diferenciado e genuinamente autônomo, e para isso teríamos que cozinhar juntos, sem seguir receitas. Agora que já era grande, podia vir sozinho às sessões. Nesse ano, começou a estudar para ser chef e logo conseguiu ingressar em uma boa academia. A culinária se converteu em uma metáfora do que ele buscava alcançar em sua vida: desejava cozinhar com elementos próprios, escolhendo aquilo que era seu.

Com esse enfoque em mente, ele começou a me falar de como desejava entender por que seu pai estava preso. Estava confuso, pois seu pai havia lhe dito que era um preso político. *O que é um preso político?* ele me perguntou. Nessa hora, me dei conta de que a terapia teria que abordar a realidade, e que Alfredo não poderia ser ele mesmo se não obtivesse explicações.

Haviam escondido dele muitas coisas que, até que fossem explicadas, obstruíram nosso trabalho. Além disso, percebi que o garoto estava em uma situação real de perigo. Decidi então contar-lhe sobre o Sendero e os presos políticos. Mostrei a ele panfletos que falavam da violência no Peru e de seus "protagonistas", pensando que seriam elementos válidos para trabalharmos.

Ele me contou que seu pai havia recomendado que fosse ao mesmo curso pré universitário que ele, mas que suas tias eram contra. Eu expliquei que era porque foi lá que seu pai fora recrutado para o Sendero e que elas temiam que o mesmo acontecesse com ele. Quando perguntei o que Alfredo pensava sobre isso, me respondeu: "*essa será uma decisão minha*", como se buscasse reivindicar seu direito de ser um sujeito ativo no mundo. Apesar de tudo, a resposta dele me tranquilizou, já que ele parecia se diferenciar mais do pai do que eu havia pensado.

Ele me explicou que esses assuntos eram tabus para seu pai e para suas tias, mas que ele gostava muito do pai: admirava sua alegria, sua personalidade e suas habilidades na cozinha. Eu lhe falei sobre como era difícil crescer assim, sem ter um exemplo para seguir, admirando seu pai e, ao mesmo tempo, temendo seguir seus passos. No decorrer do trabalho, pude falar sobre como era nítida sua profunda admiração pelo pai e que o que o perturbava era a sensação de que, por seguir os passos dele, seria mal visto por todos.

Sugeri que fôssemos juntos à "muestra fotográfica de la Comisión de la Verdad y Reconciliación, 'Yuyanapaq'" e ele aceitou. Sentia que devíamos desmascarar os fantasmas para que a realidade ficasse em evidência e, a partir disso, pudéssemos trabalhar. Marcamos de nos encontrar no sábado na porta do presídio, a poucas quadras da exibição. Eu o esperei por meia hora, pensei se devia ir embora, que Alfredo havia aceitado o convite apenas para me agradar, e que na verdade, ele não queria ir. Decidi esperar um pouco mais, até que escutei um toque na janela do meu carro. Perguntei o que ele teria feito caso não me encontrasse e ele respondeu rapidamente: *"iria ver meu pai"*. Indaguei, então, se ele tinha pensado que não me encontraria, e ele disse que sim. Eu expliquei que o mais provável era que parte dele estivesse com medo, não quisesse vir e desejasse não me encontrar, mas que outro lado dele desejava estar ali. Ele entrou no carro e, mudos, fomos à exibição. Assim como Alfredo, eu também estava com muito medo. Passamos quase duas horas ali, vendo a exposição e lendo em silêncio. Quando saímos, ele disse: "estou tendo calafrios, e eu nunca sinto frio". Abraçando-o, eu respondi: "é difícil, Alfredo, por isso quis te acompanhar, mas me parecia importante que você viesse à mostra".

Nesse dia, ele teve dois sonhos: em um viu seu pai em traje de banho vermelho, e, no outro, estava ensanguentado. Associou os sonhos com as feridas de sua alma relativas à sua mãe e a seu pai, que dizia estar a caminho, mesmo sem nunca chegar, e a como ele chorava enquanto o esperava. Nessa época, tive que me ausentar por duas semanas e, pela primeira vez em uma sessão, ele chorou ao lembrar-se da ausência de sua mãe.

A partir daí, começou a falar mais, desejando começar suas aulas, sonhando com sua carreira e contando de seus planos e desejos. Disse que seu pai queria que ele se engajasse politicamente, mas que essas coisas não lhe interessavam. Não queria seguir os passos de seu pai porque, diferentemente dele, não concordava com assassinatos políticos, mas acreditava ser possível mudar o mundo de outras formas, ainda que não soubesse dizer como. Havia aceitado as escolhas de seu pai e deixou de agir de modo a agradá-lo. No entanto, seu carinho em relação a ele não parecia haver diminuído.

No fim do ano, conforme havíamos combinado, nos despedimos, mas sempre deixando as portas abertas para que retomássemos o trabalho. Não voltei a vê-lo, mas, nesse projeto, encontrei o registro de uma entrevista com ele, feita como parte do acompanhamento dos pacientes, aos 18 anos, ou seja, um ano depois de terminarmos nosso trabalho:

"*Me trouxeram para cá porque não eu não falava muito. Antes eu me perguntava "quem sou eu? Como é minha personalidade?", sem ter uma resposta clara, mas agora sei mais ou menos quem sou. Sei que tipo de pessoa sou, o que me afeta, me incomoda, me alegra ou me entristece. Minhas sessões duraram mais ou menos seis anos. Às vezes, eu parava de vir e… dizia a minha tia que queria voltar porque não me sentia bem, precisava falar com alguém. Voltava como se tivessem tirado um peso de mim.* Quando perguntaram se algo o incomodava, ele respondeu: *quando falávamos de meu pai, que está na prisão. Como eu não sabia muito bem porque ele estava lá, Pilar contou que era porque ele era membro do Sendero. Essa fala me incomodou, mas ela foi me explicando..., mas estou satisfeito com as sessões que tive. Hoje me considero uma pessoa mais aberta, mais extrovertida, não tão tímida.... As mudanças mais importantes foram em relação à minha personalidade e à comunicação com a minha família.*"

Ao longo dos anos, me perguntei o quão pertinente fora dar essas informações a Alfredo, e se devia mesmo tê-lo levado a uma mostra fotográfica tão forte e penosa. Meus pensamentos e sentimentos são mistos: me senti culpada de mostrar a ele a verdade. Era um adolescente em busca de uma identidade, correndo o risco real de apegar-se a fanatismos e convicções sem refletir muito. Talvez tenha sido por isso que tive de pensar em uma estratégia adequada ao pouco tempo que tínhamos. Pensei em duas alternativas para Alfredo naquele momento: seguir fugindo da realidade dolorosa, ou assumi-la com todo o peso das consequências de conhecer a verdade, mas evoluindo em sua maneira de pensar. Com base no desenvolvimento do nosso trabalho e no que ele disse na entrevista, não me restam dúvidas de que a experiência de descobrir a verdade foi extremamente violenta, mas também lhe permitiu se questionar, fazer perguntas, buscar, escolher, fantasiar, sonhar e se frustrar. Isso demonstra um progresso na organização do seu "eu", mantendo sentimentos ambivalentes em relação ao seu pai.

Apesar disso, não posso deixar de me perguntar se não é possível que tenha sido uma contra identificação projetiva em relação ao pai, que também utilizou métodos violentos para solucionar problemas que lhe pareciam injustos.

Acredito que minha intervenção teve como objetivo trazer uma nova perspectiva à história de Alfredo e ajudá-lo a alterar sua narrativa.

3. A transferência em novos cenários: WhatsApp e redes sociais[1]

Encontros Terapêuticos

Ana Cristina Cintra
Doutora em Psicologia pela Universidade de São Paulo

> *O exercício da liberdade de pensar e criar pode apenas ser... praticado.*
> (Luís Cláudio Figueiredo, em prefácio de *A Face Estética do Self*, de Gilberto Safra)

Ao nos debruçarmos em muitos trabalhos de cunho psicanalítico realizados durante os tempos de pandemia do Sars Covid 19, deparamo-nos com uma infinidade de dispositivos criados e efetivos no atendimento e cuidado com pacientes e também em instituições e/ou projetos sociais. Para que possamos tecer considerações a respeito de muitas destas iniciativas, é importante ressaltar conceitos e formas de entender a clínica psicanalítica e a utilização de suas ferramentas. Deste modo, devemos nos deter em cada demanda que se apresente.

Nesse cenário, o conceito de **clínica extensa,** da forma proposta por Fabio Hermann em muito nos auxilia. Este autor recupera

1 O artigo que abre este capítulo, de Ana Cristina Cintra Camargo, foi elaborado com base nos trabalhos dos colegas Andrés Gautier, da Bolívia, e Mirta Itlman, da Argentina. Os respectivos trabalhos também compõem este capítulo.

o conceito de **clínica,** de uma postura, um inclinar-se diante de um fenômeno sobre o qual se quer realizar uma investigação. As demandas exigem investigações e cada uma delas é específica e produz conhecimentos próprios a ela. São investigações de uma determinada cultura, de um certo campo e por que não dizer, de um certo momento, de determinada época.

Hermann entende a Psicanálise como o método psicanalítico em ação, e que ele tanto pode servir à sua mais tradicional aplicação, a clínica de consultório, quanto a formas diversas de contato terapêutico ou ainda como instrumento para análises da cultura, literatura, dos mitos e possui uma amplitude de utilização incomparavelmente maior do que comumente chamamos de técnica (associação livre, atenção flutuante, interpretação transferencial...). Para ele, uma simples entrevista pode ser um método psicanalítico em ação.

Desde sua obra inaugural, *Andaimes do real; uma revisão crítica do método da Psicanálise* (Hermann, 1979), empreendeu o esforço de recuperação do método da psicanálise e compreensão do ato de interpretar. Buscou por em evidência o método psicanalítico de investigação e cura – a interpretação de sentidos e a construção de psicanálises possíveis. Ele identifica o método como responsável pelos efeitos da psicanálise e explica seu interesse pelo sentido etimológico da palavra oriunda do grego *metá* (para além de) e *hodós* (caminho). Método é, pois, uma maneira de caminhar para atingir determinado fim, superar um obstáculo.

O sofrimento psíquico, tanto individual quanto grupal, se cristaliza na forma de sintomas. Com o sintoma instalado, o método psicanalítico seria uma das alternativas para o rompimento de algumas de suas engrenagens criando condições para o exercício da função terapêutica. Função terapêutica é o conceito que sustenta a extensão da clínica: cuida, cura, amadurece e flexibiliza, possibilitando assim um melhor trânsito dos sentidos que se formam nas relações humanas. (Hermann, 2005) Uma das vias indispensáveis de transmissão da função terapêutica é o contágio através do campo transferencial, a imersão na experiência.

Um outro princípio importante é o de lateralidade, considerado por Herrmann um dos princípios técnicos da interpretação, "... *quando há uma espécie de repercussão lateral da ruptura de campo, incidindo sobre campos vizinhos, excitando-os e, não raro, propagando o efeito de ruptura de forma imprevista*" (Herrmann, 1991, p.193).

Para esse autor, a interpretação é a decifração dos sentidos fora da rotina e as intervenções nele baseadas e o instrumento para que se produza a função terapêutica. Apresenta dois momentos fundamentais: *deixar que surja e tomar em consideração*. O primeiro exige uma atitude de disponibilidade receptiva: a espera daquilo que pode vir a ser significativo, propiciando o aparecimento dos movimentos emocionais. Há que seguir o deslindar das fantasias e então estaremos prontos para tomar em consideração o que surgiu como ponto de partida para um movimento. (Herrmann, 2005). Este segundo momento implica em dizer ou fazer alguma coisa que chama a atenção do paciente ou do grupo para o que está se passando.

Estes movimentos são facilitados por uma escuta descentrada, diagonal, própria do método psicanalítico. Estamos falando em um desencontro de códigos de escuta: "*Nalgum lugar entre o que diz o analisando e o que enuncia o psicanalista, há uma espécie de tradução, não a tradução de um livro, quando procuramos palavras cujo sentido corresponda ao sentido na outra língua e sim a um outro sentido possível, que também se acha ali presente, muitas vezes pelo avesso*" (Herrmann, 1999, p. 29).

Deixar que surja e tomar em consideração não foi uma escolha em tempos de pandemia. O mundo se viu, quase como num espetáculo de improvisação (onde as regras do jogo são apresentadas e os atores improvisam as cenas a cada instante) com a necessidade de criar dispositivos e estratégias para lidar com o que surja e nos impuseram um reposicionamento diante das formas de atuação e atendimento.

Podemos lembrar aqui das *consultas terapêuticas* idealizadas por Donald Winnicott no cenário pós Segunda Guerra, criando condições para que as ferramentas psicanalíticas pudessem oferecer *o que e o como* era preciso para cuidar de crianças traumatizadas.

O Sars Covid 19 nos trouxe a tarefa de pensar/agir na lida com crianças enclausuradas, jovens e adultos depressivos e criarmos dispositivos para isso.

Encontros Terapêuticos

Baseados nas considerações acima, podemos ressaltar que encontros terapêuticos acontecem em diferentes cenários mas ressaltaria:

- a importância para o ser humano de poder falar a alguém e acreditar que o que ele diz interessa/importa ao outro.
- que este outro, a quem é endereçado um pedido de alívio de sofrimento, não tenha pressa em responder, atribuir sentido, aconselhar, interromper.
- o desprendimento de valores pessoais e morais.
- a possibilidade de manter-se aberto para o surgimento do novo, cujo significado só aparecerá posteriormente, a capacidade de ficar em dúvida, no vazio.
- que a capacidade de captar o afeto precede a aquisição da linguagem e que precisamos fazer uso de todos os sentidos.
- quem precisa do alívio precisa construir a possibilidade de colocar seu desejo, que esteja disponível para esta intimidade

e que suporte atravessar momentos de procura, de dúvidas, de gestar.

Os pressupostos subjacentes a este tipo de trabalho apontam que:

- acontece sempre o que poderia ter acontecido em determinada circunstância.
- a experiência vivida dará subsídios para a experiência seguinte.
- os trabalhos têm que se haver com a questão do tempo.
- os acontecimentos dão a medida e possibilitam o surgimento das histórias.
- o conhecimento advém de quem atendemos, da investigação do espaço e da cultura.
- trabalha-se no quente e no calor das situações, segurando forte, falando baixo, desfazendo hábitos.
- é mais eficaz apresentarmos o que é percebido em pequenas doses.

Compartilho duas situações em que encontros terapêuticos foram possíveis e a construção das estratégias se fazendo no percurso. Um terceiro ponto diz respeito a comentários acerca de trabalhos realizados por analistas da Bolívia e de Buenos Aires.

1. *Vozes Periférias* diz respeito a transformação necessária de um trabalho realizado durante a pandemia com jovens das favelas do entorno do Ceasa e de Heliópolis.
2. *Alteridade* — minha aproximação com D.C., uma artista plástica.
3. Um áudio de whatsapp e uma plataforma multicanal, conversando com iniciativas do Instituto Latinoamericano de

Psicoanalisis (ILaP) da Bolívia e da Associação Psicanalítica de Buenos Aires (AP de BA).

Vozes periféricas

Histórico

O Unas, organização que atua há mais de 40 anos na favela de Heliópolis e região, desenvolvendo projetos sociais, pediu, pouco antes do início da pandemia, ajuda ao Ateliescola Acaia para a formação de educadores dos CCA's (Centros para Crianças e Adolescentes).

O Ateliescola Acaia é uma escola experimental de educação infantil e Fundamental desde 2017, mas funcionou como Ateliê Acaia na estrutura de contraturno escolar desde 1997. Arregimenta os conhecimentos dos primeiros 20 anos de trabalho organizados em ateliês de artes, marcenaria, biblioteca, culinária, audiovisual entre outros, conjugando trabalho junto às comunidades que atende no entorno do Ceasa em São Paulo com dois barracos escola dentro das favelas, atendimento jurídico, grupos de formação técnica e de geração de renda. A escuta psicanalítica, centrada no conceito de

Clínica Extensa sempre foi pilar do trabalho do Acaia e assim segue nas propostas do ateliescola. [2]

A área escolhida para formação foi a de Biblioteca e nossos educadores foram incumbidos de pensar a propagação do que entendemos do trabalho de uma biblioteca viva para trocar com os educadores de Heliópolis. Pronto: acampamento do livro, quinternet, batalha de quadrinhos, leitura compartilhada e saraus partiriam da zona oeste para zona sul, unindo-se às atividades lá existentes.

A primeira formação com os educadores dos CCA's aconteceu em fevereiro de 2020, de forma presencial. Em março, com a pandemia, paralisamos, fechamos as programações e no impacto e desconhecimento do que viríamos a viver, esperamos para saber como prosseguir. Os educadores de Heliópolis se viram engajados na viabilização de mutirões e entregas de cestas básicas, toda uma rotina desfeita em função da pandemia.

De lá vinham notícias de jovens muito deprimidos como do nosso lado também. Jovens precisando de cuidados psiquiátricos e psicológicos, desnorteados com a necessidade de isolamento e de sua impossibilidade nas vielas. Adolescentes e jovens que, no momento em que a vida deveria se expandir, têm que se retrair.

Troca, muda, stand up

Deixando que surgisse e tomando em consideração as manifestações dos jovens, nossos educadores propuseram uma mudança de rumo e pensaram na conexão entre os jovens de Heliópolis e os do Ceasa,

---

2 Embora o contato tenha sido através do Ateliescola Acaia, o projeto foi possível através do Instituto Çarê (Organização sem fins lucrativos que se dedica a preservar e difundir acervos brasileiros relevantes; a fomentar e mapear produções culturais de potência singular; a acelerar a pesquisa em campos negligenciados; e a afirmar, na prática, a importância da arte, da cultura e da educação como ferramentas de desenvolvimento individual e coletivo).

com as restrições do momento. A ideia que começava a tomar forma tinha como intuito colocar os jovens em movimento, retirá-los de um estado paralisado e possibilitar que transformassem as angústias que estavam vivenciando em criação e cuidado coletivo: começava a surgir o Vozes Periféricas, feita por e para a juventude, conectando as quebradas.

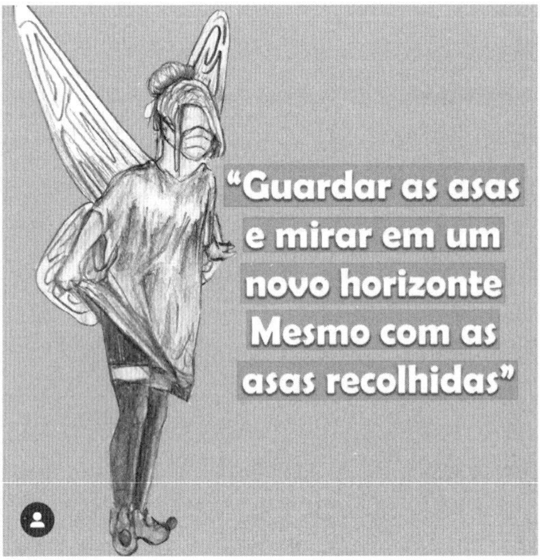

VOZES_PERIFÉRICAS: Retratos de uma época jovem. Você desenha, a gente escreve. Você escreve, a gente desenha. Projeto de conexão entre jovens de quebrada para trocar experiências, ocupar a mente e registrar historicamente. Um autocuidado coletivo através da escrita e do traço. Diz como você tá, o que você pensa ou o que você sente - que a gente joga junto!

#vozes_perifericas
#periferia
#quebrada
#favela
#comunidade
#literatura
#arte
#poesia
#desenho

Encontros semanais, a maioria em ambiente virtual, propiciaram construção de lugar de partilha e respiro na criação de conexões entre as pessoas do coletivo, unindo habilidades e projeções comuns, tornando-se um ambiente de aprendizado, crescimento, mas fundamentalmente de acolhimento.

Vamos então a alguns destes registros:

Ramon desenha Iversson

Enganados

Uma pergunta um tanto íntima:

Que em minha vida

Faz uma falta danada

Como está seu coração?

Razão ou emoção?

E quando as máscaras cair

Quem ainda vai fingir?

Suas roupas estão tingidas de farsas

Então para

Desaba, deságua

Põe na ponta do lápis cada mágoa

Às vezes só precisamos de um gole de café

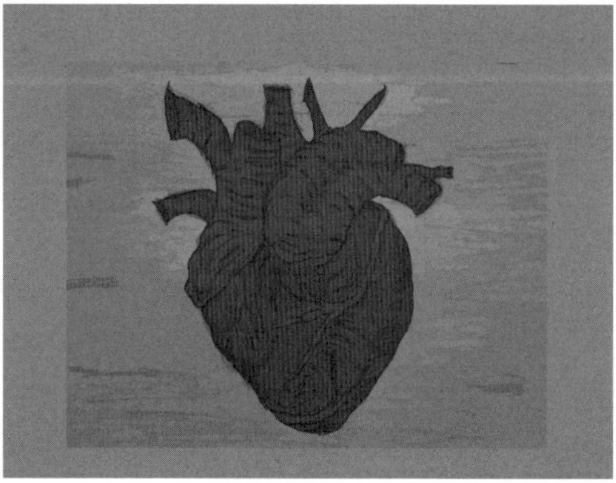

Maria Queiroz desenha Karoline

Corpos Reais

Não ficar satisfeito com seu corpo não vem de defeitos,

Vem da sua mente

Isso significa que, se mudarmos a nossa percepção

Nosso corpo também mudará

Não fisicamente, mas como o vemos

O nosso corpo que é a única realidade

Que sempre conhecemos

Ramon desenha Simba

VOZES_PERIFERICAS
Publicações

Estrada da vida, me deixe seguir meu caminho
Passando de fase pra fase sigo firme e forte mesmo com espinhos
Um sonho tenho desde menino, minha mãe disse cuidado meu filho
Durma de olho aberto e sinta no peito quem fecha e os falsos amigos
Você pode ser surpreendido, mas que isso não te deixe abatido
O nascer do sol sempre será lindo
e nos meus braços sempre terá um abrigo.

Ver todos os 4 comentários

magnorf84 "O nascer do sol sempre será lindo e nos meus braços sempre terá um abrigo" bonitão @aksimba_ 🩶

18 de agosto de 2021 · **Ver tradução**

Vemos as postagens, os seguidores, os comentários, a força de um para o outro, a contaminação do grupo. Estamos falando em atendimento e acolhimento em tempos de pandemia? Criando oportunidades para que jovens compartilhem seus sentimentos, sofrimentos e questões? Espaço para falar do corpo, da solidão, da necessidade de afeto? A pergunta que falta e Iversson explicita: Como está seu coração?

As reações à experiência do olhar da sociedade machista e a necessidade de ruptura de padrões. *Nos meus braços sempre terá um abrigo*, acolhe e acalenta. Assegurados por discussões, encontros semanais e seminais, poderíamos dizer que a transferência se deu em um novo cenário? Transferência de um modelo de atendimento para outro, de um bairro da zona oeste para a zona sul e vice-versa, de jovens que puderam expressar suas angústias e sentirem-se amparados por outros jovens, por jovens e adultos desconhecidos, por outros na rede social que também buscavam por escuta? O que podemos aprender com a pandemia? O que fica de conhecimento?

Aqui, gostaria de pensar com vocês a questão da transmissão de saberes e/ou propagação da função terapêutica. Os educadores envolvidos na gestão do grupo e posterior coletivo Vozes Periféricas, não é formado por psicólogos embora a discussão e encaminhamentos passe por conversas com este profissional. Eles trabalham há muito tempo dentro de um espaço institucional onde a função de cuidar está espraiada em cada um dos funcionários – do porteiro e funcionários da cozinha à administração escolar e todos os professores. Para além da sua expertise, cada um é convocado à olhar o outro (seja seu par, outro funcionário ou aluno) em sua necessidade de amparo emocional.

Uma vez anunciada a precariedade da saúde emocional dos jovens de lá e cá, pensaram nas potencialidades das manifestações artistícas e conexões que poderiam ser estabelecidas entre eles. Magno Faria (educador/gestor do grupo) relata: *fomos perguntar aos jovens e eles nos trouxeram um ponto de vista acerca da pandemia sob sua ótica com o viés poético, o registro de uma época. Que deixassem dizer, que ressoassem a potência intelectual, artística e crítica de suas próprias vozes, estas vozes periféricas".*

Ao criarem esta rede, permitiam que revelassem suas dores e angústias e as coletivizassem, produzindo um efeito terapêutico em cascata: dos fazedores dos desenhos e textos aos seguidores da página à quem comentava ou impulsionava, aos educadores que se permitiram desestruturarem uma atividade e proporem outra e virem-se visitados nas próprias angústias geradas pela pandemia.

Educadores que interpretaram o momento em que estavam e fizeram o movimento necessário para que as fantasias fossem postas em circulação. Contaminação? Princípio da lateralidade? Função terapêutica.

Diran Castro (D.C.) — experiência radical / encontro com alteridade

Os tempos são os da pandemia, reclusão e espera.

Dia 1. Conversava com uma prima sobre um coletivo de artistas visuais, ela me contou da ajuda de D.C. num processo difícil que estavam enfrentando. Meu computador aberto e com câmera ligada na sala.

Dia 2. Ligo o computador e o *Google*, via gmail me sugere um curso online sendo oferecido por D.C. chamado Retina Colonial. Vejam só! Gosto do título e me inscrevo. O curso, oferecido pelo Espaço CC, propunha pensarmos em como aprendemos a nos relacionar com o mundo a partir de debates sobre decolonialidade, sexualidade, gênero, raça e classe.

A partir do curso, buscamos contato direto com D.C. e estabelecemos uma relação que indaga, provoca, soma, inquieta. Poderia chamá-la de experiência radical. Experiências radicais produzem perplexidade; são muitas vezes da ordem do irrepresentável. Como restabelecer uma ordem interna, ainda que precária?

Em minhas conversas com D.C., fui entrando inadvertidamente em cenários em que me vi sem repertório:

> *Cenário da disforia de gênero,*
>
> *Cenário da transfobia do pensamento negro,*
>
> *Cenário da violência e do preconceito,*
>
> *Cenário de mortalidade.*

Suas frases ressoavam em mim e produziam repercussões que não podia dimensionar:

> *A família é como uma floresta, cada árvore tem uma posição.*
>
> *Prefiro ser uma prostituta que pinta que uma artista que se prostitui.*
>
> *Quero um lugar onde o negro supera o samba.*
>
> *Transfobia e racismo não são para antecipar nossa apresentação.*
>
> *Eu também lavo louça.*
>
> *O racializado é sempre presente/passado, vamos tentar construir o futuro*
>
> *Eu não sou um corpo tombado.*

Aquele que é digno de ser amado (referindo-se ao título do livro de Abdellah Taia).

Pronome de reconhecimento.

Minha opção é viver.

Eu não sou ativista, ser ativista é uma escolha.

Ser trans e ser negra não nos dá opção de escolha.

Que ferramenta eu deixo.

O que não se pergunta – somos corpos vivos e livres.

D. C. é uma artista que utiliza a prostituição como ferramenta de diálogo. Sua primeira exposição está em exibição no Instituto Çarê (apresentado anteriormente). Ouví-la relatar suas experiências, visitá-la em sua casa, saber do seu dia a dia de mulher negra e trans e sua obstinação em que utilizem o pronome adequado, que possa utilizar o transporte público ao meio-dia, dizer que estar e continuar viva é sua maior batalha e que militância não é opção, me atira em um lugar desconhecido, fico à deriva. T*ransferência* do lugar que ocupo, de inevitável preconceito moral, para a desestabilização e perda de parâmetros.

Convidada a escrever um dos textos de abertura da sua exposição, *Axs Nossxs Filhxs*, me vi impossibilitada de encontrar palavras para descrever o impacto de sua presença, produção e alteridade. Foi na literatura que encontrei auxílio. Estava lendo *O Ausente*, de Edimilson Pereira de Almeida, e este autor me emprestou palavras em face de um vocabulário interno ainda a ser construído. Seu livro não trata de racismo ou transfobia, mas de alguma forma que nos decifrava, a mim e à D.C. Depois, outros autores continuaram a tornar compartilhável esta experiência. Desta maneira, os cito também, inclusive e principalmente a própria D.C.

"Essa Fístula e essa Flor"

Texto de parede e de folder para abertura da exposição Axs Nossxs Filhxs.

Enquanto avançava nas páginas do livro *O Ausente*, seu texto me remetia às vivências e impactos de minha recente relação com D. C. O livro conta a história de Inocêncio, um empelicado, e, nos relata o autor, que um empelicado não é uma criança como as outras... nasce coberto e segue coberto pela vida inteira. Sua pele é sua armadura. Sublinhei vários trechos, marquei palavras desconhecidas.

O texto seguinte é uma colagem destes trechos que me tocaram e não segue a ordem em que foram escritos, mas a de minhas associações. Espero que faça sentido para você também.

1. Para começar

O entendimento funciona se a gente põe cada peça na sua hora, para não perturbar o calendário da criação.

2. O encontro com D.C.

Eu nessa hora vivi minhas dúvidas todas de uma vez, toda pureza arrogante não serve de espelho para nossa imagem rota.

Estou fora da pele que me vestia.

3. Quem somos

Quem se rasga e se costura, sem linha nem dedal, entende que somos maiores quando endireitamos a espinha, esticamos o pescoço e miramos todos os lados. Com nossos próprios olhos. Eu sou assim.

Todos nós, somos essa fístula e essa flor, cada qual responde pela combinação que fizer desses efes, afinal, somos iguais: ponta e furo que nascem do mesmo baque.

Quase não sofri para escolher entre uma e outra coisa: era tudo uma, ainda que diversas, colchão de espuma e canivete, dia chucro, amora silvestre... numa hora benfazeja e, noutra ratoeira... nenhum se engane de seu perfume. O que é delícia se estraga, vinagre... Nenhum entrou nessa casa aziago e saiu sem o seu doce mel

4. O processo

A mão, sempre ela, põe em melhor ordem aquilo que conhece, mas se rompeu, e não houve cerzideira que lhe pusesse remendo.

A única maneira de tirar dos ombros o passado é contar outra vez o vivido, como se fôssemos outra pessoa.

A gente só descobre que vive quando tira a argola do pescoço, quando vai por conta própria desmontar a força.

5. As palavras

O mundo é a pedra de amolar da palavra. Nesse mundo de pessoas que mal se entendem, o bom é desenferrujar a garganta, a língua, os dentes. São ferramentas que estragam com ou sem chuva.

É isso, meu amado, uma palavra que vai ao poço e retorna vazia, vai ao fogão e regressa faminta.

Nunca soube ao certo o que diziam, o como diziam me interessava. O ouvido não sabe parir com precisão, mas a boca é berço e calvário.

O meu legado de que deve curar falava comigo: vai, faz o que tem de ser feito. Não mede o sofrimento de quem sofre pela língua de quem fala.

6. *Para encerrar*

O humano tem que sair da casca, cair, quebrar se quiser ser amado. A queda é a salvação e dos cílios para dentro, cada um é dono de si.

Não sou de ações grandes, mas os meus argumentos, é o que dizem, andam a cavalo. Em verdade, o que é dito, quando alguém quer, está marcado, nem que seja para ser desfeito a canivete. Não falo não para alguém me entender, mas para deixar que eu habite nele e sugue a sua fala, abelha que sou, fabricante de estranho mel. É que a flor alheia também é estranha e juntos, o que dizemos, não caberia no jardim do Éden.

Mas era sabido: atrás de um apreço se esconde o preço: há sempre alguém com licença para fazer a cobrança. Para que tivesses a honra, deverias entregar o seu íntimo.

Sabia como ninguém que serviço começado só vale se terminado.

Escute as feras

> *Penso em todos esses seres que se embrenharam nas zonas sombrias e desconhecidas da alteridade e que delas voltaram, metamorfoseados, capazes de encarar 'aquilo que vem' de maneira não convencional, eles agem agora a partir daquilo que lhes foi confiado debaixo do mar, debaixo da terra, no céu, debaixo do lago, no ventre, debaixo dos dente (Martin, 2021, p. 99).*

A palavra que resta

> *… deixa estranhar, um dia eles aprendem, eu aprendi, eles aprendem, mas tem que querer, querer sair da ignorância, é quase como eu querendo aprender a ler e escrever, tomei a decisão de ver o mundo de outro jeito, me sentir mais dentro dele, porque a ignorância faz é isso, exclui, isola, e não era isolado que eu vivia? (Gardel, 2021, p. 97).*

Tirocínio (D.C.)

Como dizer que o Estado está comprometido com a igualdade perante a lei e a educação sendo que o Estado *bracxcis* governa pelo medo, pelo ódio e pelo preconceito, e não pela justiça e pela educação? Portanto, onde a justiça e educação são brancxcis, não temos como dizer que são justas. Ao acontecer dessa forma, pessoas não brancas e não cis, no contexto do Brasil, já nascem suspeitas, acusadas e condenadas. A lei e a educação bracxcis são um sistema de embranquecimento, cárcere, genocídio e epistemicídio.

Há uma frase de Toni Morrison, que D.C. me apresentou que diz o seguinte: *Se é um livro que você quer ler e ainda não foi escrito, você deve escrevê-lo* – e emenda – *vocês não conseguem chegar no corpo trans.*

Trans- do outro lado, além, além de mim, outro. *Penso em todos esses seres que se embrenharam nas zonas sombrias e desconhecidas da alteridade e que delas voltaram, metamorfoseados,* diz Natassja Martin. Do que está além de mim, que é outro e que preciso reconhecer em sua alteridade. E mais, que tenho o propósito de continuar conhecendo, *que ignorância exclui e isola* como nos interpela Stênio

Gardel. *Estou fora da pele que me vestia*, desalojada. Processando o atravessamento de memória, medo, ódio e preconceito.

Diz a artista que a conta não é dela. *"Essa conta não é nossa!"* Não é dos negros, nem dos trans. A conta do preconceito, do racismo não é de quem nasce com marcadores não brancos. É do psiquiatra homem, cisgênero, que a trata com certralina. É do psicanalista que toda quarta feira à tarde tem que escutar e lidar com as situações que ela traz – situações de ameaças e violência, do estresse criado pela transfobia, do assédio ligado ao preconceito e cuja clínica precisa situar-se no debate da violência política, fundamental para que se possa pensar em justiça, cidadania e democracia. É minha, dos brancos e de como lidamos com nossa branquitude e intolerância.

D. C. se propõe, em sua prática anti-racista, a muito mais que inclusão e diversidade. Sua exposição, denominada *Axs Nossxs Filhxs*, nos convoca à memória individual e coletiva sobre pessoas negras, de um imaginário novo – de pessoas que também lêem livros, cozinham, trocam afetos. É sobre construir coisas juntos e da liberdade de caminhar ao lado do próprio destino.

Axs Nossxs Filhxs não trata do que esperamos das próximas gerações, e sim de qual imaginário novo deixaremos para elas. Como combater e prevenir qualquer forma de discriminação e estigmatização? Quem é ou foi o analista nesse processo? Quem interpretou a mim e a D.C.? Os autores, o nosso encontro? Qual o processo curativo posto em dispersão por esta exposição?

Um áudio de WhatsApp e o atendimento em uma plataforma multicanal: comentando os trabalhos de Andrés Gautier e Mirta Itlman

Recebi dois trabalhos propostos em tempos de pandemia, um de Andrés Gautier, do Instituto Latinoamericano de Psicoanalisis (IPA – Bolívia), e o de Mirta Itlman da Associação Psicanalítica de Buenos Aires (AP de BA – Argentina).

O primeiro trata de um áudio enviado por Whatsapp, a partir de uma penitenciária. É muito interessante a proposta deste autor (que antes da pandemia visitava semanalmente seu paciente). Ele está encarcerado há mais de 6 anos e seu crime foi ter exposto a má gestão do Estado.

Andrés Gautier, no áudio de Whatsapp é identificado pelo paciente com seu pai, por terem o mesmo nome e este comunica ao seu analista que "o tem na mente e o coração". O analista reporta a importância do atendimento em dois tempos, o de um espaço protegido para a subjetividade e um espaço de denúncia frente ao silêncio público e diante de um sistema jurídico corrupto e submisso. O autor retoma Freud e Breuer em *Estudos sobre a Histeria* onde os autores apontam que um ultraje que se devolve, ainda que só em palavras, é lembrado de um jeito diferente de um desaforo que se aguenta calado.

Aqui, o analista não se furta de uma posição política, de pensar o atendimento do sujeito histórico. Certo é que, como Iversson, o coração é grande e precisa ser escutado e o analista mora na mente e coração do seu paciente, mas precisamos ultrapassar e trabalhar nos dois tempos propostos por Andrés. Assim é o texto Tirocínio de D.C., fazendo frente à um Estado que governa pelo medo, ódio e preconceito. Gautier sabe do número de processos de seu paciente, das torturas à que ele foi submetido e que é preciso denúncia.

Denúncia diária de D.C. onde é inconvenientemente tratada pelo pronome errado, posição política de transitar pela cidade durante o dia e de procurar ajuda juridical, pois, como diz Thales Coimbra, advogado especializado em direitos LGBTQIA+, *a transexualidade ainda é vista como patologia, a pessoa é vista como alguém que precisa de cuidados, não de direitos.* Completaria que todos, presidiários, transgêneros, jovens pobres e negros, sujeitos precisam de cuidados e de direitos.

Já Mirta Itlman, com um Programa multicanal dirigido a crianças e jovens que sofreram abuso psicológico, físico, sexual e que são vítimas de negligência, busca a criação de conteúdos "gatilho" para estimular um ambiente conscientizador e apoiá-los para que busquem apoio psicológico. "Como demonstram sofrimento e pedem ajuda?", trazendo o atendimento de um jovem de 16 anos com depressão e fobia social. Além das plataformas de Youtube, entre outras, podem também utilizar do email. Seu trabalho, como o do Vozes Periféricas, demonstram a utilidade e necessidade que foi abrir possibilidades de contatos online, e que, despirmo-nos dos preconceitos de formas *standard* de atendimento, foi condição essencial de nos aproximarmos do outro.

Falar de D.C. e de muitos jovens que frequentam e frequentaram o Acaia ou projetos como o Unas de Heliópolis, e tantas outras situações acontecendo em milhares de cantos do mundo, como no contato do colega com um presidiário na Bolívia, é falar de pessoas, meninos e meninas que transformaram, angústias e ressentimentos em muitos fazeres: pintura, desenho, poema, fala, luta e creio que a sustentação emocional em seus percursos se fez ferramenta essencial.

É necessário muito trabalho interno para se constituir de forma saudável dentro de condições tão adversas como as que vivem grande parte da população LGBTQIA+, de negros, de jovens pobres. O preconceito e racismo cotidiano são muito penosos. O estresse racista, transfóbico é algo que ocorre ao longo da vida, não se trata de situações pontuais e sim uma constelação de experiências. Experiências que precisam de palavras, estudo e compartilhamento.

Quem se dispõe a escutar e estar junto de pessoas humilhadas, sujeitas à violências e preconceitos deveria levar em consideração a história, o tempo cronológico, mas também o histórico, o coletivo.

Gonçalves Filho (2004) é um autor que tem se debruçado no estudo sobre a humilhação, em seu texto sobre *Invisibilidade Pública*, precisa o que tento exprimir:

Está além da nossa imaginação o que as frases do humilhado dão a sentir e a pensar. E se o ouvimos não em conversa rápida, se lhe passamos a palavra em situação que sua voz possa discorrer, possa dizer muitas coisas e não apenas o que presumimos ou suportamos ouvir, vem sempre uma lição, uma lição sobre a humilhação e a indicação de algum remédio. Quem deseje atinar com a dor de cidadãos rebaixados, precisa demorar-se entre eles, precisa repetir e prolongar as visitas, prolongar a prosa. Pode chegar à amizade que é como uma cura para a nossa ignorância e para nossa arrogância. (p.15)

Excesso se cura com excesso, me disse este autor certa vez. Excesso de descaso, com excesso de cuidado e me relatou um ensinamento de Ecléa Bosi. Ela lhe explicou como se faz um enxerto: *Se você quer obter flores mistas de flores brancas e vermelhas, não basta plantá-las lado a lado, justapor, muito menos plantar uma em cima da outra, você tem que encostar a raiz, da flor vermelha, da flor branca, ligar seiva com seiva, amarrar bem e então plantar, aí vão surgir as flores mistas*. Se desejamos entender a humilhação social devemos estar dispostos a viver transferências, transmissões de angústias demolidoras e curadoras. A cura da humilhação acontece na possibilidade da igualdade, que não implica supressão das diferenças mas na convicção de que ninguém é mais que ninguém.

Precisamos de espaços em que se vivam e permitam estas relações. Aprendemos a ser racistas e preconceituosos em uma sociedade em que brancos e negros, cisgêneros e trans ocupam lugares tão diferentes. Precisamos construir estratégias e ter respostas para isso, alcançando pontes mais sólidas. *É preciso escrever na superfície que é oferecida, como ela se apresenta,* me disse uma vez Fabio Herrmann. Podemos dizer que Encontros terapêuticos foram possíveis no Coletivo Vozes Periféricas e no meu encontro com D.C.?

Os educadores e jovens do Vozes construíram uma Plataforma de troca e cura coletiva. A função terapêutica se deu aqui pela *transferencia cruzada entre mim e D.C.*.

Precisei de vozes emprestadas, transferência com autores literários, antes que eu pudesse criar vocabulário diante do excesso. Transferência necessária para o desconhecido, para a alteridade, o campo aberto e sua ruptura frente ao desconhecido. São encontros que se demoram dentro de nós.

Referências

Almeida, E. de A. (2020). *O ausente*. Relicário Edições.

Camargo, A. C. C. (2004). *Clínica Extensa, a psicanálise onde ela se faz necessária*. Dissertação de mestrado. Departamento de Psicanálise, Pontifícia Universidade Católica de São Paulo, São Paulo.

Camargo, A. C. C. (2015). *Ateliê Acaia e Clínica Extensa: uma perspectiva psicanalítica na construção de um projeto institucional*. Tese de doutorado. Instituto de Psicologia, Universidade de São Paulo, São Paulo.

Cintra, A. C. (2021). *Oficina dos sentimentos*. São Paulo: Appris editora.

Gardel, S. (2021). *A palavra que resta*. São Paulo: Companhia das Letras.

Gonçalves Filho, J.M. (2004) "A invisibilidade pública". In COSTA, F.B. da. *Homens Invisíveis – relatos de uma humilhação social.* São Paulo: Globo.

Herrmann, F. (1979). *Andaimes do real: uma revisão crítica do método da Psicanálise*. São Paulo: E.P.U.

Herrmann, F. (1991). *Clínica psicanalítica: a arte da interpretação.* São Paulo: Brasiliense.

Herrmann, F. (1999). *O que é Psicanálise: para iniciantes ou não.* São Paulo: Brasiliense.

Herrmann, F. (2005). "A Psicanálise e a clínica extensa". In BARONE et al (org). *III Encontro da Teoria dos Campos por escrito.* São Paulo: Casa do Psicólogo.

Martin, N. (2021). *Escute as feras*. São Paulo: Ed. 34.

***

Intervenção em dois tempos

Andrés Gautier
Membro direto da IPA

Áudio enviado por Whatsapp, a partir de uma penitenciária:

> *Boa tarde, Dr. A.G. Meu pai tinha o mesmo nome que o senhor. Sempre tenho o senhor em mente, Dr. A.G.,*

> *no meu coração, em meus pensamentos. O senhor me lembra do meu pai, tem o mesmo nome. Antes de tudo, gostaria de saudá-lo. Sempre é bom enviar-lhe uma mensagem ou cumprimentá-lo. Sempre está aqui, muito obrigado. Quero agradecer ao senhor e a toda equipe do ITEI, por me ajudarem a tirar a maquiagem do Estado, desse Estado que cada vez se mostra mais frágil, imerso em uma profunda crise institucional. Como o senhor diz, não sabemos o que fazer. Nada está acontecendo no interior do país, e eu esperando no grupo de trabalho... Se o senhor puder acompanhá-lo e participar dessa reunião que vai acontecer... O senhor me conhece pessoalmente e pode testemunhar a respeito das coisas que vivo aqui. Porque é outra coisa ver o ser humano cara a cara, se ver e se conhecer pessoalmente, como acontece com a gente. Tomamos mate, conversamos. Para mim isso é importante, porque já faz três anos que o senhor está acompanhando o meu caso. Reitero meus cumprimentos e meus agradecimentos. Muito obrigado por tanta generosidade. Abraços.*

Até a pandemia de covid-19, eu visitava semanalmente esse indivíduo na prisão. Desde então, tivemos que interromper o contato presencial e optar pela via digital. Está em prisão preventiva há mais de seis anos, sem evidências que o incriminam. Seu crime foi ter exposto e explanado a má gestão econômica do governo de sua época.

Ele acumula mais de 200 processos em todo país, foi vítima de torturas e de maus tratos, tais como definidos pela Convenção das Nações Unidas contra a tortura. Até a data atual, o sistema jurídico-policial nada fez a respeito. É um típico caso em que o trabalho em dois tempos é fundamental: o tempo da psicoterapia-psicanalítica, e o tempo da denúncia.

Para pensar a denúncia psicanaliticamente, é bom lembrarmos de uma passagem de Freud e Breuer em seus "Estudos Sobre a Histeria", texto em que apresentam os mecanismos psíquicos que constituem a neurose traumática e estabelecem uma forma de lei: "*o mais importante é ter ou não uma reação energética. ... do choro à vingança... frente a um evento marcante. Se essa reação se der em uma escala suficientemente grande, boa parte do impacto desaparecerá... Se a reação for sufocada, o evento permanecerá ligado à memória. Um ultraje que se devolve, ainda que só em palavras, é lembrado de um jeito diferente de um desaforo que se aguenta calado.*"

Esta citação é significativa porque ambos os autores reconhecem explicitamente o caráter traumático que pode adquirir um ultraje a que não se responde. Os dois então postulam o princípio da retribuição equivalente ao dano sofrido, para que assim sejam superados os potenciais traumas. No nosso caso, frente ao dano estatal, ou seja, público e persistente, a reação deve ser pública e contínua.

Aqui, a transferência está ligada aos dois tempos: é a aliança psicoterapêutica e social frente ao "grande monstro", e que permite a criação de um espaço protegido para a subjetividade. Neste caso, vendo seu processo engavetado em tribunais por todo país, em um sistema jurídico corrupto e submisso, e considerando o perigo do desespero frente ao silêncio público, é que exponho a necessidade de uma denúncia internacional, que agora se tornou realidade.

Este *acting out* em favor da denúncia e a minha participação no grupo de trabalho, lidando com casos de tortura e seus efeitos para as denúncias frente à Comissão Internacional de Direitos Humanos, estão relacionados à questão da sobrevivência.

A luta para prevenir situações traumáticas precisa dos dois tempos, que também podem ser divididos em: tempo de abstinência, que permite ao indivíduo dar espaço à subjetividade, aos sentimentos e pensamentos emergentes; e o tempo de atuar em defesa da vida e da dignidade humana. Esses dois tempos estão profundamente relacionados, como expresso no áudio apresentado no início do artigo.

***

'Abuse line', estou em perigo

Mirta Itlman
Associação Psicanalítica de Buenos Aires (APdeBA)

Abuse line: Programa multicanal, multidisciplinar, interativo, dirigido a crianças e jovens que sofreram abuso psicológico, físico, sexual e que são vítimas de negligência. Dada a sua dependência e incapacidade de se defender, e obrigados pelos adultos agressores a se calarem, dificilmente esses jovens obtêm auxílio psicológico. *Como então eles demonstram seu sofrimento? Como pedem ajuda?*

As redes sociais são o modo natural de comunicação das novas gerações. Os jovens exploram, procuram, pedem conselhos e ajuda, formam comunidades participativas. São atraídos pelos elementos das redes que se comunicam com eles, com aquilo que faz com que se identifiquem consigo mesmos e com os demais. As redes são o "meio ambiente" que os permite expressar emoções e deixar de ser invisíveis.

A partir do conceito de e-saúde, foram criados conteúdos em espanhol e inglês para as mais diversas plataformas (YouTube, Instagram, FB, Roblox), que se utilizam da linguagem verbal e não verbal desses jovens como uma espécie de "gatilho" para estimular um intercâmbio conscientizador. O objetivo é acolhê-los e apoiá-los por meio de sinais que lhes permitam buscar o apoio psicológico necessário para compreender sua situação, tratar de assuntos sensíveis e dar sentido a sua dor. Ou seja, trata-se de uma forma de trabalhar aquilo que ficou travado em seu desenvolvimento.

Ao mesmo tempo, se impulsiona uma campanha de sensibilização social. O trabalho com as feridas infligidas a essas crianças e jovens depende do meio social e da empatia com que elas são tratadas depois de compartilhar suas histórias.

Um exemplo de atendimento

Paciente (P): Me sinto muito mal, vazio, sozinho, não tenho vontades.

Terapeuta (T): Alguma ideia de por que você se sente assim? É importante tentar entender, refletir e pensar. #TeEscuto #AcreditoEmVocê #TeAjudo.

P: Minha vida é muito vazia, não me aceitam socialmente. Me sinto estranho. Quando era criança me sentia melhor, agora nada me interessa. Se fosse socialmente aceito seria mais feliz, teria novas experiências, viveria do meu jeito. Acho que sofro de depressão. Quero falar com alguém, mas estou sozinho e todos me ignoram.

T: Lamento que se sinta assim. Desde quando? Por que você acha que não é aceito?

P: É minha personalidade, há dois anos que sou assim.

T: E como é a sua personalidade? Aconteceu algo com você há dois anos?

P: É complicado, vou pular essa pergunta. Estou sendo honesto, não acho que uma rede de ajuda possa ser muito útil para mim, mas gosto de falar com você. Garanto que nada aconteceu comigo e esse é o problema. NADA ACONTECE. Nenhum evento. Minha vida não tem sentido.

T: Sou psicóloga de crianças e adolescentes. Já que você se sente bem falando comigo, podemos continuar tentando? Entendo que você queira ter amigos e uma namorada, e, ao mesmo tempo, tenha medo da intimidade, de ser questionado, de se expor, de que invadam sua privacidade, de não ser compreendido.

P: Tenho medo da minha privacidade porque quero que as pessoas gostem das minhas características positivas.

T: Então é importante que mostre essas características, porque assim começarão a percebê-las e a olhar para você de outro jeito. Ou, talvez, você seja muito apegado à opinião alheia. Às vezes pensamos coisas sobre nós mesmos e achamos que os outros enxergam as mesmas coisas.

P: Não sou apegado às opiniões de ninguém! É que não sou bom em mostrar aos outros como sou. Estou preso aqui! Há dois anos que tento, sem sucesso, sair desse buraco, e isso me estressa muito. Tudo que queria quando criança, já não quero mais, ou não tenho como obter. A sociedade me arruinou e segue me rechaçando o tempo todo.

T: O que você gosta de fazer no seu tempo livre? O que faz você se sentir bem? Que tipo de coisas faz você se sentir mais à vontade? Há algum sonho ou objetivo que te ajude a seguir adiante?

P: Eu gosto de música.

T: Ótimo! Você toca algum instrumento ou faz parte de alguma banda? Fazer parte de um grupo de pessoas que tenham os mesmos interesses que você é uma excelente forma de reconstruir sua vida social.

P: Farei isso quando tiver a oportunidade.

T: Quantos anos você tem?

P: 16 e acho que gostaria de entrar para uma equipe esportiva, já que tenho habilidade para isso. Mas tenho medo. Quando as pessoas me rechaçam, como na minha família ou na escola, procuro pensar que me ofender com essas coisas não faz sentido e não tem utilidade. O problema é que ninguém quer falar comigo e eu acabo me isolando.

T: Entendo que você queria se sentir melhor consigo mesmo e com os outros, mas que o medo de ser rechaçado faça você se afastar. Muitas vezes, um novo grupo é uma nova oportunidade.

P: Mas tenho esperança. Daqui a um ano vou me formar e tenho projetos para o verão. Vou encarar minha fobia social. Sei que meus problemas não são só decorrentes das circunstâncias, mas que também são parte de mim, e que eu posso mudar muita coisa. Acredito que a depressão seja temporária e que vou me curar.

T: Algum adulto em quem você confia sabe como você se sente? Você já visitou algum psicólogo para tratar da sua depressão e da fobia social?

P: Ninguém sabe. No entanto, eu gostaria de poder falar com você quando puder. Você tem mais a me oferecer que os comentários no YouTube.

T: Muito obrigado pela confiança e por compartilhar seus sentimentos. Claro! Você pode me escrever quando quiser usando o e-mail abuselinesos@gmail.com. Aguardo notícias suas. Fique bem e até logo.

O analista se reinventa em um novo território: as plataformas digitais

Nas plataformas digitais, a comunicação se caracteriza pela surpresa, pelo imprevisto, pelo remoto e pela utilização de emojis para expressar emoções. Ela é um desafio! Por vezes, não é fácil compreendê-la ou mesmo implementá-la. Os *nicks* são usados para identificar os usuários, garantindo o anonimato e impedindo que estes sofram consequências em seu meio. Para o profissional, não saber a idade, o lugar de origem e o status social daqueles a quem atende é um fator limitante, uma vez que esses dados são úteis para determinar que tipos de tratamento são recomendados para cada perfil de paciente.

Outras competências que o analista precisa trabalhar são a qualidade da atenção oferecida e a velocidade de resposta. É importante que a troca não seja interrompida e que possamos obter respostas psicologicamente benéficas, detectando as questões que fazem com que os jovens nos procurem e o tipo de ajuda que podemos oferecer.

A ausência de sinais não verbais que, ao indicarem emoções, sensações e pensamentos, ampliam a compreensão do mundo intra e intersubjetivo, aumenta a curiosidade do analista, levando-o a fazer muitas perguntas. Elas são necessárias para garantir a troca de experiências, mas, ao mesmo tempo, por abordarem temas muito sensíveis, podem fazer com que esses jovens se sintam oprimidos.

A situação de solidão e de vulnerabilidade em que se encontram esses "pacientes" desperta o altruísmo e os sentimentos de esperança dos analistas. Também surgiram relatos não autênticos, tratados como uma "fraude emocional". É raro os assistidos retomarem o contato, e este pode ser interrompido de forma abrupta. Estes desligamentos geram frustração e perplexidade, além de fazer com que os analistas tenham dúvidas em relação aos efeitos de seu trabalho. *O atendimento foi suficientemente útil? Foram descobertos pelos agressores? Foi uma experiência muito perturbadora?*

Como uma particularidade desse processo, os "pacientes", por vezes, respondem a perguntas pessoais ou mesmo, pautados pela necessidade de saber se somos confiáveis, são levados a abandonar o anonimato.

O que se mantém constante, no entanto, é a mentalidade do analista, com sua atitude empática e sua compreensão contra-transferencial.

Nota: *O "fique em casa" impulsionado pelo covid-19, fez com que aumentassem os números de pessoas que procuram essa rede de ajuda.*

Parte II
Clínica DA comunidade

4. Escuta e atendimento em grupo: novos dispositivos e desafios[1]

Confiança nas lentes, não nos olhos

Jorge Bruce
Sociedade Peruana de Psicanálise

Au fond de l'inconnu pour trouver du nouveau!
Baudelaire (*Le Voyage*)

Há algum tempo, dei uma aula sobre a dinâmica do racismo, de uma perspectiva psicanalítica, no instituto da Sociedade Peruana de Psicanálise. Apesar de ser um dos problemas mais prementes, na acepção primitiva da palavra, da sociedade peruana – e não só da peruana –, tal questão não é abordada de maneira sistemática na maioria dos institutos da esfera psicanalítica. De maneira que

1 O artigo que abre este capítulo, de Jorge Bruce, foi elaborado com base nos trabalhos das colegas Sofía Arbeláez, da Colômbia; Luiz Moreno Guimarães Reino e Eliana Caligiuri, de São Paulo; e Luis Bibbó e Silvana Hernández, do Uruguai. Os respectivos trabalhos também compõem este capítulo.

aproveitei com entusiasmo a ocasião que me foi oferecida. Voltaremos sobre este encontro, mas antes queria dizer que observo com imenso respeito os esforços de muitos colegas do nosso continente em levar a psicanálise para além das fronteiras dos consultórios e das sociedades: Psicanálise a Céu Aberto – iniciativa da Federação Psicanalítica da América Latina (Fepal) promovida pela minha amiga Magda Khouri –; Extramuros, da da Asociación Psicoanalítica del Uruguay (APU), Psicoanálisis en Salida, na Colômbia, ou, por exemplo, as atividades organizada entre analistas da da Sociedade de Psicanálise de São Paulo e a ONG União de Núcleos e Associações de Vizinhos de Heliópolis e Região (UNAS). Essas são algumas das experiências criativas adotadas por colegas que admiro e aprecio. Devido à pandemia, essas saídas a campo – expressão não isenta de ambiguidade – se multiplicaram, como no caso de Psicólogos Contigo, experiência liderada pela minha sociedade, a Sociedade Peruana de Psicanálise (SPP), premiada no congresso da Associação Psicanalítica Internacional (IPA) em Londres.

No entanto, tenho a impressão de que é preciso uma mudança não só metapsicológica, mas também técnica. Não se trata somente de levar nossas caixas de ferramentas para onde não costumam chegar, seguindo o modelo de médicos sem fronteiras. Antes, penso na necessidade de permitir que a problemática da nossa região, descrita cada vez mais nos trabalhos de colegas latino-americanos, transforme as raízes de nossa prática. Pergunto-me se não devemos fazer uma refundação conceitual. Para isso, é preciso deixar que as situações dramáticas de desigualdade, fragmentação e violência que normalmente acontecem em zonas distantes dos nossos consultórios, entrem e nos confrontem, nos obriguem a repensar nossa atividade.

O caminho foi – e continua sendo – feito ao andar, como nos convidava Machado, desde o começo do século XX por vanguardas como o movimento antropofágico brasileiro. Seu *Manifesto*

Antropofágico de 1928, liderado por Tarsila do Amaral e Oswald de Andrade, é um farol que continua iluminando a escuridão que nos circunda. Sua aposta pela incorporação do outro proveniente das antigas potências coloniais, para assimilar o que seja necessário e criar uma arte latino-americana, resolve de maneira dialética a antítese entre nacionalismo e cosmopolitismo.

Depois vieram novas e valiosas aventuras literárias e artísticas, que mostraram como se apropriar das técnicas e dos relatos dos grandes centros de produção intelectual e artística, canibalizando-os para poder contar as nossas próprias histórias. Aquelas que surgem da nossa problemática e não se limitam a repetir ou a ser nota de rodapé das grandes criações das outrora potências coloniais. É o que ocorreu com os escritores do *boom*, por exemplo. Nas ciências sociais vimos um processo análogo. Ao adentrar o coração da América Latina, seu método importado teve não só que ser adaptado, como transformado na raiz.

Carlos Granés, um pensador colombiano contemporâneo, escreveu um livro formidável, *Delirio americano* (2022), para poder pensar o que tento propor a vocês. Contrapondo as trajetórias de artistas, intelectuais e políticos desde o começo do século XX até a atualidade, o autor nos leva pela mão, país por país da América Latina. Desfilam diante do nosso olhar deslumbrado José Martí e Juan Domingo Perón; César Vallejo e Fidel Castro; Gabriela Mistral e Doris Salcedo. Com uma erudição avassaladora e uma impressionante capacidade para entrelaçar episódios aparentemente dissimilares e desconexos, o colombiano nos leva, de cultura em cultura, por meio da nossa hibridez. Encontramo-nos com Oscar Niemeyer e Roberto Bolaño, com toda a geração dos nossos ditadores, justapostos com Rubén Darío e Caetano Veloso. É uma profunda imersão nos meandros da nossa história. Nessa mesma linha, ainda que de uma perspectiva menos acadêmica e mais apegada à crônica, se encontra o livro de

Martín Caparrós (2021), *Ñamérica.* Tão grandioso quanto o de Granés, mas em um registro mais pessoal, o argentino nos conduz das fronteiras do Río Grande, na Argentina, até El Alto, na Bolívia. Das bancas de comida de rua da América Central ao *reggaeton*.

Menciono estas duas obras impressionantes porque, do meu ponto de vista, nos ensinam a conhecer o que nos rodeia e molda, mas nos mostrando nossos pontos cegos e opacidades, alucinações negativas (o apagamento ativo de uma percepção), negações. É interessante constatar que a única psicanalista que aparece em ambos os livros (os dois têm mais de 600 páginas cada), é a mãe de Caparrós. De resto, se sente falta da nossa presença. Ou talvez nossa ausência seja um sintoma da maneira pela qual não fomos capazes de nos inserir na nossa realidade circundante, exceto excursões meritórias como as mencionadas acima.

O título deste artigo é um verso do poema Los Nueve Monstruos, do peruano César Vallejo. É mais um paradoxo do que uma advertência. Ao não poder ver além das fronteiras dos nossos arsenais conceituais, ao permanecer refugiados nas paredes dos nossos consultórios nos bairros mais ricos das nossas cidades, consolidamos um isolamento que hoje tentamos, felizmente, romper. Porém, como estou tentando demonstrar, isso nos confronta com um dilema: essa viagem extramuros requer uma bagagem que já possuímos e conhecemos? Bastam nossos instrumentos de navegação habituais? Esses seriam os óculos. Não é preciso deixá-los de lado e nos deixar invadir por aquilo que o olho descobre?

O poeta francês Charles Baudelaire, em *As Flores do Mal*, no último verso do poema *Le Voyage* (A Viagem), nos indica isto:

> *Nous voulons, tant ce feu nous brûle le cerveau,*
> *Plonger au fond du gouffre, Enfer ou Ciel, qu'importe?*

> *Au fond de l'Inconnu pour trouver du nouveau! (Baudelaire,1861)*[2]

Cito o poema em francês porque me parece muito superior à versão traduzida de Antonio Martínez Sarrión para a Alianza Editorial. A frase mais importante, no entanto, é a última. Significa aceitar que precisamos nos adentrar no desconhecido para encontrar o novo. Para nós, psicanalistas, o desafio consiste em esquecer nosso saber e enfrentar, desarmados, esse mundo criado pela marginalização e pela discriminação, pelo racismo e pelo classismo, que sempre esteve lá, mas que ignoramos recorrendo aos nossos conceitos mais elaborados. Algo parecido ao que deveríamos fazer com cada paciente, escutar sem preconceitos, sem desejo nem memória, mas com um enfoque que esquivamos na intimidade do consultório. A alucinação negativa de Freud, citada por Edward Said (2003), permite viver como se essas multidões de imigrantes de nossos próprios países – camponeses deslocados do campo à cidade, por exemplo, mas também venezuelanos desesperados – não estivessem lá. Invisibilizados como se não existissem. Não é preciso dizer que esse é um mecanismo de defesa ao que recorremos para tolerar o sofrimento diante de tamanha desolação.

Agora retorno à aula sobre psicanálise e racismo da que falei no primeiro parágrafo.

Desde que publiquei um livro sobre psicanálise e racismo, cujo título é *Nos habíamos choleado tanto* (Bruce, 2007), que foi objeto de diversas reimpressões e, recentemente (2019) de uma reedição pela Penguin Ramdom House, este vínculo problemático se fez parte inseparável da minha vida. O sucesso da publicação – meu editor da Penguin a denominou uma *long seller* – fala muito sobre

---

2 N.T. Deseamos, tan puede la lumbre que nos quema, / caer en el abismo, Cielo, Infierno, ¿qué importa? / Al fondo de lo ignoto, para encontrar lo nuevo.

a falta que fazia uma aproximação subjetiva a um flagelo abordado múltiplas vezes por grandes pensadores peruanos – desde José Carlos Mariátegui até Marisol de la Cadena e Gonzalo Portocarrero –, mas do ângulo das ciências sociais. Por outro lado, no meu texto abordo, por exemplo, as reações de uma jovem representativa das maiorias diante dos fenótipos predominantes na publicidade, o sofrimento causado pelas microagressões racistas cotidianas, o tratamento das trabalhadoras domésticas etecetera.

Na aula, mencionei algo disso e, no diálogo com os candidatos, surgiu o assunto da relação mãe-bebê. Uma pessoa na sala trouxe uma ideia de que, seguindo o modelo proposto por Esther Bick (1964) para a observação de bebês em 1948, a questão central era o olhar amoroso da mãe. Sua ideia era que se a mãe era capaz, apesar de todas as privações, de olhar para o seu bebê com ternura e aceitação, isso o protegeria dos problemas antes mencionados.

Falávamos, claro, de pessoas vivendo em bairros urbanos marginais, que no Peru recebem o nome de *asentamientos humanos*.[3]

Pareceu-me um comentário valioso e interessante. Sem dúvida, o olhar carinhoso dessa mãe capaz de acolher o seu bebê com o melhor de si, apesar das suas duríssimas condições de existência, poderia dar a esse bebê recursos de sobrevivência psíquica inestimáveis. No entanto, comentei, o exemplo era excelente para entender melhor a magnitude do problema que enfrentamos. Devido, precisamente, a esse amor e a concomitante identificação materna, seria possível para esta mãe suficientemente boa ignorar o que espera esse bebê, nascido em circunstâncias desfavorecidas, quando tenha que se enfrentar a todas as agressões de uma sociedade rigidamente estratificada sob a base da discriminação? Não haverá, mesclada a este amor sublime,

3 Isso remete, ainda que de maneira inconsciente, aos primitivos assentamentos de agrupações instaladas antes da chegada dos conquistadores espanhóis e da instauração da colônia.

uma angústia antecipada pelo que irá sofrer essa criatura sair do entorno relativamente seguro no qual se encontra? Lembrem-se, desde já, que sua alimentação, provavelmente, será insuficiente e as condições de subsistência precárias, e até mesmo cruéis.

Despropositadamente, a sagaz analista em formação nos proporcionou aquele que é justamente o limite, a fronteira que devemos – e justamente não queremos – atravessar.

Para além da polêmica sobre a técnica de observação de bebês – André Green, meu analista e mestre, se opunha a considerá-la uma atividade psicanalítica, como defendiam Antonino Ferro ou Florence Guignard –, é uma prática muito comum em institutos de formação ao redor do mundo. Já li informes de muito refinamento clínico, com frequência feitos em lares "*assentados*" na precariedade econômica, social, vincular. Apesar do enorme interesse das observações feitas e da grande empatia que transmitem, é sistemática a ausência de registro em volta do que a mãe pode transmitir, para além das coordenadas afetivas.

Minha hipótese é que o olhar da mãe vem conformado por todos os matizes dos afetos e as ambivalências que Esther Bick nos ensinou a diferenciar, mas também é o primeiro contato com a cultura que impacta nesse bebê. A mãe é a emissária da sociedade na qual esse bebê nasceu. Mais precisamente, do lugar na sociedade no qual calhou de nascer.

Enroscados nesses afetos, encontramos todo tipo de intuições e pré-conceitos sobre o tom da pele, os traços, a cor dos olhos, o cabelo, a estatura etc. Esses dados aparentemente circunstanciais, podem determinar, como nos contos de fadas, o destino do bebê. Pelo menos para sua mãe. Maldição ou bendição, ou ambas. No entanto, nossas observações estão circunscritas pelo que consideramos que o olhar clínico, ignorando ou dissociando outro sofrimento que atribuímos à categoria do socioeconômico. Como se essa angústia não nos dissesse respeito, não fosse parte da dimensão propriamente psicanalítica. Além disso, esse olhar não é exclusivo da mãe, muito pelo contrário. O observador ou a observadora vem equipado com sua própria bagagem de preconceitos e estereótipos, que busca deixar de lado para poder realizar a sua tarefa nas condições mais assépticas possíveis. E se essa autoexigência for uma modalidade disfarçada de repressão?

Não se trata apenas do que uma jovem e talentosa terapeuta denominou, em uma supervisão grupal feita por quem escreve, o eixo social. Como se dissesse: é importante tê-lo em conta, mas não é parte da nossa tarefa clínica. Essa visão é compartilhada por uma grande quantidade de colegas. Tenho a impressão, no entanto – e este livro é uma mostra disso – que está sendo produzida uma mudança substantiva, embora gradual e não isenta de relutância. A tradicional postura oficial de que o analista pode intervir na polis como cidadão, mas não como analista, está sendo debatida e isso é uma boa notícia.

Esse debate, como podemos inferir das considerações anteriores, não se limita a intervenções públicas como as de participar em meios de comunicação ou redes sociais. Nós, analistas, não podemos continuar virando de lado diante das perversas desigualdades, que se traduzem, com frequência, em violência das nossas fragmentadas sociedades. No coração da nossa prática e dos nossos conceitos, no entanto, é onde é necessário nos perguntar se temos as ferramentas adequadas para enfrentar situações como algumas das aqui mencionadas.

Pode ser que as tenhamos e que nossas viseiras e ortodoxias nos impeçam de fazer um uso que as abarquem mais. Pode ser que não. Então seria preciso trabalhar no desenvolvimento dessas novas técnicas de observação, dos novos conceitos e das novas. Não pretendo responder interrogantes dessa envergadura nestas linhas.

O que posso fazer é, com base em algumas experiências que foram submetidas a minha consideração pelos que promoveram esta obra, nos aproximar destes dilemas.

No trabalho dos analistas de São Paulo com a ONG UNAS existem alguns exemplos terríveis – mas lindos pelas criativas intervenções dos membros da ONG que proporcionam um excelente ponto de partida. Assim como em outros casos que pude ler e algumas vezes participar, o primeiro dilema que enfrentamos é o do enquadre. Esse dispositivo indispensável na nossa prática de consultório pode subsistir nessas regiões distantes dos nossos recintos protegidos? Releio o clássico texto de André Green (2002) sobre suas ideias e diretrizes para um analista contemporâneo, em que o enquadre psicanalítico está conformado pela matriz ativa (associações livres, atenção flutuante) e o "estojo" (*écrin*: horários, duração das sessões, honorários etc.). Dessa maneira se instaura uma lei localizada por cima dos participantes no encontro analítico.

No entanto, no trabalho dos colegas brasileiros, a primeira coisa que se destaca é que se prender ao enquadre tradicional é aquilo que *não* deve ser feito. O enquadre nesse centro de acolhida para crianças é um contrato. O problema é que , no caso dos termos de referência se limitarem ao contrato, deixam de fora o resto de excessos e precariedade, que são o pão de cada dia (paradoxal metáfora nesse contexto de fome) dessas crianças. Esses outros elementos (excessos e precariedade) são irrepresentaveis? Essa *hubris* excede os limites da simbolização? É possível manter o enquadre e assumir o custo de abandonar à sua própria sorte – fome, violência é o que se vê nos exemplos citados – as crianças que acodem ao centro?

Sem dúvida há situações inacessíveis em um entorno tão violento e desprovido de serviços essenciais como os descritos neste e em outros trabalhos. Estamos, em mais de um sentido, em territórios não cartografados. Haverá ocasiões nas quais o enquadre funcionará como um bastião que impede o ingresso dos materiais disruptivos, e outras nas quais será a única maneira de preservar nossa presença e participação em âmbitos de extrema carência.

Assim como o enquadre precisa ser reformulado ou adaptado – em qualquer caso, repensado –, o mesmo acontece com as intervenções. Em outro exemplo deste mesmo trabalho, uma pessoa salva uma criança das garras de um criminoso que não queria bater nele, mas pretendia assassiná-lo. Foi questão de sorte. A professora Solange havia ajudado ao criminoso quando era criança e eles se reconheceram. Isso permitiu que ela lembrasse a ele que essa criança – sem dizê-lo explicitamente – representava a sua própria infância, e que isso era o que ele tentava matar. Essa última parte é interpretação dos analistas diante do relato da situação, e elogiam a simplicidade e a eficácia da professora: "essa criança era você".

Diante da iminência do triunfo da pulsão de morte, essa mulher – ajudada pela sorte, como acontece conosco na consulta –, encontra, no extremo da angústia letal, os recursos para erotizar, introduzir a vida quando tudo parecia perdido. Essas fatias de vida (*tranches de vie* é a expressão em francês), nos interrogam e nos avisam que, se não somos parte ativa do processo de consolidação de uma cultura de vida, somos parte do problema. Freud recordava que se requer uma dose considerável de energia para permanecer passivo. Uma espécie de entropia negativa.

Contrario sensu, devido à segunda lei da termodinâmica, é preciso destinar uma quantidade de energia vital para combater essa inércia que favorece o caos, a anomia, a violência, os territórios "liberados" (assim chamava o grupo terrorista peruano Sendero Luminoso às zonas sob seu controle fanático).

Permitam-me concluir com um testemunho pessoal. Há vários anos supervisionei uma ONG vinculada à Itália, que havia instalado um centro de acolhida para crianças semelhante ao mencionado pelos colegas de São Paulo. Tal centro se encontra em um dos morros que rodeiam Lima, onde se aglomeram imigrantes da serra em condições de precariedade brutal. Um dos integrantes da ONG, um siciliano, me pediu que fosse seu assessor para uma tese de mestrado que estava preparando para apresentar na sua Sicília natal. Depois de apresentada a tese, viajou à sua terra de férias e, ao voltar, me trouxe um presente. Era uma figura de terracota, emblemática da sua ilha, conhecida como a Trinácria. Representa uma cabeça com asas de mulher com serpentes enroladas no cabelo e três pernas em volta. Mas também faz pensar na cabeça da Medusa e seu olhar mortal. Tenho ela em minha escrivaninha e, quando a contemplo, me lembra que o nosso é um ofício em que a imobilidade, o estancamento, a perda da capacidade de assombro na escuta e no olhar estão, como a pulsão de morte, vigiando-nos em silêncio.

Referências

Baudelaire, C. (1861). *Les Fleurs du Mal*. Gallimard.

Bick, E. (1964). Notes on instant observation in Psychoanalysis Training. *International Journal of Psychoanalysis*, 45.

Bruce, J. (2019). *Nos habíamos choleado tanto. Psicoanálisis y Racismo.* Penguin Random House (Taurus).

Caparrós, M. (2021). *Ñamérica*. Penguin Random House.

Ferro, A. (2007). *Éviter les émotions. Vivre les Émotions*. Ed. D'Ithaque.

Granés, C. (2022). *Delirio Americano: Una historia cultural y política de América Latina*. Penguin Random House (Taurus).

Green, A. (1992). A propos de l'observation des bébés. Entretien de André Green pour Pierre Geissmann. *Journal de la psychanalyse de l'enfant*,12, pp. 133-153.

Green, A. (2002). *Idées directrices pour une psychanalyse contemporaine*. Presses Universitaires de France (PUF).

Lisondo, A. (2012). El Método de la observación de bebés en la formación de la identidad analítica. *PSICOANÁLISIS* XXIV (1).

***

Psicanálise fora do setting

Sofía Uribe Arbeláez
Sociedade Colombiana de Psicanálise

Contexto

A Colômbia é um país de contrastes profundos: abundância, geração de conhecimento, criatividade artística, miséria, precariedade no acesso à educação e à saúde, zonas de paz, conflitos armados. A diversidade se dá em vários planos: étnica, de tradições culturais e de expressão. Há 60 anos, o país sofre intensamente com o conflito causado pela imensa desigualdade na distribuição e na exploração de terras e de outros recursos. Ao longo das décadas de 1980 e 90, e diante do caos das guerrilhas, dos grupos paramilitares e da ausência do Estado em certas áreas do território nacional, o narcotráfico surge como uma alternativa para sanar a ferida da desigualdade social e econômica.

Nestes 60 anos, e até a assinatura do Acordo de Paz, assistimos às diversas formas de violência. O aspecto social não nos é estranho, posto que este irrompe em todas as partes, incluindo na clínica. Não podemos evitar tais aspectos sociais, ou tampouco reduzi-los a uma interpretação intrapsíquica.

Os pacientes, bem como a crescente miséria nas principais cidades do país, produto da migração forçada por conta do conflito armado, nos desafiam.

A pergunta pelo papel do analista

Apesar dos contrastes descritos, ainda é possível pensar o papel do analista a partir do tradicional: trabalho clínico, normalmente disponível tão somente às pessoas em condições de ter acesso a ele.

No entanto, acreditamos que o contexto exige respostas que vão além das tradicionais. Entendemos ser um imperativo ético colaborar na construção de uma sociedade que ajude a curar feridas e proporcione uma melhor qualidade de vida para as gerações seguintes.

Surge uma proposta incipiente: "a psicanálise extramuro"

"Extramuro" é sinônimo de "Psicanálise fora do setting tradicional". Frente ao mal-estar de nossa cultura, e tendo por base tanto os preceitos básicos da psicanálise como o sentimento ético de urgência, alguns de nós iniciaram um trajeto no sentido de expandir o trabalho para além das fronteiras dos consultórios.

A ideia central é tentar responder ativamente às crescentes demandas oriundas da periferia: contextos particulares que evidenciam a desigualdade social, com dinâmicas de exclusão e violência. Dessa forma, a psicanálise é levada a participar da construção da cultura.

O contexto de sofrimento, angústia e incerteza nos desassossega. O psicanalista pode fazer algo a respeito? Evidentemente, esse é um ponto de partida e também o momento de reconhecer que, para tentar construir uma cultura, não devemos nos limitar às práticas tradicionais do consultório. Ao ficarmos somente no setting tradicional, ajudamos uns e descartamos outros – os de sempre – aqueles já excluídos pelo nosso silêncio. A exclusão está na raiz da nossa violência.

Por isso, com a nossa formação, saímos e nos aventuramos em outros contextos, tentando dialogar com outras realidades: nos cinturões de miséria da nossa cidade, em comunidades carentes, cientes de que a multiplicidade de fatores em jogo nos limita.

Apesar dos obstáculos, podemos fornecer auxílio em termos de acompanhamento pessoal, na formação de equipes de trabalho e na realização de ações de prevenção à saúde mental.

Buscamos responder às perguntas sobre a construção de conhecimento, de modo que, a partir de temas complexos, possamos dialogar com outros profissionais, atendendo à difusão da psicanálise com o intuito de solucionar ou pensar assuntos problemáticos.

Começamos com um sentimento de perplexidade, mas cientes de que teríamos que nos arriscar para construir. O conhecimento psicanalítico pode ser aproveitado em outras áreas e servir como ponto de apoio para a construção de novas abordagens. Atuando na comunidade, o psicanalista deve ser flexível e contar com a sua capacidade de se reinventar e de dialogar com outros saberes.

Cenários atuais de reinvenção

A partir do horizonte previamente indicado, estamos trabalhando nas seguintes frentes:

1. **Diálogos interdisciplinares:** é um espaço no qual o analista conversa com outro profissional sobre a cultura, focando em temas problemáticos. Estão previstos encontros com historiadores, cientistas políticos e sociólogos. A ideia é difundir nosso saber e, por sua vez, compor com as vozes que trabalham hoje na Colômbia para criar um país melhor.
2. **Prevenção psicossocial e formação e intervenção com comunidade:** A título de ilustração, vou citar alguns trabalhos de colegas de nossa Sociedade.

O doutor Alberto Fergusson foi mediador do processo de negociação do Estado colombiano com a guerrilha do ELN no marco dos Acordos de Paz. Essa tarefa avançou sob a administração do presidente Juan Manuel Santos e muito pouco sob a gestão do atual presidente, Iván Duque.

A doutora Camila Morales viajou como voluntária para realizar intervenções psicossociais em situações de desastres naturais em diferentes latitudes do nosso país. Além disso, trabalhou como voluntária com grupos marginais de Bogotá, usando temas relacionados à ecologia como motor para a autorreflexão.

A doutora Zoila Ortiz abriu seu consultório na cidade de Cali, com o intuito de atender, gratuitamente, crianças e pessoas afligidas pela violência derivada do conflito armado nesta região do país.

No meu caso, interessada em vincular minha formação em psicologia social comunitária com a psicanálise, e ciente dos problemas sociais que temos na Colômbia, me voluntariei junto à *Fundación del Buen Pastor*, que trabalha com mulheres em contexto de prostituição e à *Asociación Codo a Codo*, que trabalha em favor de uma das comunidades mais deprimidas e marginalizadas da capital do país, conhecida por *Altos de la Florida*.

Com imensa alegria, pude testemunhar a participação de muitos colegas que se dispuseram a atender os habitantes de *Altos da la Florida*, trabalho que segue sendo realizado atualmente.

Outros colegas, como Laura Briansky e Liliana Figueroa, realizaram, antes da pandemia, um trabalho de prevenção da saúde mental com mulheres gestantes e mães de bebês. E Camila Morales organiza oficinas virtuais de eco-ternura com mulheres e jovens.

Futuro imediato e formação

Cada vez mais, os psicanalistas se sentem convocados a sair de suas circunstâncias habituais de trabalho em favor da construção de uma cultura na qual a vida triunfe sobre a morte. Nesse sentido, damos assistência a um chamado urgente em que somos convidados a superar, teórica e praticamente, a falsa separação entre sujeito e sociedade. Fechar essa brecha, fazendo uso de certos modelos teóricos que permitam vincular, ao invés de dividir é, precisamente, o caminho para recorrer.

Portanto, não se trata apenas de um enfoque intrapsíquico, uma vez que o impacto da violência real é inegável, o deslocamento forçoso, a prostituição e outras situações que não devem ser limitadas ao plano da fantasia. Mas também não se trata de ignorar as variáveis individuais daqueles que vivem nestas situações.

Lentamente, vamos nos unindo para criar um grupo, e é meu sonho instaurar um departamento de *Psicoanálisis y Cultura* na *Sociedad Colombiana de Psicoanálisis*, assim como existe um *Departamento de niños e adolescentes*, e um de *Familia y Pareja*. Tenho esperança de poder trabalhar pela união de colegas interessados, com o intuito de melhorar nossa formação nesse sentido e ofertá-la a futuros analistas em formação.

Finalmente, estar fora do setting é um constante ir e vir do individual ao contextual, e regressar do social à própria constituição de cada subjetividade. Neste sentido, a proposta é ser fiel ao espírito de Freud, que em "Psicologia das Massas e a Análise do Eu", destacou que *"Toda psicologia individual é, ao mesmo tempo, psicologia social, e vice-versa"*.

***

Psicanálise em trânsito: clínica extramuros em dois atos

Luiz Moreno Guimarães Reino e Eliana Caligiuri
Sociedade Brasileira de Psicanálise de São Paulo

Brevíssima introdução

Em um tempo pré-pandemia, iniciamos um grupo na antiga sede da Sociedade Brasileira de Psicanálise de São Paulo. Os participantes eram por volta de 25 coordenadores e gestores que trabalham em um organização não-governamental, localizada na periferia da cidade. A ONG chama-se UNAS: União de Núcleos e Associações dos Moradores de Heliópolis e região. E o pedido de ajuda foi direto e reto: *estamos sofrendo, precisamos falar sobre o nosso trabalho*. A primeira providência que tomamos foi conhecer o grupo, sem nenhuma preparação inicial. Como se disséssemos: "distraídos venceremos" (Leminski).

Vida e trabalho

O grupo começa com a seguinte pergunta: *até onde vai o nosso trabalho? O que ocorre é que nos envolvemos muito com a vida das crianças que ficam conosco. Pegamos os problemas delas como se fossem os nossos, e não sabemos até onde devemos ir.* Muito já está dito aí: é um grupo que pede ajuda para pensar nos limites entre vida familiar e trabalho. E sente que as fronteiras estão abaladas: *falam que o nosso problema é que levamos o trabalho para casa, é pior que isso, também levamos a casa para o trabalho: quando vemos, nossos parentes próximos estão também envolvidos na situação.* E sintetizam: *Nosso problema é que não conseguimos parar de pensar em como resolver os problemas das crianças. E passa um milhão de coisas nas nossas cabeças, inclusive, piolhos.*

Pedimos para que eles nos contem como isso se dá. A UNAS não é uma escola, é um centro de acolhimento que as crianças frequentam antes ou depois da escola. Dá-se, porém, alguma magia nesse tempo compartilhado. Com a convivência, as crianças contam seus problemas para os coordenadores, e esses problemas-piolhos já não saem mais de suas cabeças. Assim se estabelece uma intimidade profunda.

De maneira geral, os participantes do grupo sentem que as crianças estão submetidas à precariedade da região e à desmedida dos adultos. São casos de toda ordem, ou melhor, de toda desordem: problemas escolares, ausência de saneamento básico, carências materiais e nutricionais, alcoolismo e drogadicção na família, delinquência, pedofilia, incesto e por aí vai… (se é que dá para acrescentar mais itens nessa lista já bastante ampla). Os coordenadores se sentem responsáveis pela proteção das crianças, de tal forma que se veem em uma posição de ter de fazer o trabalho de um psicólogo, de um educador, de um assistente social, de um pai, de uma mãe, de um

Estado. *Mas nós não temos formação para isso* — e quem teria? Diante da precariedade e desmedida, eles se sentem impotentes. Sofrem e levam os problemas do trabalho para casa, por vezes querem levar as crianças de fato para casa, e levam; sofrem e levam a casa para o trabalho, acabam envolvendo seus familiares nos problemas do trabalho. Ao final dos primeiros encontros, perguntei para Eliana: "E aí, amiga, o que achou?". Ao que ela respondeu: "Acho que estou com piolhos."

O caminho da sugestão

Uma forma anti-analítica de resolver a questão trazida pela equipe – e que certamente resultaria em um fracasso – seria fazer a seguinte sugestão: *por que vocês não lêem o contrato que assinaram ao começar a trabalhar? Lá estão os limites das ações, o que cabe e o que não cabe a vocês.* Mas, oras, o que eles estão dizendo é que há algo no trabalho que vai além do contratual, um excedente que não sabem onde colocar : *ninguém aqui consegue ser só funcionário; aqueles que se mantém assim não aguentam*. Aqui, como em outros casos, vale o chiste: contrato é *contra-ato*, isto é, aquilo que impede o surgimento de um ato que altera as coordenadas simbólicas.

Dois exemplos

Ao invés de seguir a via contratual da sugestão, há uma prática secular mais interessante e mais analítica: catar piolhos e lêndeas. Aí vão dois.

Segunda-feira, o aluno chega e come quatro pratos na hora do almoço. Para o coordenador, e para a maioria de nós, isso é sinal de que passou o final de semana praticamente sem comida. A semana passa e, na sexta-feira, o coordenador não consegue pensar em outra coisa: *será que o aluno terá o que comer?* Passa então o final de semana apreensivo.

Outro exemplo. À noite, batem à porta de uma das coordenadoras. Era o pessoal do tráfico, entregando duas crianças para ficar com ela, uma de uns cinco anos e outra com menos de um. A mãe e o padrasto foram acusados e seriam julgados, sabe-se lá o que iria acontecer com eles. Ela fica com as crianças — *fazer o quê? Só* que o bebê não para de chorar. Ela decide fazer um leitinho, do mesmo jeito que a mãe fazia, para acalmá-lo. *Mas como ela fazia?* Tenta leite morno, leite com achocolatado, nada adianta. Até que o irmão mais velho diz que ele costuma beber leite frio mesmo e misturado com um pouco de água. Ela prepara, ele toma e dorme. A imagem do leite frio misturado com água já não lhe deixa mais a mente.

Frontose

Nesses primeiros encontros, o que fizemos foi aguardar: "Esperar é reconhecer-se incompleto" (Guimarães Rosa). E sem forçar a associação: "O esplendor da manhã não se abre com faca" (Manuel de Barros). Para que algo diferente pudesse surgir e revelar.

Depois de alguns encontros, em que todos nós nos sentíamos impotentes, uma participante disse: *No começo eu chorava, vomitava; agora sofro de frontose: vou para o front e faço.* Segue então o relato de uma série de cenas do trabalho.

As cenas

Conta uma participante do grupo que, um dia, um de seus alunos entra correndo na sede e atrás dele um homem maior, que logo todos reconhecem como um criminoso conhecido na região. O menino, vendo que não conseguiria escapar, busca a proteção dela; Solange suplica: *Não bate nele, por favor. Não vou bater: vou matar*, replica de imediato. Não obstante, o homem a reconhece: *Tia Solange! Eu dei muito trabalho para a senhora.* Ao que ela responde: *Então, ele – que você quer matar – é igualzinho ao que você era.* A intervenção é tão simples e bela que chamar de intervenção já retira algo de sua simplicidade e beleza. O criminoso encolerizado se lembra dela, e ela o lembra de si mesmo. Ela resgata a sua história e se torna a sua memória. E a interpretação se dá sem precisar ser dita: você persegue a si mesmo no passado para matar o garoto que foi.

Outro participante do grupo narra a cena de uma visita domiciliar. Ao chegar na casa, ele fica extremamente incomodado com a imundice em que se encontra o pé de um de seus alunos. Cria-se um conflito interno: ele não quer constranger a família, sugerindo que alguém limpe o pé da criança, mas também não quer deixar a criança assim. Ocorre, então, um lampejo de criatividade: pega uma vassoura e um balde de água e começa uma brincadeira com o menino, e em meio ao jogo aproveita para lavar-lhe os pés.

Uma das participantes conta como teve de entrar na fila da droga para falar com o traficante que era pai de um de seus alunos. Não poderia simplesmente furar a fila, sem pagar o preço das represálias dos usuários. Ou seja, por um momento ela teve de se passar por uma consumidora para poder exercer o seu trabalho.

E outra conta a situação vivenciada recentemente. Um homem, que vivia no sobrado em frente à sede coordenada por ela, era visto com frequência se masturbando enquanto olhava para as crianças. Ela se reconheceu então em um dilema. *Se eu contar para a comunidade, o homem morre.* (Há um tribunal do tráfico que recolhe e julga alguns casos. Uma espécie de justiça demoníaca, que alguns consideram a justiça verdadeira. Para os casos de pedofilia ou estupro, a sentença é a morte.) Enfim, como encontrar uma solução para tal dilema? Não queria ser responsável por aquela morte, mas também não iria acobertar o possível pedófilo. O que ela faz é filmar o homem se masturbando e, junto com uma colega, ir falar com ele — tremendo de medo, é claro. Quem atende à porta é a mãe do homem, que morava na mesma casa. A participante pede para ele descer e expõe a situação a todos. O homem nega; ela mostra o vídeo; e diz: *você sabe o que vai acontecer, se eu contar para a comunidade.* Em poucos dias eles mudam de casa.

Impactado pelo próprio relato, o grupo se olha e ri. Como se tivesse se libertado de algo. Todos sentimos que algo importante havia se alterado: uma torção na forma de se posicionar, uma ressignificação na maneira de entender o trabalho… Pode ser que sim. Mas o mais interessante – e ainda hoje enigmático para nós – é como isso se deu. Em uma palavra, que é essa *frontose*?

***

*A cena da parteira (*La escena de la partera*)*

Luis Bibbó e Silvana Hernández
Associação Psicanalítica do Uruguai

A diretora de uma instituição de assistência pública solicitou à *Asociación Psicoanalítica del Uruguay* (APU) que psicanalistas interviessem para atender ao pedido de técnicos que passavam por dificuldades no exercício de suas atividades laborais.

Após considerar a proposta, o Centro de Intercâmbio da APU designou dois analistas para avaliar a demanda e construir o dispositivo (enfoque) para trabalhar com o grupo.

Tomando por base os interesses e as possibilidades de horários, formou-se um grupo de dez integrantes, o que representa apenas uma parte dos funcionários da instituição. Era constituído por: médicos psiquiatras e toxicológicos; psicólogos; assistentes e educadores sociais; professores de dança e de teatro; enfermeiros; e funcionários da manutenção. A participação não era obrigatória.

O trabalho se deu em um grupo fechado, com reuniões quinzenais de cerca de uma hora e meia de duração, nas quais a confidencialidade, a associação livre e o foco em uma dada tarefa eram fundamentais. Os analistas trabalhavam em coordenação. O processo de adesão de novos integrantes ao grupo passava pelo pedido, a consideração e autorização prévia por parte dos outros membros.

Nos bastidores

O grupo vinha se queixando do funcionamento da instituição e da gestão da diretora. Com a aproximação do aniversário da instituição, a direção decidiu celebrar a data com uma conferência, que contaria com a apresentação de trabalhos técnicos dos profissionais e com a participação de expositores externos.

Ao compartilhar ideias e sentimentos em relação a esse evento, os membros do grupo decidiram aproveitar a oportunidade para apresentar, por escrito, um documento que avaliasse a gestão institucional e sugerisse possíveis mudanças. Tratava-se da transformação das queixas que predominavam durante as reuniões em algo que foi entendido como uma abordagem construtiva.

Com o objetivo de elaborar tal documento, os membros do grupo convidaram os demais funcionários, por vezes se reunindo fora da instituição e dos horários de trabalhos, independentemente da participação dos analistas.

Apesar de os participantes ativos na elaboração do documento representarem apenas fração minoritária do corpo de funcionários, o intercâmbio entre o conteúdo dos textos e a coordenação das reuniões acabou por gerar um movimento que alcançaria toda a instituição.

Foi assim que a diretora se inteirou do documento. Ao perguntar aos integrantes do grupo suas opiniões sobre o assunto, a diretora, que buscava se manter no controle da situação, se deparou com a não-resposta dos funcionários, que mantinham o silêncio para respeitar a confidencialidade das sessões.

Em cena

Dez minutos depois do início de uma das sessões que antecedeu o dia da conferência, as portas da sala onde estava o grupo se abriram, e a diretora entrou para anunciar que retornaria em alguns minutos para participar da reunião. Neste momento, ela enfatizou que tinha direito de participar do encontro, uma vez que ela "havia dado à luz esse grupo". Dessa forma, lembrava a todos de suas posições hierárquicas, e deixava explícito que dissolveria o grupo caso este agisse de forma contrária a seus interesses. Visivelmente incomodada pelo que entendia como uma desvirtuação do propósito original do grupo, a diretora queria saber o que continha o documento que ela, evidentemente, via como um inimigo a ser combatido.

Sua entrada repentina levou a uma confusão geral, incluindo os analistas. Quando se retirou, o diálogo se desorganizou e o lugar dos analistas perdeu o sentido. Pouco depois, se espalharam olhares interrogativos, e os presentes começaram a buscar explicações para o ocorrido e a pensar em respostas possíveis. Predominava a opinião de que a presença da diretora naquela reunião deveria ser aceita, acompanhada por um sentimento de: "não temos nada a esconder".

Quando o assunto parecia encerrado, os analistas, até então em silêncio, retomaram a palavra.

Nossa intervenção pretendia restaurar o enfoque, que se perdera momentaneamente. Mesmo compreendendo o pedido da diretora, acreditávamos que a participação dela deveria respeitar a regra até então vigente para a entrada de novos membros: na ausência do interessado, o grupo avaliaria a pertinência do pedido, o momento de sua inclusão e, mais tarde, se a decisão seria ou não comunicada.

Quando a diretora regressou, um dos analistas lhe informou que o grupo considerava o seu pedido como legítimo e que, de acordo com os preceitos que fundamentavam o trabalho do grupo, um dos integrantes lhe comunicaria quando chegasse o melhor momento para sua participação.

Essa intervenção gerou certo assombro e, mais tarde, alívio. Contrastava com o estilo dominante de funcionamento institucional, em que imperam decisões rápidas e não fundamentadas.

Para a surpresa de todos, a diretora aceitou a decisão, e deixou a reunião.

O sucesso das jornadas institucionais, realizadas pouco depois, e da participação dos funcionários, foi fundamental para que, quando a diretora finalmente pôde participar de uma reunião do grupo, a experiência acontecesse em um clima construtivo.

5. A psicanálise a serviço dos educadores e profissionais da saúde[1]

Microinstituições e trabalho civilizatório

Marion Minerbo
Sociedade Brasileira de Psicanálise de São Paulo

Introdução

Recebi um bloco com quatro breves relatos que descrevem intervenções psicanalíticas extramuros. Três dos relatos são sobre intervenção com educadores; o quarto aborda um trabalho com cuidadores de uma instituição geriátrica. Três delas foram realizadas online durante

1 O artigo que abre este capítulo, de Marion Minerbo, foi elaborado com base nos trabalhos dos colegas Alejandro Begue, Olga Cartañá, Rosalia Beatriz Alvarez, Maria Cristina Fernandez, Sonia Sandleris, Vivian Secco, Claudia Borensztejn, Laura Orsí e Gabriel Finquelievich, da Argentina; Denise Lahude, de Porto Alegre; Any Trajber Waisbich e Rosana Zakabi, de São Paulo; e Isabel Mansione, Diana Zac e Santiago Hector Carballo, da Argentina. Os respectivos trabalhos também compõem este capítulo.

a pandemia com o objetivo de "dar algum suporte" às pessoas que estavam na linha de frente.

Apenas uma das intervenções é anterior à pandemia e se deu de forma presencial.

Em todas as situações relatadas, o pano de fundo das intervenções é o traumático. Em três delas temos a sobreposição de dois "tipos" de traumático: um *crônico*, já que as populações atendidas estão em situação de grande vulnerabilidade psíquica e social; e um *agudo*: a pandemia. A presença do psicanalista na comunidade se justifica pela necessidade de se oferecer um suporte transferencial para sustentar, e relançar, os trabalhos psíquicos necessários para elaborar algo desse duplo traumático.

Em todas as intervenções observa-se que, no início, os participantes e os analistas se sentem esmagados pelo peso de uma realidade desesperadora. Aos poucos, sustentados pela transferência, acabam encontrando pequenas saídas e soluções criativas para o que parecia não ter jeito. Basta isso para que sintam algum alívio e, ainda que temporariamente, empoderados.

No entanto, como o traumático continua lá, atacando o paraexcitação – o escudo protetor – dos educadores e cuidadores, é inevitável que o psiquismo volte a ficar intoxicado/ inundado de angústia. O grupo, então, submerge novamente no desespero de não ver saída. Por isso o trabalho com comunidades em estado de grande desamparo e vulnerabilidade tem que ser constante, tal qual o paciente renal crônico precisa de diálise semanal.

Em todos os grupos, as soluções encontradas pelos participantes não são grandiosas. Não é nada que resolva, ou modifique, a dura realidade com a qual estão confrontados. O que muda é a posição subjetiva dos participantes: de *assujeitados* a um destino cruel e esmagador para *sujeitos* que se percebem capazes de agir para transformar, ainda que minimamente, sua situação. Parece pouco, mas é muito.

É interessante notar que muitas vezes os grupos nem se dão conta de que apenas *se apropriaram do que já era deles*. Como sua capacidade de trabalho psíquico estava travada pelo traumático, não conseguiam usar o seu potencial. Basta que ele volte a estar disponível para que os participantes valorizem e fiquem gratos aos psicanalistas que os escutaram e conduziram o processo.

*

O capítulo presente está organizado da seguinte maneira: primeiro será exposto um resumo dos principais elementos de cada intervenção e em seguida serão apresentados comentários sobre os trabalhos.

Começo com o trabalho online realizado com os cuidadores que trabalham na linha de frente do atendimento a idosos durante a pandemia. Aqui estará em evidência o traumático *agudo*. Abordarei a pandemia enquanto *trauma branco* (Minerbo, 2020).

Em seguida apresentarei as duas intervenções online com educadores durante a pandemia. Abordarei inicialmente como se dá seu processo de mudança de posição subjetiva (Minerbo, 2019,). Em seguida abordarei a segunda vertente do traumático – o *traumático crônico* a que denominei *miséria simbólica* (Minerbo, 2007). Relaciono essa condição à extrema vulnerabilidade psíquica e social com que os educadores se defrontam diariamente nas escolas.

Por fim, abordarei a quarta intervenção, que é sobre a prevenção de violência nas escolas. Tentarei mostrar de que maneira a miséria simbólica está relacionada a certos tipos de violência (Minerbo, 2007 b), e como os dispositivos instituídos pelo trabalho psicanalítico com as comunidades pode enfrentá-la e tentar, em alguma medida, revertê-la.

*

Cuidados com cuidadores em tempos de covid – Prática clínica ampliada, virtual e em grupo, em instituição de cuidados geriátricos e de reabilitação

Alejandro Begue; Olga Cartañá; Rosalia Beatriz Alvarez; Maria Cristina Fernandez; Sonia Sandleris; Vivian Secco; Claudia Borensztejn; Laura Orsí; Gabriel Finquelievich
Associação Psicanalítica Argentina

(Em itálico, elementos do material clínico apresentado).

O objetivo dos grupos terapêuticos online era trabalhar as angústias e prevenir a síndrome de burnout nos profissionais da saúde que estavam na linha de frente, numa instituição de cuidados geriátricos. No início o trabalho online era difícil e confuso. Era muito estranho falar com pessoas que são quadradinhos nas telas. Aos poucos vão se adaptando à nova realidade.

Os psicanalistas que conduziram esses grupos trouxeram algumas vinhetas. Recorto algumas das falas mais significativas:

- *Os pacientes não me ouvem quando falo com a máscara, mas também não posso me aproximar muito deles.*
- *Quando vou chegando à instituição, as pessoas atravessam a rua. Têm medo de se contagiar.*
- *Isso nunca vai acontecer com a gente, o COVID não vai chegar aqui, a instituição cuida de nós.*

- *Escutar meus colegas me alivia. Achei que só estava acontecendo comigo.*
- *Durmo muito e, ainda assim, estou exausta.*

Os colegas trazem vinhetas que mostram pequenos sinais de mudança de posição subjetiva:

- *Sabem o que eu fiz no meu dia livre? Preparei um treinamento de linguagem de sinais para meus colegas. Assim, poderemos entender o paciente surdo que entrou. Me senti bem com isso. (relato de uma fonoaudióloga).*
- *Tenho um monte de trabalho atrasado, mas não queria deixar de vir aqui.*

Como conclusão, os colegas afirmam que o trabalho grupal evidencia os recursos saudáveis da psique e desperta as potencialidades criativas e curativas existentes em cada indivíduo.

*

Os fragmentos apresentados neste relato sugerem que a exaustão provém não só da quantidade de trabalho, mas também de como é exaustivo tentar fazer trabalho psíquico quando faltam representações para dar sentido ao absurdo da situação. É um absurdo um cuidador não conseguir se comunicar com seu paciente, ou porque ambos estão de máscara, o que dificulta o entendimento, ou porque não podem se aproximar um do outro pelo risco do contágio. É um absurdo ser um cuidador na linha de frente, correr riscos diariamente, e perceber que se tornou um pária porque pode estar contaminado e contaminar os outros. É um absurdo pensar que ir trabalhar pode significar uma sentença de morte, e a defesa revela isso: "*aqui, na instituição, o covid nunca vai nos pegar*". E por fim, a situação é tão enlouquecedora que o mais importante é saber que todos sentem a mesma coisa, isto é, que não é uma paranoia individual.

Enfim, é exaustivo processar emocionalmente uma situação traumática tão nova, tão desconhecida, para a qual não temos uma representação psíquica. Uma guerra é terrível, é exaustiva, mas todos sabem o que é uma guerra. Uma pandemia é algo totalmente inconcebível, literalmente impensável. Foi por isso que associei o fenômeno da pandemia ao que denomino "trauma branco".

*

O termo "trauma branco" nasceu num texto que escrevi para o Observatório Psicanalítico da FEBRAPSI (Federação Brasileira de Psicanálise) em abril de 2020, bem no início da pandemia. Naquela ocasião não se sabia – era simplesmente inimaginável! – que aquela situação absurda pudesse durar anos. Hoje, em maio de 2022, parece que estamos no fim desse pesadelo. Na época, tentei imaginar que destinos poderíamos dar às marcas psíquicas deixadas por esse tipo de trauma. Pensava em termos de trauma coletivo porque a pandemia configurava um tipo de violência psíquica que não conhecíamos. E, por isso mesmo, era difícil reconhecê-la como tal.

O termo "*violência branca*" me ocorreu por analogia a *angústia branca*, usado por Andre Green para descrever o sofrimento psíquico mudo, invisível e silencioso das patologias do vazio. Da mesma forma, a violência branca é uma violência sem sangue, silenciosa, invisível, mas que pode matar.

A violência branca é difícil de ser elaborada porque não temos / tínhamos repertório para lidar 1) com a perda dos enquadres que sustentavam nossa identidade; 2) com o grau de desamparo e incerteza em relação ao futuro; e 3) com a passividade que ela nos impôs. Depois de um terremoto ou inundação, podemos ser mais ativos, o que pelo menos nos devolve a condição de sujeitos. Aqui, tudo o que podíamos fazer por nós e pelos outros era nos isolar. E só conhecíamos o isolamento como punição por um crime: a detenção na prisão e, ainda pior, a solitária.

No início da pandemia eu me perguntava: que destino poderemos dar às marcas deixadas pelo trauma branco? Quando alguém corre risco de morte, quando há uma guerra, é possível voltar a viver como antes? Não me refiro às atividades cotidianas, trabalhar, ir ao supermercado, mas à *experiência subjetiva* de cada um. É possível, claro, negar o perigo. Também é possível se adaptar a um novo normal, incorporando a vida online e os novos períodos de isolamento. Por outro lado, a consciência aguda de que não controlamos nada ajudaria alguns a aproveitar melhor o que a vida lhes oferece. Contudo, a mesma consciência aguda poderia lançar outros num estado de angústia brutal. Estes viveriam dentro de um pesadelo sem fim. Numa linha mais otimista, alguns conseguiriam elaborar e cicatrizar o trauma. A vida poderia voltar a ser "como antes". Ou até mesmo ficar mais rica. Mas, como sabemos, as cicatrizes do traumático deixam pontos de fragilidade. A sensação de vulnerabilidade pode voltar a nos assombrar a qualquer momento.

Algumas questões se colocam quando pensamos em termos de *trauma branco*. O que seria exatamente o traumático, no caso da pandemia? Um trauma pode ser coletivo, ou ele é sempre individual? Por que o trauma seria branco? Como sabemos, do ponto de vista metapsicológico, trauma é um acontecimento único, ou cumulativo, que interrompe temporariamente, ou paralisa definitivamente, a capacidade de realizar trabalho psíquico. Sendo assim, faz sentido dizer que a pandemia configura um trauma? É o que tentarei responder em seguida.

Um primeiro eixo de questionamento seria se a pandemia seria traumática em si mesma.

Conviver cotidianamente com a possibilidade da morte, como numa guerra, é traumático? Ou será que é o isolamento social que é traumático? Por outro lado, o isolamento nos é apresentado como necessário para conter a pandemia. Nesse caso, o sofrimento tem um sentido, não é uma violência arbitrária. E se tem um sentido, já não é da ordem do traumático, no sentido metapsicológico do termo. Nem todo sofrimento, por mais intenso que seja, é traumático.

As mídias sociais começaram a ser usadas frenética e urgentemente, para compartilhar notícias, mensagens, textos, vídeos e entrevistas. Não foi só um jeito de ocupar o tempo. A meu ver, foi uma maneira de produzir e de disponibilizar, uns para os outros, material simbolizante. E cada um pôde usar esse material segundo suas necessidades psíquicas.

Tudo isso sugere que a pandemia não é, em si, traumática, mas tem uma *potencialidade traumática*, que pode ser contida por uma dimensão coletiva do trabalho psíquico. É o que vemos em três das intervenções realizadas por colegas psicanalistas e descritas neste capítulo. Essa dimensão coletiva se articula com a dimensão individual – trabalho psíquico que cada um tem que fazer por si. De modo que, graças a essa atividade psíquica em rede, muitas pessoas conseguiram encontrar soluções criativas para reconstruir suas vidas.

Se a pandemia não é traumática em si mesma, ela certamente tem uma dimensão enigmática. Frente ao enigma da diferença entre os sexos, as crianças elaboram suas teorias sexuais infantis. Da mesma forma, confrontados com o enigma representado por este vírus, vimos surgir muitas teorias. Desde teorias conspiratórias, até teorias que envolvem diferentes ações predatórias dos humanos sobre o planeta.

Então, se num primeiro momento eu pensava a pandemia como trauma, passei a vê-la como um acontecimento que tem uma potencialidade traumática. O trabalho psíquico em rede – ou melhor, a dimensão coletiva do trabalho psíquico – pode conter essa potencialidade, e transformá-la em solução criativa.

Um segundo eixo de discussão é: *podemos falar em trauma coletivo*?

A ideia de dimensão coletiva do trabalho psíquico me levou a reformular a ideia de trauma coletivo. Passei a pensar em termos de dimensão coletiva do trauma. Um trauma coletivo implicaria uma somatória de indivíduos igualmente traumatizados. Já a dimensão coletiva do trauma nos remete a uma mudança na cultura na qual e pela qual todos nós nos subjetivamos. Essa dimensão se articula com a dimensão individual do trauma, determinando alguns dos destinos do traumático.

Segundo Janine Puget, o psíquico se manifesta em três dimensões distintas, que se articulam: a dimensão intrapsíquica, a intersubjetiva e a transsubjetiva ou cultural. A definição freudiana de trauma privilegia a dimensão intrapsíquica. O traumático, para ele, é a própria pulsão. Com Bion e Winnicott, começamos a poder pensar a dimensão intersubjetiva do trauma. Falamos, então, em trauma precoce, aquele que se produz na interação com um objeto primário inadequado. Em condições normais, pouco falamos da dimensão transsubjetiva do trauma, caso de uma guerra ou de uma pandemia. É aqui que podemos reconhecer a dimensão coletiva do trauma – que não é o mesmo que trauma coletivo. É importante considerar que o trabalho psíquico também se dá na articulação das três dimensões: coletiva, intersubjetiva e intrapsíquica.

Mencionei rapidamente a articulação entre a dimensão coletiva e a intrapsíquica do trauma. Faltou falar um pouco da dimensão intersubjetiva do trauma. No material clínico das análises que conduzimos online, as figuras de autoridade brasileiras que conduziram a crise estavam muito presentes. Na escuta analítica, são representações das figuras parentais. Juntamente com a dimensão intrapsíquica e trans-psíquica, elas podem ter contribuído para conter, ou para agravar, a potencialidade traumática da pandemia.

Reunindo os fios da meada: no primeiro eixo de discussão, passei a pensar em termos de potencialidade traumática, mais do que trauma. No segundo, reformulei a ideia de trauma coletivo e passei a pensar em termos de dimensão coletiva do trauma.

Temos também um terceiro eixo de discussão sobre o traumático da pandemia: por que o trauma seria *branco*?

Comecei usando o adjetivo branco para descrever o trauma da pandemia pensando na ausência de representação para o que estávamos vivendo. Mas na discussão com o grupo de colegas franceses, alguém trouxe a noção de *Unheimelich*, estudada por Freud. Achei esta ideia preciosa. Todos já tivemos a experiência de ir ao supermercado usando máscara. O supermercado é absolutamente familiar. Mas a experiência toda se torna inquietante porque a máscara nos remete a distopias e ficção científica. Ela funciona como a trilha sonora do filme de terror: introduz uma tonalidade ameaçadora numa situação que parece normal. Produz angústia porque indica que algo de terrível vai acontecer.

Quando as escolas fecharam, as crianças ficaram em casa. Crianças em casa poderia ser uma situação familiar. Inclusive, muitas famílias curtiram esse tempo. Podia até parecer férias. Mas era inquietante, porque ninguém estava em casa por opção, e sim porque não podiam sair.

A experiência era diferente de qualquer coisa conhecida até então. Bastava olhar para fora e ver as ruas vazias. Não se podia brincar com outras crianças, não se podia visitar ninguém. Como num filme de terror, era a rua de sempre, os vizinhos de sempre, a escola de sempre. Mas tudo com uma tonalidade ameaçadora. Tinham que ficar em isolamento, senão alguém poderia morrer.

Como sabemos, a angústia ligada ao traumático desorganiza o psiquismo. O *unleimelich*, o inquietante, não desorganiza o psiquismo, mas produz outro tipo de angústia: faz a identidade vacilar. Por que a identidade vacila? Porque as referências familiares continuam sendo familiares, mas são recobertas por uma aura de estranheza e de ameaça não familiar – *unheimelich*.

A identidade não pode mais se apoiar tranquilamente na rotina. Não pode, simplesmente, dar um passo depois do outro, confiando que o chão continuará lá. Ao contrário, está sempre a um passo de... dar um passo em falso. Foi essa sensação que tentei descrever com o adjetivo *branco*.

Na minha formulação inicial, branco era a ausência de cor, e remetia à ausência de representação. Nesta nova formulação, branco é a presença de uma cor – a cor dos fantasmas. Nem mortos, nem vivos, os fantasmas não têm corpo. Numa linguagem contemporânea, os fantasmas são seres virtuais. Como o mundo de hoje. É o mesmo de antes, mas sem corpo. É uma sombra do mundo de antes. O trauma atual é branco pela ausência, não de representação, mas do corpo – situação inédita na vida dos seres humanos.

*

Passo agora às duas intervenções online com educadores durante a pandemia. Uma foi realizada por colegas da Sociedade Psicanalítica de Porto Alegre e a outra por colegas da Sociedade Brasileira de Psicanálise de São Paulo. Como a dinâmica é muito semelhante, vou primeiro apresentar um resumo das duas, para depois passar aos comentários. (Em itálico elementos das duas intervenções).

*

Relato de uma roda de conversa virtual com educadores de jovens adultos durante a pandemia

Denise Lahude
Sociedade Psicanalítica de Porto Alegre (SPPA)

(julho de 2021) Há um texto disparador da roda de conversa. Foi escrito por um professor que se pergunta como sobreviver num mundo trepidando, e ainda ter que segurar alunos, famílias e a si próprios. Fala da função do professor como Mestre: propor desafios e saídas criativas.

Os educadores abordam vários temas. Fala-se dos efeitos da pandemia associados ao negacionismo. Do ponto de vista pedagógico, é frustrante perceber o número de analfabetos funcionais, e revoltante testemunhar o desmanche do grupo de educação de jovens adultos por parte do governo. Alude-se à evasão escolar, pois muitos alunos não puderam seguir online. O único fato alentador é que o toque de recolher imposto pelos traficantes amainou: as coisas estão um pouco mais tranquilas.

Uma professora diz que não encontra saídas alternativas porque é "muito cartesiana". A psicanalista F. cita Paulo Freire que, diante dos obstáculos, incentiva os professores a se afastarem da meta tradicional de transmitir conteúdo para fazer o que for possível. Diante disso, o grupo se lembra de que, para esses alunos, o mais importante são os vínculos, e não os conteúdos.

A psicanalista D. lembra que para haver educação não é preciso nem escolas: pode-se educar até debaixo de um pé de manga. Outra professora lembra que os alunos buscam principalmente convivência e amor, pois sua vulnerabilidade vai muito além das questões pedagógicas.

O momento de virada na dinâmica do grupo acontece quando o professor de artes e educação física – uma pessoa muito vitalizada – toma a palavra. Ele repete o que estava sendo dito, mas sua postura vitaliza o grupo. O clima foi passando da queixa impotente e do pessimismo, trazidos pelo enquadramento "muito cartesiano", para outro, em que eles conseguem se apropriar de seus recursos criativos para ultrapassar os limites de um pensamento convencional.

Este relato se distingue dos demais porque temos notícias da contratransferência das psicanalistas. Há uma incômoda consciência da desigualdade social, e uma vergonha por seus privilégios. Os educadores poderiam criticá-las, mas isso não acontece. Elas se perguntam se têm mesmo alguma coisa com que contribuir, já que nem conseguem imaginar sua realidade e seu cotidiano. Ao mesmo tempo, admiram profundamente essas pessoas tão competentes. É com alívio e perplexidade que acompanham a transformação no clima do grupo.

*

Neste relato, o termo "analfabetismo funcional" se torna uma metáfora potente. Ele se refere, inicialmente, aos alunos que – apesar de saberem ler – não entendem o que estão lendo.

Em seguida, os professores percebem que ser "muito cartesiano" é, da mesma forma, se limitar a executar a tarefa imediata, sem conseguir alcançar o sentido mais amplo do que é educar.

Por fim, as próprias psicanalistas descobrem que estavam sendo "cartesianas" ao não se darem conta do alcance do dispositivo que tinham criado. Nessa intervenção, o mais interessante é que elas também saem transformadas: passam pela experiência de que sustentar a transferência e promover associações numa roda de conversa produz, sim, aberturas e elaborações.

O relato alude a outro elemento que contribui para a transformação observada no grupo. Mesmo que não digam nada, percebe-se que as psicanalistas admiram a competência dos educadores e apostam no seu potencial. E, como num jogo de espelhos, elas também se veem refletidas por eles como capazes e potentes.

Essa descoberta é fundamental: o campo transferencial e contratransferencial que produz efeitos transformadores é de *admiração recíproca*. É por isso que nesse caso tanto os educadores quanto as psicanalistas se enriqueceram com a experiência. Não há, de um lado, pessoas que têm tudo e, de outro, pessoas despossuídas – como as psicanalistas inicialmente imaginavam. É verdade que há privilégios e diferença social. Mas no campo transferencial e contratransferencial da admiração recíproca, elas descobrem que, do ponto de vista do enfrentamento da vida, *elas é que são as despossuídas* – e têm muito o que aprender com os educadores.

"*Então é isso que fazemos?! É por isso que essas rodas de conversa são tão caras aos educadores?!*" E, agora podemos acrescentar: são também muito caras às próprias psicanalistas!

*

Grupo virtual de reflexão horizontal com professores, coordenadores, diretores, equipe técnica e administrativa de um grupo de escolas

Any Trajber Waisbich e Rosana Zakabi
Sociedade Brasileira de Psicanálise de São Paulo

(junho 2021) O relato começa, como o anterior, com os participantes esmagados pelo peso da realidade.

Fala-se de morte, de estudantes que desistiram do curso online, etc. Em certo momento fala-se, com admiração, de um estudante que está preso, mas faz questão de assistir aos cursos da prisão, em presença do carcereiro. Logo o tom passa a ser de revolta quando alguém diz que o diretor da escola não permitiu que esse aluno fizesse as provas finais porque teve mais faltas do que as permitidas por lei. O aluno preso tentou se contrapor, mas não foi escutado.

O tema da injustiça continua quando outro participante afirma que uma aluna negra foi reprovada porque a professora não gostava dela – isto é, por racismo. Os professores ficam revoltados com tamanho autoritarismo. Uma representante da administração diz que vê a educação como um todo regredindo no país. Alguém fala do medo de se contaminar se voltarem às salas de aula.

As psicanalistas interpretam a resiliência e a esperança do aluno preso como sendo a resiliência e esperança dos próprios educadores. O clima fica mais leve, menos revolta, mais conciliação. Alguém lembra de coisas boas que acontecem na instituição, como terem esse grupo, como terem uns aos outros, terem construído uma rede de apoio solidária.

*

Assim como no outro grupo o significante "analfabetismo funcional" funcionou como uma metáfora, aqui o significante potente foi "aluno que, mesmo preso, luta por seu direito à educação".

Embora ele esteja preso, e, portanto, deve ter cometido algum crime, os professores reconhecem nele uma resiliência admirável, mais até do que os alunos que estão em suas casas. Essa resiliência é também a deles, professores, que lutam para poder educar e formar as futuras gerações, ainda que em condições totalmente inóspitas. De certa forma, entendem que a vulnerabilidade psíquica e social afeta a todos – alunos e educadores. E mesmo assim, conquista-se alguma coisa – a luta é difícil, mas não é vã – e isso precisa ser reconhecido e valorizado.

No relato há uma revolta contra dois professores – o que impediu o aluno preso de fazer prova e a professora racista que reprovou uma aluna negra. Ambos são vistos como autoritários, arbitrários e intolerantes. Esse material sugere que a situação sociopolítica perversa do país – que em 2020 e 2021 nos aterroriza tanto quanto a pandemia – infiltra a dinâmica da escola e, provavelmente, de todas as instituições. Nessa mesma linha, a representante da administração é a porta-voz do desmanche da educação e da cultura promovido pelo governo. O traumático da pandemia é potencializado pelo traumático de estar submetido a um governo perverso e negacionista.

Esse trabalho foi fundamental porque o grupo descobre duas coisas:

1. Que as soluções não virão de fora, mas de dentro dos próprios grupos. Só que, para isso acontecer, eles têm que mudar uma chave. Essa mudança, que é bastante sutil, depende sim de uma ajuda que vem de fora.

2. Que "escutar e ser escutado é revolucionário".

*

Frente à proposta das psicanalistas, um dos participantes perguntou, um pouco incrédulo: "Quer dizer que o revolucionário é escutar e ser escutado?"

Estamos falando de estabelecer uma comunicação significativa em que todos podem falar e todos podem ser escutados. Para Freud, *escutar é diferente de ouvir*. Ouvir tem a ver com os sons que o ouvido capta. Escutar é *entender, compartilhar e processar o que está sendo ouvido*.

Se considerarmos que escutar e ser escutado é permitir que a palavra circule – e mais ainda, que a linguagem é capaz de nomear aquilo que se vive – então sim: isso não só é revolucionário como torna possível uma mudança de posição subjetiva.

Um dos piores sofrimentos do ser humano é a dor da incomunicabilidade. Especialmente quando se trata do traumático, o sofrimento precisa ser reconhecido e compartilhado por outros seres humanos. Quando o traumático é vivido na mais absoluta solidão, estamos próximos daquilo que Winnicott denominou *agonia*.

Isso vale do nascimento à morte. Quando uma mãe, sistematicamente, não consegue entender o que seu bebê está tentando lhe comunicar, ele se desestrutura. Com a morte é a mesma coisa: nosso maior medo é o de sofrer e de morrermos sozinhos, sem alguém significativo por perto.

Freud conta uma historinha que ilustra bem essa ideia. Uma criança, que estava muito angustiada por ter que adormecer sozinha no escuro, chama a tia que está no quarto ao lado. *Tia, fala comigo, estou com medo*! A tia responde: *e do que adianta eu falar, se você não está me vendo*? A criança respondeu: *fica mais claro quando alguém fala*!

Para a psicanálise, a angústia que não pode ser comunicada por palavras vai acabar sendo comunicada por atos – atos que chamamos de *sintomas*. Por exemplo: massacres ou suicídios. Sintomas do quê? De sofrimento psíquico emudecido.

O sofrimento pode estar emudecido porque a pessoa não consegue compartilhar sua angústia com ninguém. Talvez ela não saiba como fazer isso. Ela pode não ter coragem. Ela pode não ter com quem falar; ou até ter, mas essa pessoa não conseguir escutar. Quem sofre vai acabar fazendo barulho até alguém traduzir aquele barulho como urgência de ser escutada.

Situação ainda mais grave é aquela em que o sofrimento ficou emudecido *para a própria pessoa*. Ela pode ter se desconectado de si mesma. Não consegue mais perceber, nem sentir, sua própria dor. Ficou anestesiada e, justamente por isso, não tem como pedir ajuda. Aqui já não há esperanças. Talvez seja o caso dos alunos que promovem massacres nas escolas ou dos jovens que se suicidam.

Um dos grupos relatou um episódio em que um aluno disse que queria *atirar nos alunos e professores e depois se matar*. A cena de um massacre na escola é apavorante. Naturalmente, é preciso tomar providências. Mas, em paralelo, é preciso escutar – traduzir, interpretar – a fala do aluno como um pedido de socorro.

Então a psicanálise é só isso? Escutar? O psicanalista cria um campo transferencial em que a palavra possa circular e ser escutada. É preciso escutar principalmente aquilo que *não se consegue dizer diretamente*, e por isso demanda uma escuta especializada. Uma escuta analítica.

O foco inicial, nas cenas relatadas, era o sofrimento emudecido dos alunos. Como lidar com os problemas emocionais que eles levam para a escola? Mas, à medida que o trabalho progredia, os sofrimentos emudecidos dos professores, dos diretores e até da própria instituição, também ganharam voz. O assunto deixou de ser os alunos e passou a ser o próprio grupo de educadores. Abriu-se espaço para que eles pudessem ser vistos e se verem como pessoas com necessidades *emocionais* – o que é muito diferente das necessidades *profissionais* no papel de educadores.

Era isso que precisava ser escutado, inclusive por eles mesmos. Essa descoberta é transformadora: os educadores puderam ter a experiência emocional compartilhada de que falar dos próprios problemas não é sinal de fraqueza. Ao contrário, fortalece. E vice-versa: tentar ignorar o elefante que está aqui mesmo, dentro da sala, enfraquece.

Os efeitos apareceram depois, com o que a gente chama de *mudança de posição subjetiva*. Ou, popularmente, mudar a chave. Quer dizer: *mudar a chave de leitura* de uma determinada situação. Todos começaram com grandes expectativas de receber um treinamento, ou um protocolo, para resolver os problemas. A pressão que os educadores sofriam foi transferida para as psicanalistas.

Apesar de muito empáticas com o sofrimento do grupo, não tentaram atender à demanda – pelo menos não nos termos em que estava sendo formulada. Não só porque seria inútil, mas também porque sabem que o sofrimento emocional não tem a ver só com os problemas – que certamente existem e merecem toda nossa atenção. Tem a ver, principalmente, com como cada um se vê, se percebe, se coloca, se posiciona, diante dos problemas. Com a leitura que cada um faz da situação em que se encontra.

Uma coisa é alguém se sentir *assujeitado*, submetido, sem voz ativa, esmagado pelos acontecimentos. A pessoa se sente atolada, fica desempoderada, esperando ser resgatada. "Digam o que devemos fazer!" Outra coisa é a pessoa perceber e aceitar *emocionalmente* que a bola está com ela. É ela que tem que tomar as rédeas da situação. Aqui ela se sente empoderada e acaba descobrindo caminhos possíveis. Lembrando que "caminhos possíveis" são só isto, *caminhos possíveis*, já que os problemas são tão complexos que ninguém sozinho consegue resolver tudo.

É essa diferença de posição subjetiva, entre *se sentir assujeitado* ou *se sentir sujeito da própria vida*, que faz toda a diferença entre uma pessoa que sofre muito, e outra que sofre apenas o necessário.

As dificuldades são imensas, viver dá muito trabalho. Mesmo assim, quando a chave de leitura muda as pessoas conseguem se mexer. Quando passam a ocupar o lugar de sujeitos se apropriam de competências que já estavam lá, mas que não podiam ser reconhecidas – muito menos usadas. Em vez de derrotadas, elas se sentem empoderadas. Essa mudança de posição apareceu em todos os relatos. Os grupos encontraram caminhos, tornaram-se mais criativos. Foram criados dispositivos de escuta, passaram a funcionar em rede, a horizontalizar as responsabilidades.

Como foi dito, o psicanalista também se apropria melhor de sua função, tanto na clínica de consultório quanto na clínica extramuros: a única coisa que uma intervenção psicanalítica pode oferecer é ajudar o outro a mudar de posição subjetiva – e isso não é pouco.

*

Se um grupo de educadores fica tão surpreso com a potência da escuta e da fala é porque, provavelmente, o contexto sociocultural – o deles, mas também o de todos nós – está marcado por sua ausência. De fato, constata-se o *empobrecimento de uma comunicação que tenha lastro emocional e seja significativa*. Denominei essa condição de miséria simbólica (Minerbo, 2007).

A miséria simbólica me parece consubstancial ao que denominamos pós-modernidade e tem efeitos na constituição da subjetividade. Do meu ponto de vista, ela é um dos fatores que determinam o estado de vulnerabilidade social e psíquica e é o pano de fundo contra o qual todas essas intervenções precisam se confrontar. Na realidade, o que tais intervenções pretendem é justamente tentar resgatar o potencial subjetivante e humanizador da linguagem.

Para introduzir essas ideias, cabem duas palavras sobre a modernidade. As instituições modernas – e entre elas as escolas – eram hierarquizadas, tinham a pretensão de serem donas da *Verdade*, defendiam definições estreitas sobre o certo e o errado. Estou usando o termo passado "eram", mas é claro que em muitos bolsões as instituições continuam funcionando desta maneira. De modo geral, porém, dá para dizer que elas entraram em crise porque eram excessivamente rígidas. Não davam conta da diversidade das formas de subjetividade que buscam reconhecimento e legitimidade. Excluíam os que não se encaixassem nos supostos valores universais.

Com a crise das instituições, passamos a falar em *verdades* – que são relativas a como cada grupo se percebe e percebe o mundo. Com isso, as minorias e outros excluídos passaram a ter voz, o que, obviamente, é um ganho. Um saudável ambiente libertário e progressista oxigenou as relações sociais. Mas, como todo movimento pendular, ele inclui necessariamente uma passagem pelo outro extremo. É nele que reconheço a miséria simbólica. Aquilo que era um saudável relativismo se tornou um *relativismo absoluto*. Todas as referências são questionadas.

Tudo o que é sólido desmancha no ar, para retomar a expressão de Marshal Berman. Isso pode ser vivido como liberdade, mas também como falta de chão.

Quando o pêndulo vai para o outro extremo, encontramos ideias libertárias e progressistas transformadas em ideologia, a ponto de se atacar qualquer posição divergente como manifestação autoritária. Reconhecemos a figura paradoxal do libertário progressista *radical*.

Além disso, já que não há verdades universais, o conceito de verdade se tornou em si mesmo ultrapassado, desnecessário, nocivo e até mesmo autoritário. E se não faz sentido falar em verdade, também não faz sentido falar em mentira. A mentira pode ser tratada como verdade, e a verdade, como mentira. A única verdade legítima passa a ser aquilo que *eu sinto que é verdade*: a emoção é a única verdade. Abre-se o espaço para a pós-verdade, as *fake news* e as várias formas de negacionismo. Não há mais fatos, ou melhor, os fatos não importam. Tudo o que importa são as opiniões, que não podem ser contestadas em nome da liberdade de expressão.

Esse relativismo absoluto produz o que venho chamando de miséria simbólica: uma impossibilidade de afirmar qualquer valor como algo vigente. O importante nessa discussão é como essa condição afeta a constituição da subjetividade.

Para compreender melhor essa ideia, podemos fazer um paralelo com a ideia de "depleção" – termo médico que significa a redução de alguma substância no meio celular, com prejuízo do seu funcionamento. A depleção do ferro no organismo, por exemplo, produz anemia, acarretando extrema fraqueza e falta de ar.

Essa imagem expressa bem o que vem acontecendo com o aparelho psíquico e seu funcionamento no mundo contemporâneo: a insuficiência/fragilidade do símbolo vem produzindo uma espécie de "anemia psíquica". Diante disso, o sujeito luta para encontrar mecanismos compensatórios, o que nos introduzirá, como veremos, no campo da psicopatologia psicanalítica.

As instituições têm a importante função de proteger nossa vida psíquica; quando sua crise é tão profunda que tudo pode ser relativizado, ficamos órfãos das narrativas que elas criam e sustentam. É fundamental acreditar em alguma coisa que possa dar sentido às nossas vidas, para não cair no vazio existencial.

A miséria simbólica pode ser considerada tanto no nível "macro" – o da crise das instituições no seio das quais nos subjetivamos –, como no nível "micro" – envolvendo a crise no exercício da função materna e paterna. Nos dois níveis, a fragilidade do símbolo deixa a pulsão "solta", desligada, o que é profundamente desorganizador para o psiquismo. O efeito disso é, por um lado, o empobrecimento da linguagem, como vimos em todos os relatos. E por outro, o recurso a atuações violentas nos vínculos intersubjetivos – o quarto relato torna isso evidente.

Como sabemos, a subjetividade que se constitui em meio à miséria simbólica está sujeita a experiências emocionais que excedem sua capacidade de elaboração. Isso afeta a constituição do eu e o obriga a lançar mão de defesas que poderão ser extremamente custosas para o indivíduo e para a sociedade. Adentramos o campo da psicopatologia.

Como reverter esse estado de coisas? Assim como a reposição de ferro melhora a anemia, o fortalecimento não enrijecido das instituições (macro e micro) revigora a "anemia psíquica" ao promover uma espécie de "reposição simbólica". A credibilidade e a confiança nas significações instituídas aliviam consideravelmente o sofrimento existencial e psicopatológico que caracteriza a subjetividade pós-moderna. Os grupos de intervenção que estamos analisando são *microinstituições* capazes de relançar o processo de simbolização, enriquecendo, assim, os recursos psíquicos para lidar com as adversidades.

Sublinho o fato de que a miséria simbólica não tem relação necessária com a classe social. Famílias das classes A e B podem ser absolutamente miseráveis desse ponto de vista, como constatamos diariamente em nossos consultórios. Por outro lado, a inclusão cultural das classes desfavorecidas tem se mostrado como um fator terapêutico de alcance indiscutível. Noto também que a inclusão cultural é completamente diferente da assim chamada inclusão social, que costuma ser medida pelo aumento do poder de consumo da população.

Uma última consideração sobre os efeitos da miséria simbólica na constituição da subjetividade. Quando o eu é obrigado a se constituir em meio à miséria simbólica, algumas funções essenciais à vida psíquica ficam prejudicadas. Uma delas é a capacidade de fazer a *gestão da angústia por meio de uma contínua atividade simbolizante*. O excesso de angústia desorganiza o psiquismo. Em outra vertente, a miséria simbólica produz uma identidade claudicante e mal integrada, o que pode ser vivido como ameaça de despersonalização ou ruptura da continuidade do ser.

Para lidar com o sofrimento ligado à miséria simbólica, o eu lança mão de estratégias defensivas específicas, dentre as quais destaco três.

a. Quando a capacidade de gestão da angústia pelo ego é insuficiente há um transbordamento pulsional. Segundo Green (1988), estudioso dos estados-limite, os afetos ligados a experiências emocionais que o psiquismo não consegue conter/elaborar em seu espaço próprio são evacuados *para fora de seus limites*. Ele vê dois tipos de transbordamento: "para fora", no campo social; os sintomas são as atuações, a impulsividade e a *violência*, como veremos adiante. E/ou um transbordamento "para dentro", no soma.

b. Quando o laço simbólico necessário para ligar a pulsão é excessivamente corrediço, o sentido – que poderia nutrir um projeto de vida ou o ideal do eu – não se fixa, e não pode ser sustentado pelo aparelho psíquico como desejo. Observa-se um desinvestimento pulsional generalizado, que produz quadros nos quais o paciente relata vivências de vazio, tédio e apatia, o que pode ser confundido com depressão. Como veremos, uma defesa possível é justamente a *violência* (na escola).

c. O terceiro recurso defensivo que o sujeito contemporâneo encontra para lidar com o sofrimento narcísico-identitário ligado à miséria simbólica pode ser descrito como *comportamental*. Esse recurso – que assume duas formas metapsicologicamente distintas – tende a ser mais aceito socialmente do que o transbordamento e o desinvestimento pulsional (descritos nos itens a e b), pois o comportamento se confunde com modos de ser culturalmente esperados, e o sintoma fica camuflado. Refiro-me à *adição* a estímulos sensoriais autocalmantes e à *compulsão* que visa produzir próteses identitárias.

Podemos falar em *adições* quando o sujeito recorre a substâncias e comportamentos que visam atenuar a angústia (de fragmentação, persecutória etc.), ou estimular e excitar o ego tomado pelo tédio e pela apatia (angústia branca).

E falamos em *compulsões* quando o sujeito é obrigado a recorrer continuamente a comportamentos cuja função é construir e dar sustentação à identidade "de fora para dentro", funcionando como prótese.

Por tudo o que foi dito, percebe-se que a miséria simbólica está por trás de muitos dos sintomas com os quais o analista se defronta em seu trabalho com as comunidades. Por um lado, a violência ligada ao transbordamento pulsional, ou ao contrário, a violência buscada para se evadir do tédio. Ou então, a adição a substâncias psicoativas para anestesiar a dor de uma existência sem perspectivas.

Tudo isso nos introduz na última intervenção deste bloco: o trabalho dos colegas da APdeBA na prevenção da violência nas escolas.

*

Investigação e intervenção em escolas para prevenção de violência

Isabel Mansione, Diana Zac
e Santiago Hector Carballo
Instituto Universitário de Saúde Mental (IUSAM da
Associação Psicanalítica de Buenos Aires – APdeBA)

Essa é a única intervenção deste bloco que antecede a pandemia e que foi realizada presencialmente, na escola.

Os autores foram chamados por causa da "violência entre as crianças" e da sensação de fracasso e de impotência do corpo docente e da direção. Construiu-se um modelo de intervenção em classe para tratar de uma "sala de aula" que não podia ser considerada como uma "turma".

O pressuposto teórico que embasa essa intervenção é o de que a violência e o ato surgem quando faltam palavras. E que a prevenção da violência passa necessariamente pela capacidade de escutar o sofrimento dessas crianças, criando assim uma matriz simbólica que permita a elas escutar o outro. Recorto alguns fragmentos do rico e detalhado relato apresentado pelos colegas.

- *Em sala de aula puderam observar dois alunos por mesa copiando o que a professora escrevia na lousa. Aos dez minutos, tudo é interrompido: alguns alunos se batem, outros se escondem, um foge da sala. Aturdida, a professora explica: "é assim todos os dias..."*

- *Juan, um dos alunos, conta que foi ver um jogo de futebol; conta que sua mãe juntou dinheiro cuidando de carros e que está muito feliz. No mesmo instante, seu vizinho, José, bate nele com fúria.*

Naturalmente, o traumático da situação de vulnerabilidade psíquica e social é o pano de fundo dessa intervenção. Essa vulnerabilidade se articula e se potencializa por vulnerabilidades individuais. A violência como sintoma envolve elementos intrapsíquicos e intersubjetivos. Tomando isso em consideração, foi possível construir um modelo para tratar a violência em sala de aula.

Toda vez que alguém nos pequenos grupos se inquietava, uma das coordenadoras os convidava para conversar fora da sala, às vezes na presença da diretora e da secretária, que se assustavam ao ouvir "tudo o que as crianças contam e definem da vida que levam".

Os coordenadores observaram que o tédio pode preceder uma explosão; que o sentimento de impotência se apodera do indivíduo e que, destituído de subjetividade, ele se torna incapaz de pensar no próximo. Foi fundamental recuperar o contexto que dá sentido aos eventos e às experiências. Igualmente fundamental foi acessar a experiência subjetiva de cada um dos atores – alunos e professores. Somente a partir disso é possível resgatar o contato emocional consigo próprios e com os outros.

Com o tempo, os alunos começaram a entender que, se estivessem mal, poderiam sair para conversar até que conseguissem se controlar. Após dois meses ininterruptos de trabalho, o grupo de primeira série foi capaz de se sentar para escrever e desfrutar as aulas. As mesas foram posicionadas de modo a formar pequenos grupos, e houve algumas reuniões com os pais.

Uma observação inesperada foi constatar que a vulnerabilidade narcísica não afeta apenas as pessoas envolvidas, mas também a instituição. Quando há violência, a escola sofre. Ela também não suporta conflitos, se sente atacada em seu prestígio e se envergonha e se culpa pela violência que emerge dos conflitos. Ao se defender, ela também pode ser violenta com os alunos. "Ficamos com a impressão de que, em muitas ocasiões, são as crianças que têm que ter paciência com a intolerância do professor".

*

Ao ler este relato eu me perguntei se fica claro para educadores e psicanalistas que há certa incompatibilidade entre o recorte pedagógico e o recorte psicanalítico: no primeiro é necessário impor regras de convivência e transmitir conteúdos; e no segundo tenta-se escutar o que está impedindo, em nível inconsciente, a adesão a essas mesmas regras. A excelente solução encontrada neste caso foi a de se *preservar os dois recortes com suas especificidades*: os professores educam e os psicanalistas escutam e ajudam a dar palavras ao sofrimento emudecido que se expressa como violência. Cito:

Toda vez que alguém nos pequenos grupos se inquietava, uma das coordenadoras os convidava para conversar fora da sala, às vezes na presença da diretora e da secretária, que se assustavam ao ouvir "tudo o que as crianças contam e definem da vida que levam [...] Com o tempo, os alunos começaram a entender que se estivessem mal, poderiam sair para conversar até que conseguissem se controlar".

Muito já se disse sobre as funções da violência na economia psíquica individual. No item anterior antecipei a ideia de violência como transbordamento pulsional e como defesa contra o tédio e o vazio. É o que pretendo desenvolver agora.

Nas escolas, ou fora delas, várias ordens de determinação se articulam e potencializam produzindo o comportamento violento. Destaco algumas:

1. A violência funciona como uma droga altamente excitante usada para combater o tédio. O relato dos educadores mostra claramente que o tédio pode ser um gatilho para o ato. Esse afeto corresponde a uma angústia branca, uma sensação de vazio desesperador. Ele pode ser entendido como um sentimento de tipo depressivo ou esquizóide, resultado de um desinvestimento maciço dos objetos, tanto internos quanto externos. A excitação proporcionada pela violência afasta temporariamente o sentimento de vazio e futilidade da subjetividade entediada.
2. A violência pode ser uma resposta do adolescente à indiferença do mundo. Os relatos mostram como é violento o sistema que torna as pessoas transparentes e invisíveis. Em casos extremos, a resposta é igualmente violenta: é preciso matar alguém para tornar-se visível, para ser alguém e se

fazer ouvir. A violência é uma forma extrema de convocar o objeto e a lei: um grito de socorro.

3. O adolescente, em sua descontinuidade identitária, precisa, nessa passagem para a vida adulta, ser acolhido pelo social. Se o social está esgarçado, se os adultos estão, eles mesmos, em estado de vulnerabilidade psíquica e social, os adolescentes ficam pendurados num vazio simbólico. As instituições não cumprem seu papel de acolher e que oferecer um lugar valorizado, referências identificatórias e ideais que possam ser investidos. Resta a pura sensorialidade excitante, que alivia a angústia de aniquilamento produzida pela descontinuidade identitária.

4. Há também a violência motivada pela inveja daqueles que ainda têm alguma coisa ligada aos valores tradicionais. No relato acima, José agride Juan que estava contando que sua mãe trabalhou para lhe proporcionar uma ida a um estádio de futebol. Juan tem uma mãe presente e atenta. José tem inveja disso e ataca Juan. A solução para apaziguar a inveja é destruir o que não pode ter/ser. Isso nos lembra do massacre de *Columbine*, em que dois jovens atiraram em seus colegas de escola e depois se mataram. Ficamos sabendo que os atiradores eram os alunos que são vistos e se veem como perdedores e excluídos. A violência é a forma desesperada de expressar a vivência subjetiva de "no future" – futuro bloqueado.

5. Mas há outro tipo de violência que podemos denominar "pós-moderna" pois ela é deflagrada pela miséria simbólica e pela fragilidade do símbolo (Minerbo, 2007). Já em 1971, o filme *Laranja Mecânica* antecipou essa nova forma de violência. Trata-se ali de uma violência lúdica, aparentemente imotivada, praticada por adolescentes – o protagonista é

> Alex – contra alvos inocentes e fracos. Na vida real tivemos em Brasília uma gangue de adolescentes que ateou fogo num índio e num mendigo por pura diversão.

O filme trata também da tentativa de curar esse tipo de violência com métodos científicos ditos "modernos": o condicionamento. Esse método revela a miséria simbólica, a falência da linguagem e a incapacidade dos próprios adultos de fazer contato com o sofrimento psíquico que a determina.

Num primeiro nível de análise, a violência está a serviço de combater o tédio e o vazio. Mas a um olhar mais atento, encontramos elementos que apontam para a crise das representações, e como *a realidade é convocada para sustentar uma representação sem lastro*. Essa forma de violência tipicamente pós-moderna também está relacionada à miséria simbólica.

Quem são as vítimas da violência da gangue de Alex? São indivíduos que, por seu estilo de vida e visão de mundo, representam valores de uma civilização em vias de desaparecer. Alex não ataca uma escultura, um livro ou uma partitura musical, símbolos da cultura que está desaparecendo. Ele ataca e mata a colecionadora de arte, o professor e o músico. A realidade é chamada a dar consistência lá onde o símbolo não se sustenta.

No ataque às Torres Gêmeas, em Nova York, no 11 de setembro, temos essa mesma situação: as torres representam o capitalismo selvagem e o imperialismo americano – são um símbolo potente. Mas as torres também são o lugar real em que decisões sobre a economia mundial eram tomadas por pessoas reais que trabalhavam ali todos os dias. As torres gêmeas são um símbolo, mas também são "de verdade".

Em *Laranja mecânica* há uma forma de violência lúdica à qual cabe denominar *reality game*, híbrido de *reality show* e *videogame*.

A graça toda do *reality game*, cuja tradução é "brincadeira de verdade", é brincar duplamente com a ambiguidade entre a coisa e sua representação. O ataque, a violência, é uma brincadeira, mas é de verdade. A vítima escolhida é um símbolo, mas é também a coisa simbolizada.

Estamos a léguas da situação clássica em que uma criança usa sua massinha para criar peões que representam algum personagem odiado, para depois destruí-los, expressando assim a sua violência. Como foi dito, não adiantaria a Alex queimar a partitura da música tradicional irlandesa. É preciso atacar a pessoa que a está cantando. A representação só vale para o psiquismo se ela também for a própria coisa. Aqui o peão do jogo tem que ser de carne e osso.

Embora a representação tenha, tradicionalmente, a função de estar no lugar da realidade, no mundo contemporâneo, a representação – a linguagem – perdeu o seu lastro. É nesse sentido que ela está em crise; podemos então falar em fragilidade do símbolo e em desnaturação da linguagem. Nessas condições, a representação perdeu sua capacidade de representar; frente a isso, o recurso defensivo é usar a própria *realidade para dar lastro e sustentação à representação.*

Alex não é esquizofrênico. Ele não trata a representação como a própria coisa. Acontece algo diferente da equação simbólica: *é a própria coisa que está sendo tratada como símbolo, como representação*. Insisto nessa ideia. É como se uma criança, não confiando na capacidade do ursinho de representar a mãe em sua ausência, precisasse de um pedaço de seu corpo "de verdade". Como já disse um filósofo, o conceito de cão não late. Hoje, para o conceito de cão ter força e ser significativo, ele deve, de alguma forma, latir.

Duas palavras sobre o esvaziamento semântico. No início do filme há uma cena perturbadora. Vemos um estupro acontecendo sobre o palco de um velho teatro. A cena nos atinge porque experimentamos em nós a fragilidade do símbolo: por alguns segundos, não sabemos se aquilo é de verdade, ou é uma representação. Mas a cena tem outro elemento fundamental que ainda não foi analisado. Alex não chama aquilo de estupro, mas de "entra e sai".

É um exemplo mínimo de desnaturação da linguagem, cujas consequências são o esvaziamento semântico e a alteração em nossa sensibilidade. Quando a palavra estupro é substituída por "entra e sai" está em curso o processo de desnaturação da linguagem. Quando Alex usa outra palavra para denominar a cena de penetração sexual violenta, ele desfaz o laço simbólico que unia o significante "estupro" ao significado "crime sexual".

A cena continua existindo, mas a palavra "entra e sai" a reveste de um novo significado. Isto significa que passamos a sentir coisas diferentes diante da mesma cena. A palavra "estupro" nos introduz no campo da ética. Desperta em nós uma sensibilidade relacionada à violência e ao crime; evoca e produz sentimentos de repúdio moral e de horror. Já a palavra "entra e sai" evoca uma situação lúdica, de parque de diversões. Ela nos introduz no campo do lazer, e não da ética.

A palavra "entra e sai" evoca em nós movimentos do corpo numa gangorra, ou num carrossel em que os cavalinhos "sobem e descem".

Repito o que me parece essencial nesse processo: o *esvaziamento semântico altera nossa sensibilidade*; a violência sexual passa a ser vivida como algo inocente e divertido. O conceito de estupro não existe mais; a ideia de violência sexual se perdeu. A partir desse ponto, um jovem pode forçar uma mulher a manter relações sexuais, e tudo não passará de uma brincadeira (de verdade). A miséria simbólica produz as infinitas figuras mínimas da banalidade do mal – expressão de Hanna Arendt. Inclusive na escola.

Finalizando

Gostaria de ressaltar que, frente ao diagnóstico individual / social de miséria simbólica – e os já mencionados efeitos sobre a constituição da subjetividade – a proposta de intervenções psicanalíticas extramuros ganha ainda maior relevância.

Não se trata apenas de "dar apoio" ou "escutar" educadores e cuidadores para evitar *burnout*, ou para que possam fazer o seu trabalho, como consta no relato dos colegas.

Não se trata só de sustentar a transferência para que a palavra possa circular; ou para que eles possam realizar o trabalho psíquico necessário para elaborar o traumático de seu cotidiano.

É muito mais do que isso: é instalar um dispositivo humanizador. Ao instituir esses pequenos grupos – ou rodas de conversa – o que se está fazendo é *fundar microinstituições como estratégia para reverter a miséria simbólica decorrente da crise das grandes instituições.*

A ideia é importante e vale a pena ser repetida: diante da atual crise das instituições, esses pequenos grupos – verdadeiras microinstituições instituídas como parte da intervenção psicanalítica nas comunidades – são a "cura" possível para o sofrimento existencial pós-moderno ligado à fragilidade do símbolo e desnaturação da linguagem.

Com seus encontros regulares, com sua dinâmica, e pela sua própria existência pautada exclusivamente pela palavra que circula, opera-se uma reconstituição – ainda que mínima – do tecido simbólico esgarçado.

Nesse sentido, reverte-se o processo de esvaziamento semântico e recupera-se o lastro das palavras, perdido no processo de desnaturação da linguagem.

Essas microinstituições resgatam a potência da linguagem no trabalho civilizatório.

Referências

Minerbo, M. (2007a). *Neurose e não neurose*, 2ª ed. 2020 pela Editora Blucher

Minerbo, M. (2007b). Reality game: violência contemporânea e desnaturação da linguagem. *Revista Ide* (São Paulo), v.30, nº 44, p. 103-107, junho.

Minerbo, M. (2019). Comentário sobre uma intervenção psicanalítica na escola. Texto apresentado na jornada da Diretoria de Atendimento à Comunidade da SBPSP. *Movimentos na Fronteira: psicanálise e comunidade* em 5 out. 2019, na SBPSP – DAC.

Minerbo, M. (2020). Trauma branco. *II Simpósio Bienal da SBPSP* online "As faces do traumático na pandemia".

***

Cuidados com cuidadores em tempos de covid – prática clínica ampliada, virtual e em grupo, em instituição de cuidados geriátricos e de reabilitação

Alejandro Begue; Olga Cartañá; Rosalia Beatriz Alvarez; Maria Cristina Fernandez; Sonia Sandleris; Vivian Secco; Claudia Borensztejn; Laura Orsí; Gabriel Finquelievich
Associação Psicanalítica Argentina

O objetivo dos grupos terapêuticos era trabalhar as angústias e prevenir a síndrome de *burnout*. Foram realizados, simultaneamente, dez grupos: nove de reflexão com os trabalhadores da saúde; e um com os próprios coordenadores, cujo foco era compartilhar as experiências dos atendimentos e estabelecer critérios de trabalho frente a situações de urgência. Junto aos profissionais de saúde, nosso objetivo maior era conservar seu trabalho frente ao temor e à angústia provocados pela pandemia de Covid.

O espaço grupal possibilita novas perspectivas, observações e reflexões que permitem trabalhar o presente, ao mesmo tempo em que se tenta estruturar um futuro possível.

Seguem alguns registros de diálogos entre o coordenador e participantes dos grupos:

– É tudo muito arriscado (aponta para a máscara e para os óculos). Temos de adaptar tudo.

– Os pacientes não me ouvem quando falo com a máscara, mas também não posso me aproximar muito deles.

Coordenador: – *Entendo bem a situação, é um esforço extra. Às vezes, também tenho dificuldade de entender o que vocês dizem. Não sei exatamente quem está falando, além de não conseguir vê-los todos, ao mesmo tempo, na tela...*

O que, a princípio, parecia um bloco uniforme, foi se tornando algo cada vez mais diferenciado. Pudemos resgatar as singularidades, ao mesmo tempo em que nos centrávamos na produção grupal.

– Tenho medo de contagiar a mim e à minha família.

– Minhas amigas me dizem que é difícil trabalhar em um lugar assim.

– Quando vou chegando à instituição, as pessoas atravessam a rua. Têm medo de se contagiar.

Coordenador: – *Aqui, podem falar o que quiserem. É compreensível que tenhamos/tenham angústias.*

– Durmo muito e, ainda assim, estou exausta.

Coordenador: – *Vocês são encarregados de cuidar de outros, mas quem cuida de vocês? Essa é uma oportunidade para que, juntos, aprendamos a nos cuidar, nos apoiar e nos sustentar, ao mesmo tempo em que criamos uma rede de sustentação.*

Se o que nos machuca vem do social, este deve também prover o que cura.

– Me angustia ver o que está acontecendo aos idosos.

– Isso nunca vai acontecer com a gente, o COVID não vai chegar aqui, a instituição cuida de nós.

Coordenador: – *Cada um de nós está vivendo o momento de maneira diferente, e tendo a possibilidade de compartilhar a experiência.*

Uma forma de se acalmar é acreditando que seu lugar de trabalho vai protegê-las.

***

– Escutar meus colegas me alivia. Achei que só estava acontecendo comigo.

– Estou farta, cada vez mais trabalho.

– Volto para casa e continuam a chegar mensagens no WhatsApp, com os novos protocolos. Mal me adapto a um, e já chega outro.

– Estou cansada. Não pude dormir hoje e, de manhã, não queria vir trabalhar.

– Estamos sobrecarregados e não aguentamos mais.

Coordenador: – *Parece que eles sentem que a instituição toma conta deles, ao mesmo tempo em que estão sobrecarregados. Então pensamos em uma maneira de permitir-lhes falar com seus coordenadores, compartilhando seus sentimentos.*

– O diálogo com essa instituição é muito difícil.

Coordenador: – *Talvez a instituição seja muito exigente, e, talvez, isso se some às exigências de cada um de vocês.*

O apoio e a manutenção dos vínculos melhoram a imunidade psíquica, verdadeira fonte de recursos para prevenir o burn-out.

– O vírus, por fim, nos atingiu. Eu surtava constantemente. O que ia acontecer no mundo, comigo e com a gente? Para mim foi um alívio.

Coordenador: – *Como um alívio?*

– Estávamos preparados para ele.

Coordenador: – *Às vezes, a imaginação supera a realidade.*

Efeitos do trabalho

– Sabem o que eu fiz no meu dia livre? Preparei um treinamento de linguagem de sinais para meus colegas. Assim, poderemos entender o paciente surdo que entrou. Me senti bem com isso. (relato de uma fonoaudióloga).

– Tenho um monte de trabalho atrasado, mas não queria deixar de vir.

– Vir aqui é um respiro em meio a tanto trabalho.

– Podemos chamar esse momento da semana de "alívio".

O trabalho grupal evidencia os recursos saudáveis da psique e desperta as potencialidades criativas e curativas existentes em cada indivíduo.

***

Investigação e intervenção em escolas para prevenção de violência

Isabel Mansione, Diana Zac
e Santiago Hector Carballo
Instituto Universitário de Saúde Mental (IUSAM da
Associação Psicanalítica de Buenos Aires – APdeBA)

Fazemos parte de uma equipe interdisciplinar composta por psicanalistas, psicólogos, psiquiatras, sociólogos e educadores, com sede no *Instituto Universitario de Salud Mental* (IUSAM) da *Asociación Psicoanalítica de Buenos Aires* (APdeBA).

Trabalhamos com a prevenção primária e secundária em escolas do Conurbano Bonaerense, da *Comunidad Autónoma de Buenos Aires*, e em alguns colégios no interior de Córdoba e de Santa Fé. Como parte do *Proyecto Educreado*, buscamos também formar um corredor educativo com a Itália, com o objetivo de prevenir a violência nas escolas.

Além disso, a equipe realiza ações de sensibilização, capacitação e acompanhamento de supervisores, diretores e professores do sistema de educação, em conjunto com diferentes institutos de formação de docentes.

Para as intervenções em sala de aula, utilizamos a pesquisa-ação para, junto aos docentes, investigar os complexos modos a partir dos quais se manifestam as urgências subjetivas em contextos de vulnerabilidade psíquica e social.

No presente artigo, apresentaremos uma experiência em que se construiu um modelo vincular de intervenção em classe para tratar de uma "sala de aula" que não podia ser considerada como uma "turma".

Fomos chamados por uma das diretoras por causa da "violência entre as crianças" e das sensações de fracasso e de impotência do corpo docente e da direção.

A equipe utilizou o ISFD 1 para se preparar, contando com a colaboração de estudantes-professores de escola primária. Foram formados dez pares, homem-mulher, e uma dupla volante, cuja função era preparar um espaço de comunicação junto às crianças que não podem escutar, nem serem escutados. Propusemo-nos a:

1. Ajudar a professora a construir uma sala de aula inclusiva, auxiliando-a a escutar.

2. Desenvolver um ambiente de comunicação que propiciasse o uso de palavras em situações nas quais só se usavam ações.
3. Aplicar normas e valores de convivência, tendo em vista que não se pode proibir o desejo, mas que é possível impor limites às ações.

Em sala de aula, encontramos uma grande desordem: dois alunos por mesa, copiando o que a professora escrevia na lousa. Aos dez minutos, tudo é interrompido: alguns alunos se batem, outros se escondem, um foge da sala. Aturdida, a professora explica: "é assim todos os dias… É uma dor de cabeça". Sabemos que o corpo sustenta o grupo. Um de nós fica encarregado de escutar ativamente a professora, enquanto o resto dos pares se ocupa em trabalhar com alunos, em pequenos grupos, perguntando-lhes o que está acontecendo. É impossível entendê-los, eles se sobrepõem.

Juan, um dos alunos, conta que foi ver um jogo de futebol, que sua mãe juntou dinheiro cuidando de carros, e que está muito feliz. No mesmo instante, seu vizinho, José, bate nele com fúria. Explicamos a José que não compreendemos seus atos, mas que tentaremos entendê-lo e que logo falaremos com ele. Ele quer fazer de conta que vão buscá-lo e lhe dizer coisas boas, tal qual: "Que bom que veio! Estávamos te esperando!". Ele nos pergunta se sabemos se sua mãe vai "entregar" seu irmãozinho que vai nascer. Pouco depois, retorna feliz à sala de aula. Volta ao seu lugar e trabalha um pouco. A diretora nos conta que a mãe dele está grávida, que José é o filho mais velho e sua mãe, anteriormente, já entregou duas filhas a outras famílias.

Com o tempo, os alunos começaram a entender que se estivessem mal, poderiam sair para conversar até que conseguissem se controlar. Não foi possível cumprir com a planificação original, mas estávamos construindo linguagem e comunicação, construindo pensamentos.

A técnica vincular foi se construindo:

Acompanhamos os docentes e as crianças na presença dos estudantes-professores, com o objetivo de que estes observassem as formas de trabalhar.

Toda vez que alguém nos pequenos grupos se inquietava, uma das coordenadoras os convidava para conversar fora da sala, às vezes na presença da diretora e da secretária, que se assustavam ao ouvir "tudo o que as crianças contam e definem da vida que levam". Muitas das crianças preferem ouvir histórias, e as escolhem por um motivo: acomodam àquelas que não se sentem bem com seus adultos responsáveis e estas, através do humor, são capazes de "escapar" das desventuras da realidade.

Um garoto diz a sua professora: "estou feliz porque você sente pena de mim".

Após dois meses ininterruptos de trabalho, o grupo de primeira série foi capaz de se sentar para escrever e desfrutar as aulas. As mesas foram posicionadas de modo a formar pequenos grupos, e houve algumas reuniões com os pais.

A ideia era ajudar o professor a desenvolver seu potencial ao colocar um andaime entre o docente e o patamar que ele pode alcançar.

Alguns pressupostos e conceitos teóricos:

Quando as pessoas nos procuram por conta de situações de violência, a primeira coisa que buscamos, como investigadores, é desnaturalizar as obviedades que o senso comum entende como naturais, aquilo que a mídia nos incutiu como uma mensagem rápida e clara: pais e crianças que batem, professores agredidos e adolescentes violentos.

Mas por que isso acontece? O que cada protagonista entende por atos violentos? Que vínculos promovem a violência?

Até o momento, o não-escrito nos revelou interstícios interessantes: as dinâmicas intersubjetiva e intrassubjetiva, prévias e subsequentes à explosão ou à implosão, em situações grupais, com um coordenador adulto encarregado de cuidar de pessoas menores de idade.

Assim sendo, nos propusemos a reunir indicadores para o caso de incidentes críticos, de modo que a equipe formulou um modelo de investigação a partir do qual aprendemos, por exemplo, que o tédio pode preceder uma explosão; que o sentimento de impotência se apodera do indivíduo, que adoece ou que, destituído de subjetividade, torna-se incapaz de pensar no próximo: seja no aluno, no colega, no diretor, no pai ou em seu filho, esquecendo que aqueles com quem ninguém se importa acabam se tornando invisíveis.

Se esse *outro* não visto é um aluno, ele pode se tornar um indivíduo invisibilizado, caso o adulto responsável não se preocupe com ele. Trata-se de uma forma sutil de violência. Outro processo igualmente violento é quando este indivíduo recebe um rótulo, ou seja, se torna, de uma maneira negativa, o centro das atenções.

Acreditamos que o que caracteriza nossa atuação é que buscamos compreender a subjetividade e a intersubjetividade a partir dos significados atribuídos pelos próprios indivíduos, nos propondo a resgatar seu registro emocional em relação a si próprios e àqueles com quem interagem.

Em relação aos alunos:

Sensíveis, inteligentes, e, de forma geral, bastante eloquentes, ainda que com vocabulário escasso, os alunos falam de sua escola como uma instituição muito querida e valorizada, que os ensina a importância de buscar a verdade. Deparamo-nos com fortes indicadores de que, para os estudantes, a escola é um ambiente em que depositam altas expectativas. Quando são criticados, é porque não podem dar o que se espera deles. Os alunos exigem que a professora faça algo por eles. Assim, se estabelece um vínculo entre alunos e professores em que ambos os lados se frustram, porque esperam do outro respostas diferentes das que obtém. Chama a atenção a insistência das crianças, que procuram incessantemente aquilo que não pode ser encontrado, pois preferem acreditar que existe alguma coisa, ainda que inatingível.

Cientes da relação tensa entre elas e os adultos responsáveis, as crianças interpretam corretamente a situação, mas essas apreciações são desestimuladas pelo meio em que se encontram, enfraquecendo o vínculo entre os dois lados. Assim, a relação se desenvolve de maneira intermitente e descontínua.

O aprendizado:

É fundamental entender o aprendizado como um processo emocional e cognitivo que tem como pior inimigo a rigidez. E é muito importante ter em mente que é possível aprender com a dor, e que o professor deve administrá-la em doses suportáveis.

A escola:

A escola não suporta conflitos, uma vez que estes fazem com que se sinta frustrada, como se representassem uma traição à sua prestigiosa história. Em acréscimo, a violência que emerge dos conflitos é um flagelo que acusa a instituição, impondo-lhe culpa e fazendo com que ela se envergonhe.

Ficamos com a impressão de que, em muitas ocasiões, são as crianças que têm que ter paciência com a intolerância do professor, sentimento que, de forma geral, tem origem numa sensação intersubjetiva de desamparo.

Conclusão

Quando a única coisa que existe parece ser a violência, temos que recuperar:

1. O pensador no adulto responsável
2. O contexto que dá sentido aos eventos e às experiências
3. A conjunção entre pensamentos e sentimentos
4. O espaço do desejo
5. O diálogo, mas um diálogo especial em que a criança e o docente sejam ouvidos ativamente e em que não se tente anular as subjetividades implicadas.

***

Grupo de reflexão horizontal com professores, coordenadores, diretores, equipe técnica e administrativa de um grupo de escolas

Any Trajber Waisbich e Rosana Zakabi
Sociedade Brasileira de Psicanálise de São Paulo

Contextualização

Esta intervenção se desenvolve desde 2018 e é uma das parcerias entre a SBPSP (Sociedade Brasileira de Psicanálise de São Paulo), através da DAC (Diretoria de Atendimento à Comunidade), e o Centro Paula Souza (CPS). Esta instituição de ensino está vinculada ao Governo de São Paulo e tem por objetivo a educação formal em dois segmentos: as ETECS (escolas técnicas), voltadas para jovens no final da formação obrigatória acadêmica, com idades entre 15 e 18 anos; e as FATECS (faculdades técnicas), destinadas a adultos e cujos cursos têm duração de três anos.

Esta organização possui um certo grau de independência, contanto que se adeque aos parâmetros do Estado em relação à educação e ao governo de ocasião.

A demanda por atendimento, nos dois segmentos, partiu do CPS através de sua presidente que, entrando em contato com as ações da DAC, se interessou em montar um projeto que contemplasse o atendimento grupal de equipes transversais de profissionais que trabalhassem nas várias unidades espalhadas pelo Estado de São Paulo. As reuniões foram realizadas pela diretora e pela coordenadora da DAC, com a diretoria executiva do CPS.

Denominamos de grupos transversais aqueles que agregam professores, coordenadores, diretores, profissionais da área administrativa e representantes da direção geral.

O trabalho que relatamos a seguir tem lugar junto às FATECS e se iniciou em agosto de 2018. Os participantes vinham até o centro da cidade de São Paulo, onde se localiza a sede administrativa e uma das FATECS. Os grupos eram formados por oito faculdades com ao menos dois representantes de cada uma que, ao serem convidados pelos respectivos diretores, se interessaram por participar de oito encontros ao longo do semestre, com três psicanalistas coordenadoras.

Vale salientar que estes grupos não eram obrigatórios, não resultaram em diplomas e nem eram estimulados através de benefícios, para além do valor de locomoção quando necessário.

Relembrando que alguns membros viajavam mais de 12 horas para participar de um grupo com duração de uma hora e meia, a cada 15 dias, às sextas feiras, a partir das 14 horas.

A partir de março de 2020, pela conjuntura da pandemia, o trabalho passou a se desenvolver por meio de uma plataforma virtual disponibilizada pela Instituição e com duas coordenadoras. A presença aumentou consideravelmente e a participação ganhou uma outra qualidade, com franqueza a ser destacada.

O fragmento que segue foi extraído de um encontro ocorrido no final de junho de 2021.

Sexta-feira, 14h. Os participantes desta reflexão em grupo começam a entrar na sala on-line disponibilizada na plataforma Teams e são recebidos pelas analistas Any e Rosana. Os nomes dos membros da instituição foram trocados para manter o sigilo deles.

– Posso começar? – pergunta Maria. – Venho sempre aqui trazendo problemas, mas estou aflita. Da outra vez foi a morte de um professor muito querido e que faz falta.

Outros participantes, por meio de movimentos com a cabeça, concordam com o sentimento de Maria.

– Olha o que aconteceu junto a este clima de fim de semestre, à desistência de estudantes e ao receio de que, sem alunos suficientes, corremos o risco de fechar cursos: um aluno nosso, João, está preso; não sabemos o crime – Maria suspira e continua. – Frequenta as aulas de dentro do presídio e na presença de um carcereiro. O professor Milton não deixou que ele fizesse as provas finais porque não teve presença suficiente nas aulas. Reprovou o menino. Não estou falando que temos de ter pena.

Surgem olhares arregalados, inclusive por parte das analistas.

– Isso é um absurdo! – brada o professor Cláudio, visivelmente emocionado. – Não dá mais para deixar na mão de um docente a decisão sobre o destino de um aluno. É preciso analisar o contexto em cada caso e esse é um bom exemplo: é um aluno que está na prisão e tenta sair dignamente dela.

– Fiquei sabendo depois quando não dava para fazer mais nada – justifica-se Maria, constrangida. – O aluno tentou se contrapor, mas não foi escutado. Tentei conversar com o professor, mas ele foi irredutível; sempre foi difícil. O que me fez sentir ainda pior é que este professor veio a falecer logo depois, de covid-19.

– Ai! realidade nua e crua – comenta Any, impactada, pensando em todos os aprisionamentos singulares e grupais. – Este aluno pode ter se sentido culpado, responsável ou até ter sentido que contribuiu para a morte do professor. Essas emoções são comuns e esse sentimento é arrasador, levando o sujeito a aceitar condenações. Não quis ou não sabia que poderia reivindicar?

– Pode ser – reflete Maria. – Mas, nas outras disciplinas, ele passou com notas altas, foi um dos melhores da nossa unidade.

– Também tenho uma história parecida – interrompe Flávia, diretora de outra unidade. – Fiquei sabendo da repetência de uma aluna, porque a professora não ia com a cara dela; ela era negra e também tinha dificuldades de comparecer às aulas.

– Aí vem o que falo há tempos. – comenta Cláudio, indignado. – Não é possível ficarmos sem uma regulamentação das ações nesta casa, e deixar a decisão ao encargo de profissionais que não se importam com seres humanos.

Os participantes acenam com a cabeça e há um silêncio. Então, Paula, representante da administração, muito comovida, decide intervir:

– Não vejo a educação neste país avançar da forma como era desejado. – diz ela, com a voz trêmula e ofegante. – Trabalho há mais de vinte anos com educação e só vejo as coisas regredirem. Onde vamos chegar desse jeito?

– Mas tem muita coisa boa também acontecendo na instituição – interrompe a professora Marcia, em tom conciliador e quase maternal. – Nós temos estes grupos para poder trocar ideias e angústias.

Marcia faz uma pausa, respira fundo e prossegue, em tom pesaroso:

– Aí, vem o medo de voltar para as aulas presenciais, ao pensar nas mortes que já ocorreram.

Há um visível constrangimento. Alguns participantes olham para cima; outros, para o lado, olhos marejados.

– Ouvindo vocês falarem, pensei no seguinte: chegamos a assuntos áridos neste encontro, mas vocês também falaram de resiliência e esperança, ao trazer a história do aluno presidiário – diz Rosana, quebrando o silêncio. – De alguma maneira, vocês conseguiram passar algo de bom para ele, que o fizesse acreditar em si mesmo e na instituição de ensino.

– É verdade! – responde Maria, com a alegria de uma menina. – Olhando por esse lado, percebo que, apesar das dificuldades, nosso esforço não é em vão.

– Nossa, me dei conta de uma coisa, agora – interrompe Flávia, como se tivesse acordado de um sonho – Parece que a gente já se conhece há tempos, mas muitos de nós nunca se viram pessoalmente. Preciso pegar o contato de vocês, pra gente continuar trocando experiências!

– É isso aí. Temos que formar um grupo de escuta, pois nós queremos mudanças – afirma Cláudio, agora em tom conciliador.

– Sim, e por conta própria – completa Any.

– Não vem com essa não – responde Cláudio, com jeito brincalhão – Se vocês nos dispensarem, assim, vamos ficar carentes!

Risadas e despedidas.

***

Relato de uma roda de conversa com educadores, durante a pandemia

Denise Lahude
Sociedade Psicanalítica de Porto Alegre (SPPA)

Vamos relatar a Roda de Conversa (RC) realizada virtualmente como uma das atividades de Jornada Pedagógica da Escola Municipal de

Ensino Fundamental Mariano Beck, no dia 22/07/2021. Partimos do material escrito por um professor. Segue o texto:

> *"Pandemia, Ok! Mas a "Pandemônia"? O que fazer? Como sobreviver a um mundo trepidando o tempo inteiro e ter que segurar nossos alunos, nossas famílias e a nós mesmos? Nos deparamos com um retorno incerto que, de certo, só se tem a constatação de que os alunos não aprendem sem o protagonismo do professor, não por falta de informações e conteúdo, mas pela comprovação de que as pessoas só aprendem quando são provocadas. E o professor é o Mestre em propor desafios, reconstruir o que parecia só ter uma forma de existir. (...)".*

O grupo teve a duração de sessenta minutos e iniciou com a presença de aproximadamente quinze professores da EJA – Educação de Jovens e Adultos.

Depois de algumas considerações sobre os efeitos da pandemia, associados ao negacionismo e desmandos do governo, animou-se a falar a professora de matemática S., com a voz embargada, sobre como esse ano estava sendo difícil para ela, não só no trabalho, mas em todas as áreas: "Não esperava encontrar alunos analfabetos em série final e tantos despreparados!" Viu-se frustrada e desafiada e não se sentia mais professora, pois encontrava tão poucos alunos em sala, que suas aulas mais pareciam particulares. Começou a comentar e pedir ajuda aos colegas, sendo que uma delas sugeriu que S. fizesse atividades mais adaptadas, o que a levou a ter que estudar para "achar o caminho".

O professor de história, A., tomou a palavra e falou sobre a medida do governo para excluir da EJA alunos de 15 a 18 anos.

Estes são os que mais aproveitam e necessitam deste recurso, pois precisam trabalhar de dia para ajudarem os pais (muitos dos quais perderam seus empregos) no sustento das famílias. Relatou que, no grupo de 30 a 60 anos, há um grande número de analfabetos funcionais. Há ainda a gurizada que não trabalha, fica pela rua se envolvendo com o tráfico e foi encaminhada para a noite por ação do Conselho Tutelar. Segundo ele, essa turma "não quer nada com nada". Informou que grande parte dos alunos estão participando remotamente, isto é, vêm pegar o material na escola e preparar em casa; muitos também perderam seus empregos.

Muitas queixas foram relatadas sobre o governo, que não valoriza e, se puder, extinguirá a EJA. A professora I., que já havia participado das RC na SPPA, soube desse encontro e "veio para matar as saudades". Relatou que, durante o dia, acontece parecido com as crianças, que não sabem adicionar e subtrair. O ano aconteceu, as crianças não aprenderam, passaram todas de ano e os professores têm que se haver com defasagens de aprendizado que dificilmente serão alcançadas. Outro aspecto levantado foi que as disputas de tráfico no bairro da Escola, que geram frequentes toques de recolher e tiroteios assustadores, amainaram, e o clima é de relativa paz. A professora S. voltou a comentar sobre sua dificuldade, pelo fato de ter sido formada cartesianamente, o que dificulta a escolha de um caminho alternativo.

A psicanalista F. comentou que somos sabedores dos impactos da administração do Ensino pelo governo atual e que também nas RC com o Fórum Municipal reinava o mesmo tom de queixas e desesperança. Entretanto, era preciso continuar e era necessário que se encontrassem meios para lidar com as adversidades. Citou Paulo Freire, lembrando que, talvez, seja necessário que os professores se animem a experimentar algum distanciamento do compromisso com o ensino tradicional voltado ao conteúdo. A psicanalista D. relatou brevemente sobre o encontro que tivemos com o educador Tião Rocha, de Minas Gerais, que desenvolveu um método de educação que apostava nos conhecimentos das crianças e na sua capacidade de dialogar e trocar com os demais. Complementou que, para haver educação, não é necessário nem mesmo haver escolas, pois estas trocas se dariam até debaixo de um pé de manga. A professora S. e os demais demonstraram interesse em conhecer esta pedagogia.

A professora N., que também trabalha em outra Escola e está no grupo da noite, trouxe a bem-vinda notícia de ter participado de uma formação da Mantenedora, composta por educadoras da SMED, que auxiliará os professores a trabalhar com os alunos da Escola dentro das condições reais e não condicionais. Esta professora enfatizou que os alunos buscam, na verdade, não apenas conteúdos, mas sobretudo convivência e amor. São pessoas que padecem de problemas de saúde, de fome, falta de assistência, passam por situações de luto e têm carência afetiva e econômica. Necessitam de apoio integral socioeducativo-emocional.

O professor J., que trabalha com artes e educação física, personagem entusiástico e bem-falante da Roda, tomou a palavra e disse que tem acompanhado as aflições dos colegas que trabalham na EJA. Vê muita ansiedade, mas lembra que os professores são os agentes das ações para mover as coisas. Reconhece que é preciso se avançar em conteúdo, mas que também é preciso olhar para as defasagens na prática do convívio com os alunos. Percebe na EJA "um grande hiato, que desconsidera a história e idade cronológica e subjetiva de cada aluno – cada um tem suas histórias, desejos e frustrações". Crê que "quem trabalha com arte tem abertura maior para criar, inventar soluções possíveis e novas". A psicanalista F., reforçando a fala do professor J., diz que o aprendizado é uma experiência que se dá no plano experiencial, não apenas intelectual e racional.

A partir dessas falas e trocas, foi-se experimentando no grupo a transformação do clima queixoso de impotência e pessimismo, de quem estava aferrado a conceitos estanques e cartesianos (disposição expressada pela professora S.), para outro, em que as capacidades criativas de seus membros puderam ser liberadas e experienciadas como potência e liberdade para transformar a realidade presente noutra desconhecida, à espera de acontecer, como bem disse o professor J. Confirmaram-se as palavras do relato exposto inicialmente: "(...) E o professor é o Mestre em propor desafios, reconstruir o que parecia só ter uma forma de existir."

O conjunto de manifestações do grupo, inicialmente, teve um tom catastrófico, e foi gerando nas coordenadoras psicanalistas uma crescente sensação de esmagamento sob o peso dos relatos carregados de adversidade, aparentemente sem solução. Uma das coordenadoras, a que primeiro falou, "acusou" esse estado-sem-saída e de intensa pressão, propondo que alguma válvula se abrisse para diminuí-la: "É preciso fazer algo!", disse. Nesse momento, sobrevém à mente da outra psicanalista a consciência da desigualdade entre elas – psicanalistas que trabalham remotamente, têm seus ganhos ou "adições" garantidos, vivem em casas confortáveis e aparelhadas para sobrevivência, vacinadas em primeira mão (através do patrocínio de seus conselhos e sindicatos) e que usufruem de seu privilégio branco etc. – e o restante do grupo. Por instantes, uma incômoda vergonha toma conta de sua mente, pela quebra de regras e o não respeito às normas e valores sociais igualitários. Sentimento de inadequação, que parte de uma avaliação interna, do seu autojulgamento, e que piora por não estarem sendo criticadas ou condenadas.

O que essas psicanalistas teriam a dizer para esses educadores? Elas ficam repetindo, em suas reuniões, "como é triste e assustador" passar pelo que passam essas pessoas, que não dispõem de recursos de toda natureza e estão passando fome…, mas elas não sabem o que é isso – nunca passaram por isso. O que dizer, então? Mas, é preciso afastar tais pensamentos, porque os educadores clamam, aqui e agora, por respostas que os psicanalistas não têm.

É surpreendente, e ao mesmo tempo que aliviante, a percepção de que as respostas estão debaixo de nossos narizes. Os educadores já vinham e estão agindo e mobilizando seus próprios recursos criativos, liberados pela urgência da situação. Do mesmo grupo, inicialmente oprimido, emergem pensamentos: é como se um "analfabetismo psíquico funcional" estivesse disseminado naquele campo, tornando-os indivíduos que, embora soubessem identificar problemas das mais variadas naturezas, e encontrar soluções para eles, não pudessem operar com eles, isto é, reconhecer que tais soluções não são, necessariamente, as cartesianas, regidas pela batuta do previsível, já pensado e já escrito, mas as que requerem a ativação do pensamento autoral ou do protagonismo – precisamente o papel que estão a desempenhar, embora sem o saber e sem se apropriar dele como ato criativo. Protagonistas, que possuem o papel de maior destaque nas obras em que é possível construir uma trama, como histórias e roteiros. Trata-se, então, de constituintes da história narrativa, que ganham importância e protagonismo pelas ações realizadas por eles, para eles ou sobre eles.

Então o que é isso que fazemos? Por que estas Rodas de Conversa são tão caras aos educadores? É porque nós nos condoemos com a dor deles? Será que chegamos a nos condoer, de fato, quando nos encontramos por trás das espessas membranas virtuais que separam nossos espaços? E não estariam essas membranas a serviço de nossa proteção, já que o excesso de sofrimento de muitas pessoas ao mesmo tempo nos aflige, e a tal ponto, que sentimos esgotamento e estresse empático? Seria diferente se fôssemos a campo para visitar e conhecer de perto as famílias em apuros, sobre as quais relatam os educadores? Ou seria porque "aprendemos" com a experiência de muitas Rodas de Conversa já realizadas com eles, que esses educadores são pessoas extremamente competentes e os admiramos por isto? Eles sentem, percebem como nos impressionamos com suas capacidades para enfrentar situações de "subtração" muito difíceis, verdadeiras experiências de guerra e que não fazem parte de nosso repertório experiencial, apenas cognitivo. E, a partir desse encontro especular, acabam por se verem a si mesmos como pessoas admiráveis? Um velho rabino já disse que nós amamos aquilo de que cuidamos, e pode-se dizer que um complexo jogo de espelhos nas RC acaba por criar uma ambiência, um espaço organizado e animado, que constitui um meio físico e, ao mesmo tempo, meio estético e psicológico, capaz de disseminar sentimentos e pensamentos de potência criativa, autoestima, bem-querença e admiração mútuas.

Parte III
Abismo social

6. O mecanismo de negação e a psicanálise na desconstrução do racismo estrutural[1]

Psicanalistas em comunidade: expandindo fronteiras

Alberto César Cabral
Associação Psicanalítica Argentina

Acho mais do que oportuna a iniciativa da Diretoria de Comunidade e Cultura da FEPAL de compilar e divulgar os depoimentos sobre a chamada "prática em comunidade". Esse livro faz com que eles entrem – de pleno direito – no patrimônio diversificado de experiências clínicas que impulsionam os nossos colegas e entesouram as nossas instituições.

---

1 O artigo que abre este capítulo, de Alberto César Cabral, foi elaborado com base nos trabalhos das colegas Silvia Bracco e Karina Santos da Silva, de São Paulo; e Heloísa Tonetto, Ivani Bressan, Josênia Heck Munhoz, Luciana Aranha Secco, Magali Fischer, Maria Elisabeth Cimenti, de Porto Alegre. Os respectivos trabalhos também compõem este capítulo.

Esse é um passo importante para promover uma reflexão ampla em torno dessas práticas que circulam com frequência na surdina, toleradas com relutância por um "discurso oficial" que tende a menosprezar tudo que se distancia dos moldes clássicos nos quais se desdobrou (ou se dobrou?), historicamente, a nossa disciplina. Questionar essa condição periférica, fronteiriça e até sub-oficial permite recuperar a sua aptidão para confrontar a arrogância de um centro que imaginariamente poderia decretar com precisão (e de antemão) aquilo que é e aquilo que *não é* psicanálise.

Em um vídeo de divulgação para o nosso Congresso anterior da FEPAL compartilhei algumas das reverberações que tinha para mim o eixo escolhido naquela ocasião: "Fronteiras". Insistia ali no fato de que as zonas de fronteira eram zonas nas quais "passavam[2] coisas..." em vários sentidos. Como zonas privilegiadas de intercâmbio, passam por elas bens, mercadorias e pessoas. Mas também mudanças idiomáticas, que fazem com que a língua falada nas fronteiras seja particularmente híbrida... assim como as pautas culinárias e culturais em geral, que costumam fazer parte de uma mestiçagem normalmente enriquecedora.

As fronteiras configuram, também, zonas mais desregradas: apesar dos esforços dos Estados, a mão comprida da Justiça não chega a mandar com plenitude nos confins, impregnados de um clima transgressor que lhes dá um ar inquietador. É que neles "passam coisas", também, no sentido de que "ocorrem" acontecimentos – menos frequentes em âmbitos "normais" – que os convertem em cenários privilegiados para ficções policiais ou de espionagem.

Acontece que a nossa disciplina também tem fronteiras, que delimitam a sua jurisdição e as suas áreas de incumbência. Fronteiras que – se adotamos um olhar "de águia" (Nietzsche, 1881), estendido

2 N.T. O verbo "pasar" em espanhol tem o duplo sentido de "acontecer" e "passar".

no tempo – demonstram ser tão móveis e mutáveis quanto as estatais. É por isso que o desenvolvimento da nossa disciplina, no longo século que tem de existência, se viu impulsionado pela convicção entusiasta de analistas que estenderam a prática baseada na associação livre e na atenção flutuante para além das fronteiras consagradas pelo "estado da arte" que lhes foi transmitido. Praticantes da disciplina, então... paradoxalmente "in-disciplinados"!

O que nos permite pensar que, afortunadamente, esses "analistas--exploradores" se beneficiaram de uma transmissão que incentivou neles um espírito inovador e transgressor, que os autorizou a explorar para além das fronteiras que enquadraram a prática dos seus "pais"... preservando ao mesmo tempo a "diferença específica" (Aristóteles) que faz de um diálogo, um diálogo propriamente psicanalítico, sem hesitar na hora de modificar – quando foi necessário – enquadramentos e modalidades "clássicas" de intervenção, para abrigar e desenhar respostas às novas demandas às quais propunham responder.

Diríamos que cada um deles pôde modelar uma "equação pessoal" (Ferenczi, 1928) que lhe permitiu habitar de forma criativa, mas rigorosa ao mesmo tempo, o espaço evocado pelo binômio – quase um *oximoro* – que convocou outro Congresso recente da FEPAL: "Tradição-Invenção". E sabemos – isso também se relaciona com a história da nossa disciplina – que cada um deles teve que suportar em cada momento, e em maior ou menor medida, as resistências e as desqualificações de um *establishment* sempre mais dedicado a resguardar o que uma tradição pode ter de esclerosante, do que a acolher o que uma inovação pode oferecer de avanço.

Apesar desses obstáculos, a psicanálise ingressou – primeiro timidamente, para consolidar a sua presença depois – no trabalho com psicóticos, com crianças, com casais, com grupos, com famílias, com a dependência. A homologação do uso de dispositivos virtuais para desdobrar nossa prática traçou nos últimos anos um caminho similar, semeado de acusações de heresia e das resistências análogas que despertaram, naquele momento, as sucessivas extensões das fronteiras iniciais da nossa disciplina. Minha impressão é que, nos analistas cujos testemunhos coleta este livro, palpita o mesmo impulso – in-disciplinado – que há naqueles praticantes e teóricos inovadores aos quais devemos os sucessivos avanços da psicanálise.

Populações "vulneráveis": uma aproximação psicanalítica

Os testemunhos reunidos pelas colegas de São Paulo e de Porto Alegre têm em comum o trabalho com crianças e jovens de populações majoritariamente "vulneráveis", de muito baixos recursos econômicos. Trata-se de faixas de nossas comunidades nas quais registramos o fracasso do que E. Durkheim (1897), para muitos o pai da sociologia moderna, considerava a tarefa prioritária das gerações adultas. Ou seja, atar as gerações jovens à trama sólida do corpo social, mediante a transmissão de tradições, valores e ideais aos recém-chegados.

Já no começo do século XX Durkheim detectava na anomia e no aumento das taxas de suicídio o correlato da transição de formas tradicionais a formas modernas de organização social, caracterizadas pela perda do fator coesivo de práticas, vínculos, crenças e significações compartilhadas. Ou seja, o arsenal simbólico que a cultura proporciona para domesticar o encontro com o real traumático. É o mesmo registro que umas décadas antes tinha levado K. Marx a formular a sua conhecida frase, convertida em aforismo: "tudo que é sólido se desmancha no ar".

As mudanças culturais que foram sendo produzidas ao compasso das incessantes inovações científicas e tecnológicas que caracterizaram o século XX e o atual até aqui, parecem intensificar esse impulso ao enfraquecimento crescente do laço social. Verificamos assim um panorama aparentemente contraditório: ao “amparo” das nossas sociedades desenvolvidas crescem setores cada vez mais amplos de “desamparados”.

É um contraste que configura uma tensão perturbadora. As colegas paulistas insinuam ao descrever as coordenadas sobre as quais desenvolvem seu trabalho: “Nosso público vem majoritariamente de duas favelas localizadas próximo à CEAGESP, o maior centro de distribuição de alimentos da América Latina, numa área rica da cidade de São Paulo”. É uma descrição quase minimalista: a vizinhança geográfica exacerba o contraponto entre a fome nas duas favelas e o maior centro de concentração de alimentos da América Latina.

O contraponto torna compreensível, também, a expressão aterrorizada do anjo da história, que W. Benjamin vislumbra no quadro de Klee. Impulsionado para a frente por um furacão de vento, que se enroscou nas suas asas e já não o permite frear, dirige seu olhar para trás, chocado diante dos destroços e desigualdades que semeia inexoravelmente ao passar. “Esse furacão é o que nós chamamos de progresso”, conclui o filósofo alemão.

Assistimos ao paradoxo de um tecido social que inclui cada vez menos, e exclui cada vez mais gente dos “benefícios” que, no entanto, impõe mediante o imperativo de consumir. Um imperativo que esconde a ameaça de expulsar do jogo (do mercado) aqueles que não obedecem ao mandato. Z. Bauman condensou nos seus trabalhos sobre a modernidade “líquida” o caráter precário, sempre ameaçado dos pertencimentos simbólicos do sujeito contemporâneo, cada vez menos abrigado nos seus vínculos de trabalho e amorosos, atravessados por um traço de transitoriedade que parece constituir uma marca de época distintiva. Exacerbada, claro, nos nichos mais desprotegidos das nossas comunidades.

Podemos então precisar, agora a partir de um olhar psicanalítico, as peculiaridades da faixa social com a que trabalham nossas colegas. Lá onde os sociólogos e economistas definem a categoria de "população vulnerável", nós analistas (claro, não são perspectivas excludentes) reconhecemos uma faixa de subjetividades *mais vulneráveis ao trauma*. Mais expostas a ele, porque desprovidas de *buffers* (amortecedores) simbólicos que operem como "parapeitos psíquicos" (Freud, 1895) diante da emergência do real traumático. Trata-se, então, de subjetividades nas quais a *hilflosigkeit* freudiana deixa sua marca a céu aberto.

Mas avancemos um pouco mais. Lacan apontou que a cura analítica conduz o sujeito a se confrontar com o *desejado* ou *não desejado* que presidiu a sua chegada ao mundo. É o ponto no qual a experiência analítica traz luz para um momento crucial na constituição da subjetividade: o grau de alojamento no desejo do Outro do qual foi objeto nos seus primeiros momentos essa pequena "polegada de natureza" (*poor inch of Nature*) que é a cria humana nos seus inícios.

Em circunstâncias habituais, discorrer sobre os assuntos humanos inclina tendencialmente a balança na direção do "desejado". São pelo contrário as patologias graves (as dependências graves, as condutas suicidas persistentes) as que, retroativamente, ilustram os estragos que induz o polo "não desejado", quando predominou nesse tempo lógico inicial de estruturação da subjetividade. Os chamados "setores vulneráveis" o são ainda mais, nesse sentido: se nutrem de subjetividades *homeless*, sem alojamento real (como objeto) no desejo do Outro (Cabral, 2019).

Se consideramos que a referência ao desejo do Outro não se limita de forma excludente às particularidades das figuras parentais, mas conjuga também em que medida o Outro da cultura (seus dispositivos educativos, sanitários, recreativos, disciplinares) promove um abrigo acolhedor para as novas gerações.... podemos ponderar os graus potencializados de desamparo em que se modelam estas subjetividades. São desarraigos que não se limitam a uma dimensão simbólica: ampliam também a sua incidência (daí a magnitude dos estragos) ao plano do real. Colocam em jogo uma orfandade ainda mais radical do que a que habitualmente recebemos nos nossos consultórios.

Podemos compreender então que não é um dramatismo romântico o que transmitem as colegas de Porto Alegre: "é impossível realizar esse trabalho sem se sentir profundamente tocado e transformado. Ele traz à tona situações de extrema vulnerabilidade frequentemente desconhecidas por nós".

É um registro também compartilhado pelas colegas paulistas: "Suportar intensas angústias, muitas vezes impensáveis, faz parte da prática de qualquer psicanalista". [...] "mas a escuta atenta de jovens em situações de profunda desvantagem social, entender como o ambiente, no seu caráter traumático, produz marcas na subjetividade ... constitui um desafio ainda maior".

Trata-se de experiências nas quais o analista é confrontado nas áreas arcaicas da sua subjetividade, que na prática convencional não costumam entrar em diálogo. São experiências que em circunstâncias propícias permitem o surgimento de intervenções "das tripas", para retomar a feliz formulação de M. Little. Em termos mais formais: intervenções formuladas a partir de um lugar de enunciação que permita transmitir o desejo genuíno de alojar um padecimento que até então (muitas vezes) temos que supor ignorado.

Sem julgar nem negar: alojar o disruptivo para a sua elaboração

Daí a importância de afinar o desejo do analista[3] para operar de maneira eficaz nessas fronteiras. As colegas compartilham com

3 Uma das "circunstâncias propícias" que mencionava no parágrafo anterior.

franqueza os momentos em que este pode fraquejar e dar lugar, por exemplo, a intervenções *clichés*, "de manual", na tentativa de aplacar uma angústia que se faz impossível de conter. É o caso da resposta diante da confissão de Preciosa: "Todos nós às vezes matamos partes de nós mesmos".

É claro que a exclamação da adolescente ("Eu já matei um homem!"), quando estava terminando a reunião grupal, tem todas as características de uma confissão difícil: retida até o fechamento da sessão, mas finalmente pronunciada. As colegas transmitem o silêncio "insuportável, também para nós", que se instalou em seguida.

É um enunciado curioso: além de anunciar intempestivamente que matou um homem, inclui um "já". O episódio parece evocar o título do romance de Gabriel Garcia Márquez: *Crônica de uma morte anunciada*. Preciosa está querendo transmitir que concretizou finalmente algo que podia ter sido previsto, pelo curso inevitável de acontecimentos que desconhecemos? Ou que (já) cumpriu com um mandato, talvez com o que era esperado dela que, como integrante de um grupo de mulheres assediadas, em algum momento consumaria o assassinato de um homem? Que já matou um, e certamente virão outros depois?

É claro que não sabemos, e poderíamos aventar, certamente, outras hipóteses. As colegas assumem, com bons motivos (já que a conhecem), que "na sua desproteção, Preciosa teve de fato que matar um homem, e encontrou no grupo um espaço para falar sobre isso". Ou seja, que se viu obrigada a cometer um assassinato, provavelmente em defesa própria (ou de alguém conhecido).

As colegas comentam que "nas sessões seguintes não se falou mais no tema". Pareceria que o grupo – depois de alojada a confissão – se sentiu impotente para abrir num segundo tempo uma perspectiva elaborativa. O grupo não "condenou" Preciosa: ou seja, contornou o risco de assumir uma posição julgadora e de rechaço.

Mas ao mesmo tempo parece não ter conseguido habilitar um espaço para sancionar (no sentido de testemunhar) que o ocorrido é um fato grave, que certamente deixou marcas na subjetividade da adolescente... tão mais traumáticas quanto menos acompanhada esteja para o seu processamento. Nesse sentido, o silêncio diante do episódio nas sessões subsequentes, se for mantido, pode produzir um efeito de negação: uma espécie de "disso não se fala, na verdade não aconteceu, porque para nós é insuportável".

Apostar na retificação do "Unwanted"

As colegas do Projeto Pescar indicam um lugar de enunciação equivalente ao que M. Little evoca com o seu "das tripas" nesses termos: "É necessário um mergulho profundo do analista em suas emoções, para que um sujeito historicamente injustiçado se sinta (re) conhecido". Eu agregaria: para que o sujeito se saiba ao mesmo tempo "alojado" no desejo do Outro, do qual até o momento experimentou a relutância em abrigá-lo. É uma *addenda* que nos permite transcender o plano do reconhecimento simbólico e abarcar a dimensão do real que também está em jogo.

Lembremos a respeito do relato da Leila, a adolescente gaúcha:

"Minha mãe nunca gostou de mim. Ela não me queria... Um dia, quando eu era pequena, ela estava muito braba, me bateu com muita raiva e quebrou meus dois braços... ela me odeia. Ela não me queria e fui morar com minha avó. Quando eu estava com 13 anos a vó ficou doente de diabetes. Não quis ir para o hospital, ficou em casa e seu corpo foi apodrecendo até ela morrer".

É um testemunho cru da condição de *homeless* de Leila no desejo do Outro. É nessa perspectiva que podemos valorizar os efeitos de retificação subjetiva que nesses casos pode promover a disposição a uma escuta atenta e empática de experiências de vida, tanto nas

Rodas de Conversa da Fundação Pescar como nas aulas e oficinas do Instituto paulista.

São instâncias que promovem a subjetivação dessas experiências. Nos termos de Benjamin, permitem o deslizamento da *Erlebnis* para o campo da *Erfahrung*: ou seja, inscrever a vivência em bruto, sem sentido, em um relato com significação. Lembremos que o filósofo alemão intuía na mudez dos soldados que voltavam das trincheiras o estancamento das suas vivencias no plano da *Erlebnis*.

Fica claro o valor proativo que essas colocações têm sobre os desenvolvimentos psicanalíticos que fazem referência à simbolização da situação traumática. É sugestivo, então, aproximar os efeitos sobre os combatentes do encontro com o real da guerra, às irrupções do real com o qual convivem cotidianamente nossas "populações vulneráveis". Evocando Hobbes: o "Estado ausente" que as desprotege, desenha ao mesmo tempo um cenário de desregulação dos vínculos interpessoais, aberto a todos os excessos. Um cenário, enfim, que reproduz o "antes" da emergência do Leviatã: essa guerra de todos contra todos na qual o homem funciona como lobo do homem...

Dessa perspectiva, é compreensível que as colegas valorizem "a compreensão e o respeito dos demais participantes" diante do relato de Leila, e que destaquem o hábito do grupo de parabenizar quem tem a coragem de compartir seu testemunho. Não se trata, é claro, de um cerimonial vazio de boas condutas (ainda que sempre possa estar presente este deslizamento).

Quando o gesto se mostra eficaz revela, ao contrário, sua condição de *signo*, no sentido forte que Lacan tomou de Austin: aquilo que representa algo para alguém[4]. Nestes casos, a parabenização opera

---

4 Lacan joga com essa formulação para contrapô-la àquela do significante (que, como é sabido, representa o sujeito para outro significante), ao traçar a diferença entre o peso do signo de amor e a leveza da palavra de amor... que, para o apaixonado exigente, sempre está exposta ao risco de que as palavras sejam levadas pelo vento.

como um signo de que a demanda que circula no testemunho chegou a bom porto e obteve uma acolhida desejante nos interlocutores. Em outros termos: adquiriu um valor de "*Wanted*", que pode começar a disputar na intimidade de Leila o peso excludente que parece ter tido, até o momento, o veredito de "*Unwanted*".

Existe racismo entre crianças?

Vou me deter nos relatos que dão conta da emergência de atitudes racistas e discriminatórias em grupos de crianças e adolescentes. Esses relatos são um testemunho eloquente dos "abismos" que recortam, dividem e – no limite – opõem os diferentes segmentos que compõem o tecido social. Os relatos parecem corroborar que se trata de fissuras que se insinuam já em etapas precoces. É uma constatação que certamente imprime um teor angustiado ao interrogante que colocam as colegas paulistas: "Existe racismo entre crianças?"

A resposta afirmativa que se desprende desses testemunhos pode suscitar angústia, na medida em que questiona o imaginário benevolente que a cultura costuma depositar na infância. "*His majesty the Baby*" não apenas deve estar despojado das urgências do erotismo, como também isento de moções de ódio e discriminatórias para com os seus pares. Em suma: deveria se comportar de maneira acorde com a figura do "bom selvagem" idealizado por Rousseau.

Ao desmentir essa ilusão, os depoimentos das nossas colegas nos confrontam com a magnitude da tarefa que supõe contribuir para que nossas sociedades possam se converter em espaços mais habitáveis. E, particularmente, na contribuição específica que, como analistas, podemos oferecer nessa direção.

Em 1997, a UNESCO convocou em Paris um Fórum Internacional sobre a Intolerância, ao qual convocou intelectuais e acadêmicos relevantes, principalmente da região europeia. Em sua intervenção, o semiólogo e escritor Umberto Eco fez referência ao que denominou "intolerância espontânea": a que confere, em seus termos, "um caráter *desagradável* à experiência da diferença" (p.17, itálico meu).

Os depoimentos coletados pelo grupo Pescar e pelas colegas paulistas (principalmente este último, sobre crianças do primeiro ano do ensino fundamental) parecem ratificar a tese de Eco. Sugerem uma intolerância que emerge precocemente, como uma espécie de floração espontânea, diante do caráter *inevitavelmente* "desagradável" do registro da diferença. E que leva Eco a sugerir que se sustenta em "raízes biológicas".

Agora: é efetivamente espontânea a chamada "intolerância espontânea"? Minha impressão é que uma resposta afirmativa abre as portas para a sua naturalização e por essa via promove um desânimo que limita as possibilidades de combatê-la. É que se a experiência do diferente tem em si mesma um sentido "desagradável"... o máximo em que podemos apostar é promover formações reativas sólidas! É por isso que vou colocar em tensão a tese de Eco com alguns desenvolvimentos psicanalíticos e de estudiosos de outras disciplinas.

Posições subjetivas diante da diferença

Na sua intervenção no mesmo Fórum da UNESCO, o historiador e medievalista francês Jacques Le Goff comenta que "até os nossos dias persiste a impressão de que a tolerância não é algo natural, mas implica um certo esforço para aceitar uma ideia ou um comportamento. A tolerância representa, portanto, uma construção, uma conquista". Ou seja, uma posição segunda, mais elaborada, diante de uma intolerância que, ela sim, participaria do registro do primário, do natural ou do espontâneo.

O centro da sua apresentação tem como objeto iluminar "as raízes medievais da intolerância": traz dados fortes (não vamos nos deter neles) para ratificar a tese de que são elaboradas entre os séculos XI e XIII na Europa cristã[5]. O que sim nos interessa é a sua conclusão: "Ainda antes de que se cunhassem os termos tolerância e intolerância, as práticas coletivas imperantes transpõem realidades que hoje poderíamos designar com esses termos". Como vemos, na sua análise a tolerância e a intolerância participam por igual da condição de "construções" simbólicas, historicamente condicionadas: é uma abordagem que questiona sua condição primária ou espontânea.

É uma orientação que coincide com a desenvolvida no mesmo colóquio pela antropóloga F. Heritier. Depois de constatar que todas as culturas se assentam sobre sistemas de diferenças, afirma: "a diferenciação não deveria implicar necessariamente hierarquia nem desconfiança nem ódio nem exploração nem violência". Ou seja: para Heritier, como para Le Goff, não existe um laço indissolúvel entre "experiência da diferença" e "intolerância".

Mas, ainda mais, a diferença pode operar como disparadora do desejo. É o que sugere Clarice Lispector em um texto cativante: "A menor mulher do mundo", que comentou Bernardo Tanis no último Congresso da FEPAL. Lembremos que se trata da história de Pequena Flor, uma pigmeia negra, de não mais de 45cm de estatura, que depois de atravessar a "experiência da diferença" que supõe para ela o encontro com um explorador francês por quem tem sentimentos, reflete: "amor é gostar da cara rara de um homem que não é negro". Para Clarice, aquilo que é "raro", a estatura e a cor da pele diferente...

---

5 Mencionemos apenas que é o período no qual surgem a Inquisição e o conceito da "pureza de sangue", e no qual se consumam as primeiras perseguições sistemáticas dos judeus, precisamente nos territórios por onde avançavam as Cruzadas.

podem despertar atração, e não rejeição. O auge das comidas étnicas na gastronomia contemporânea parece corroborá-lo.

Em outro lugar, (Cabral, 2009) evoquei as ideias do cientista político estadunidense Michael Walzer (1998), que apontam na mesma direção. Walzer distingue cinco variantes históricas da *tolerância*, sustentadas no que chama de diferentes "atitudes mentais". Nós, analistas, podemos ser mais precisos e reconhecer nelas outras tantas *posições subjetivas* diante do diferente.

A mera a enumeração dessas variantes é por si só ilustrativa, e nos exime de maiores explicações. Se trata, para Walzer, da tolerância *resignada*, da *indiferente*, da *estoica*, mas também da *curiosidade* e por último do *entusiasmo* diante da diferença.

Enquanto as duas últimas parecem responder pela posição da Pequena Flor, as três modalidades iniciais da série conformam uma vertente débil ou degradada da tolerância. Como veremos agora, e recorrendo a nossas categorias: constituem a expressão de um desejo neurótico que retrocede diante das manifestações da alteridade radical do Outro. Um retrocesso que pode abarcar, fenomenologicamente, toda a gama que vai do preconceito inconsciente até a rejeição assassina, passando pela resignação, pela indiferença e até pela resistência estoica, esforçada, da contrariedade que – em algumas posições subjetivas – traz a alteridade.

Neste ponto, me parece importante lembrar uma observação de Freud que ilumina os fundamentos *neuróticos* da intolerância. Ao fazê-lo, nos dá ferramentas para entrarmos nessa problemática complexa recortando uma incumbência específica como psicanálise: já não apenas como membros de um grupo de profissionais progressistas, que combatem uma ideologia (retrógrada) com outra ideologia (certamente mais progressista e respeitosa das diferenças).

Lembremos que ao abordar o "tabu da virgindade" e os múltiplos preceitos de evitação que abarca, Freud (2018) os reconduz ao "horror" e à "desautorização" próprios do posicionamento *neurótico* diante da mulher. Um "horror" – diz – baseado em que "ela é diferente do homem, eternamente incompreensível, misteriosa, alheia e por isso hostil".

É uma observação que nos permite recortar o fantasma que o neurótico forja da mulher: conformado pelos atributos do diferente, incompreensível, misteriosa, alheia e hostil. É um fantasma que constitui o fundamento inconsciente da misoginia e da homofobia que os feminismos reconhecem como próprios da subjetividade patriarcal. E que – junto com a identificação do o alheio com o hostil – pode se exteriorizar em violências mais ou menos dissimuladas ou explícitas.[6]

Reparemos também que a condição diferente e alheia atribuída à mulher a coloca, na reflexão freudiana, como um operador teórico da diferença. Ou seja, coloca-a na referência privilegiada com a qual confrontar os desafios teórico-clínicos que a "rejeição da diferença" insere em nossa prática, seja qual for o objeto rejeitado: a mulher, o negro, o judeu, o comunista...

Minha experiência, também, é que para além da sua abordagem específica, as manifestações de intolerância se beneficiam dos efeitos "por agregação" da cura. É aqui onde adquire valor a condição neurótica que Freud destaca em sua "equação patriarcal". As elaborações de gozo que permite a cura promovem como efeito colateral uma

---

6 Em outro lugar propus agrupar esses atributos considerando-os termos de uma equação, seguindo o modelo da conhecida equação simbólica freudiana, que equipara fezes, presente, filho e falo. Aqui se trataria dos equivalentes inconscientes do significante "mulher" para o neurótico, que constituem o substrato da posição patriarcal. Por isso sugeri para o complexo a denominação "equação patriarcal freudiana" (Cabral, 2021).

corrosão progressiva da premissa neurótica: "diferente, alheia e *por isso* hostil".

Uma premissa na qual o "por isso" imprime a marca de uma implicação lógica, ao estilo da conclusão de um silogismo: *se* alheia, *então* hostil. Desarticular a soldadura firme que o neurótico estabelece (e que nossos tempos reforçam) entre o diferente e o hostil é um efeito colateral (e esperável) da cura. Também das intervenções que os analistas podem realizar em espaços tão complexos como aqueles em que se desempenham nossas colegas.

É a orientação que se desprende do comovedor relato que compartilham as colegas paulistas. Transmite uma modalidade de intervenção (por parte de Karina, a professora) que busca sancionar simbolicamente o valor racista e discriminador da explosão de um menino branco (K) sobre AB, uma menina negra. Sancionar simbolicamente supõe aqui transitar pelo penhasco estreito entre dois riscos: o de criticar e condenar a conduta de K, e o de negar a gravidade do ocorrido.

Karina consegue evitar os dois deslizamentos, e busca qualificar a conduta de K ("*Tudo o que você disse é uma agressão, sabia?*") sem, ao mesmo tempo, desqualificar K. E um pouco depois insiste: "*Usar a cor da pele e o cabelo de uma menina para ofendê-la é algo grave e a gente chama isso de racismo*".

É claro que são situações difíceis, onde está em jogo não só o conteúdo da mensagem (seu valor de enunciado) como o lugar de enunciação a partir do qual se formula, e que se transmite na sutileza do tom de voz usado, na ênfase dada, na gestualidade que a acompanha... trata-se de um conjunto de "detalhes" que determinam que a sanção simbólica da explosão esteja acompanhada de um efeito de alojamento para quem a proferiu ou, pelo contrário, de um efeito de rejeição. No primeiro caso, Karina está dando um passo que pode permitir continuar um trabalho no futuro com essa conduta sintomática de K. No segundo, estaria repetindo com K a mesma conduta discriminadora que pretende combater. Mais ainda: estaria reforçando o veredito de "Unwanted" que certamente pesa também sobre K.

Não é um dado menor que a professora seja, ela mesma, negra. Nessa situação "tensa, difícil" que ela teve que enfrentar, adquirem valor as reflexões das colegas gaúchas, quando comentam que as contingências que enfrentam "envolvem ao analista como pessoa" e que o "colocam em contato com as próprias vulnerabilidades".

É o ponto no qual a experiência do próprio analista se faz necessária para polir a subjetividade do praticante (seja ou não psicanalista de profissão) e evitar, por exemplo, capturas identificatórias que em um contexto complexo como o descrito poderiam ter levado Karina a alojar empaticamente a vítima, e rejeitar no mesmo movimento ao agressor. É necessária uma elaboração adequada das situações de rejeição das quais certamente foi objeto na sua vida, para poder gerar intervenções como as descritas.

Referências

Cabral, A. (2009). *Lacan y el debate sobre la contratransferencia*. Buenos Aires: Letra Viva.

Cabral, A. (2019). *El perdón y sus límites*. Buenos Aires: Teseo.

Durkheim, E. (2012[1881]). *El suicidio*. Madrid: Ediciones Akal.

Eco, U. (2002). Definiciones lexicológicas. In *Intervención en el Coloquio sobre la intolerancia, UNESCO, 1997*. Granica, Barcelona.

Ferenczi, S. (1928/1984). La elasticidad de la técnica analítica. In *Obras Completas: Psicoanálisis. Tomo III*. Madrid: Ed. Espasa-Calpe.

Freud, S. (1986a). Manuscrito L, anexo a Carta 61. In *Obras completas*. Buenos Aires: Amorrortu (Trabalho original publicado em 1897).

Freud, S. (2018). El tabú de la virginidad. In *Obras completas*. Buenos Aires: Amorrortu.

Freud, S. (1986a). El malestar en la cultura. In *Obras completas*. Buenos Aires: Amorrortu (Trabalho original publicado em 1930).

Lacan, J. (1980). Observación sobre el informe de D. Lagache (p.4 e p.340) In *Escritos II*. Buenos Aires: Paidós.

Le Goff, F. La construcción histórica de la intolerancia. *International Journal of Psychoanalysis*, vol.39, pte ¾.

Little, M. (1957). La respuesta total del analista a las necesidades de su paciente. *International Journal of Psychoanalysis*, vol.39, pte ¾.

Nietzsche, F. (2017). *Reflexiones sobre los principios morales*. Buenos Aires: Editorial Gradifco.

Marquez, G. (2003). *Crónica de una muerte anunciada*. Buenos Aires: Debolsillo.

***

O trabalho com a desigualdade e a injustiça social

Heloísa Tonetto, Ivani Bressan, Josênia Heck Munhoz, Luciana Aranha Secco, Magali Fischer, Maria Elisabeth Cimenti

Sociedade Psicanalítica de Porto Alegre

Somos um grupo de psicanalistas da SPPA – Sociedade Psicanalítica de Porto Alegre. Desenvolvemos um trabalho social junto à Fundação Projeto Pescar, que se dedica ao ensino e preparo profissionalizante de jovens com idades entre 16 e 19 anos, provenientes de áreas de grande vulnerabilidade social.

Por meio de Rodas de Conversa com os adolescentes, os pais e os educadores, procuramos criar espaços de diálogo que permitam a escuta psicanalítica. Esta escuta, como ferramenta, visa propiciar trocas sobre o modo de enfrentamento da desigualdade e da injustiça social.

Constitui-se assim um espaço destinado à reflexão, que implica o psicanalista como pessoa, em um processo frente às suas próprias vivências.

A conversa que se estabelece nessa condição coloca as duas partes em contato com as próprias vulnerabilidades. É necessário um mergulho profundo do analista em suas emoções, para que um sujeito historicamente injustiçado se sinta (re) conhecido.

Enquanto analista, é impossível realizar esse trabalho sem se sentir profundamente tocado e transformado. Ele traz à tona situações de extrema vulnerabilidade frequentemente desconhecidas por nós. Por vezes, os relatos destas experiências nas Rodas de Conversas nos impactam, nos calam e as emoções vêm à tona. São momentos nos quais o manejo é silencioso.

Seguimos enumerando situações de marcada intensidade:

Carlos: "*Não sei por que sou assim inquieto, não consigo ficar parado. Sei que meus colegas não entendem... mas sou assim. Quando tinha dois anos de idade estava no colo de meu pai e ele foi morto com um tiro. Aí eu fui morar com meus avós. Um dia encontrei eles enforcados. Eles foram mortos pelo tráfico de drogas... os traficantes fizeram isso por acerto de contas. Eu queria ficar mais atento, mais quieto, prestar atenção... mas não consigo.*" Falava enquanto circulava pela sala.

Passado o nosso impacto inicial, conseguimos nomear, para Carlos,que estava falando sobre situações muito graves e impactantes em sua vida, as quais gostaria de entender melhor e que explicam por que se sentia tão inquieto. Falava como se sentia desfavorecido e com temor de repetir a história familiar; sobre o quanto esse fantasma o acompanhava.

Passamos a um segundo exemplo.

Leila: *"Minha mãe nunca gostou de mim. Ela não me queria... Um dia, quando eu era pequena, ela estava muito braba, me bateu com muita raiva e quebrou meus dois braços... ela me odeia. Ela não me queria e fui morar com minha avó. Quando eu estava com 13 anos a vó ficou doente de diabetes. Não quis ir para o hospital, ficou em casa e seu corpo foi apodrecendo até ela morrer. Então eu não tinha mais onde ficar e tive que voltar a morar com minha mãe".*

Essas vivências foram relatadas com muita emoção. Todo o grupo, incluindo as duas analistas, foi tomado pelo impacto dos fatos descritos. Nesse caso, nos limitamos a tentar acolher, da melhor maneira possível, essa menina jovem e desamparada, com uma história tão triste. A compreensão e o respeito dos demais participantes do grupo foram impressionantes .

Importante destacar que, a cada encontro, o grupo elegia o colega que deveria falar, considerando o sofrimento e a urgência das situações que viviam. Isso já dá a dimensão do grau de cuidado que tinham uns com os outros.

Outro caso:

Bem ao final de um grupo, quando as analistas já estavam encerrando, uma adolescente que chamamos de Preciosa falou: *"Eu já matei um homem!"*

Suas palavras foram de tamanho impacto que as analistas ficaram sem reação. Houve um silêncio muito pesado. Na tentativa de romper o silêncio já quase insuportável, e a partir de seu próprio arsenal de experiências clínicas, uma das psicanalistas fez uma colocação sem propósito para aquela realidade: *Todos nós às vezes matamos partes de nós mesmos.* Imediatamente se deu conta de que estava se referindo a realidades bastante discrepantes. Parecia, claro, que aquela jovem, em sua desproteção, tivera de fato que matar um homem e encontrou um espaço para falar disso. Nos encontros que se seguiram, não se tocou mais nesse tema, mas as analistas perceberam que os colegas do grupo abriram mais espaço afetivo para Preciosa.

Nas diversas situações relatadas, a solidariedade entre os jovens brotava e, por si só, esta era uma forma de contenção, referendada pelos psicanalistas presentes.

Outro foco desse projeto é voltado para Rodas de Conversa com os pais.

Segue o relato de uma situação vivida junto aos pais. Uma mãe fala: "*Estou muito contente com o meu filho João, que está no Projeto. Vejo-o aprendendo a ter responsabilidades, amadurecendo. Mas eu queria saber se eu posso falar aqui de quem não faz parte do Projeto* (enche os olhos de lágrimas, carregada de emoção). *A minha vida e as dos meus três filhos não são fáceis, eu sei que a vida de ninguém aqui é fácil, mas eu queria saber se teria como vocês me ajudarem com este meu pequeno aqui* (que timidamente sorria e tentava se esconder atrás do boné que usava, baixando a cabeça, enquanto a mãe falava sobre ele). *É que eu sou sozinha, me separei há uns anos e o meu ex-marido era diabético. Este meu pequeno aqui… Que guri maravilhoso! – era quem cuidava do pai, aplicava insulina nele, desde os oito anos. Acontece que o pai deles morreu no ano passado, em frente a este meu guri que cuidava dele. Eu fico preocupada com ele* (enquanto relatava detalhes sobre a doença e o fato de que o filho que se dedicava ao pai era ele, o menino, silenciosamente, começou a chorar). Na sala fez-se um silêncio.

Certo dia, trabalhando com um dos grupos de jovens, ocorreu a seguinte situação: naquele dia, os jovens estavam muito agitados e barulhentos. Quando ficaram mais calmos, propusemos que sugerissem uma brincadeira. Sugeriram a do lobo. Após algumas rodadas propusemos conversar sobre essa experiência. Os jovens trouxeram algumas ideias, mas como estavam agitados, em certo momento, os psicanalistas perceberam o clima de excitação sexual, próprio de sua fase de vida, e nomearam o que se passava ali – o desejo de "ficar". Em certo momento, uma jovem que chamaremos de Ana disse: "– o João quer todas! Ele responde: – Não! Eu gosto só de branca!".

A conversa seguiu nesse tema e, depois, apareceu o entendimento do grupo de que o menino teria dito que não gostava de "nega." Tal afirmação gerou uma reação imediata por parte das meninas, que começaram a agredi-lo verbalmente, dizendo que ele era racista. Ele tenta se defender, explicando que estava falando de sua preferência e os meninos o apoiam. Contudo, Ana, uma moça negra, sentindo-se agredida, vai ao banheiro chorar.

Devemos destacar a importância da escuta destas emoções tão devastadoras, do nomear e colocar em palavras experiências tão difíceis, ocorridas ainda durante a construção da subjetividade. Como se constituirá o infantil desse sujeito e como se manifestará em sua vida futura. Ao mesmo tempo, podem ser observados recursos de enfrentamento surpreendentes, o que nos leva a acreditar que, mesmo sob condições profundamente adversas, algumas pessoas alcançam uma estruturação emocional razoável, enquanto mantêm algum grau de esperança.

Tais situações nos desacomodam sempre, provocando inquietações até então desconhecidas, como acima referimos. A psicanálise implicada no contexto social nos parece ir ao encontro do que é essencial – a ética do nosso fazer. Dar voz aos conflitos e ao sofrimento humano.

***

Existe racismo entre crianças?

Silvia Bracco
Sociedade Brasileira de Psicanálise de São Paulo
Karina Santos da Silva
Ateliescola Acaia

Somos um instituto sem fins lucrativos, onde funciona uma escola de atendimento integral, que reúne saúde, educação e cultura. Nosso público vem majoritariamente de duas favelas e de um conjunto de moradia popular próximo ao CEAGESP, maior entreposto de distribuição de alimentos da América Latina, localizado numa área nobre da cidade de São Paulo.

A maioria dos nossos alunos têm bolsa integral, mas também há alguns em regime de bolsa parcial que vêm de outras regiões da cidade e realidades socioeconômica e culturais distintas. Nossa intenção é fazer da escola um lugar plural, valorizando a diversidade étnica e cultural. Entendemos que somente por meio do encontro entre classes sociais, raças e experiências culturais diversificadas poderemos estabelecer um diálogo que valorize e acolha diferenças.

O olhar para a saúde mental é um dos pilares do nosso trabalho: em uma situação transversal são desenvolvidos vários dispositivos nos quais a escuta e os fazeres são ferramentas essenciais para o acolhimento, a expressão e a nomeação dos afetos. Suportar intensas angústias, muitas vezes impensáveis, faz parte da prática de qualquer psicanalista. Entender como o ambiente, no seu caráter traumático, produz marcas na subjetividade e encontrar formas de se comunicar com tais elementos traumáticos é um grande desafio na escuta de populações em situação de desigualdade social. Em uma instituição, o trabalho que se propõe ao enfrentamento desse tipo de questão precisa de uma rede de apoio que suporte os excessos em escala.

Nessa direção, a relação da área da psicologia com a equipe é constante, com espaços de discussão das situações de trabalho ou mesmo com os psicólogos presentes em salas de aula e ateliês. A ideia é refletir constantemente sobre o que podemos aprender nessa troca e, principalmente, buscar estratégias e a melhor forma de estar com as crianças e jovens.

A seguir, apresentamos um relato feito por Karina Santos da Silva, na ocasião, professora do 1º ano do ensino fundamental I. Poderíamos reproduzir aqui inúmeros e tristes exemplos de como o racismo está incorporado estruturalmente na nossa sociedade e não seria diferente no dia a dia da escola. Trata-se de um problema grave que tem mobilizado toda a comunidade escolar, abrindo espaços importantes de discussão e ação.

Segunda-feira:

Nesse dia, como de costume, as crianças estavam agitadas e alegres pelo reencontro, e contando suas experiências do final de semana. Antes de iniciar a primeira atividade, uma roda de leitura do livro de bell hooks **"Meu Crespo é de Rainha"**, a professora observa os diversos grupos que se formavam e a interação entre as crianças.

K., um menino que faz parte do programa **escola plural**, levanta sua calça para mostrar um machucado que fez no final de semana. As crianças reagem, comentam, fazem expressões de espanto e nojo, imaginam a dor e ele parece estar gostando da atenção e do interesse despertado no grupo. A.B., uma menina negra, e duas amigas brancas, todas moradoras da favela, estão participando da conversa e pedem que K. se aproxime e mostre seu machucado novamente. Com exceção de A.B., as meninas falam, dão risada, repetem as falas de outros integrantes do grupo: *Credo, que nojo!* Logo depois, A.B., que até então estava só observando, se autoriza a falar e espontaneamente diz: *CREDO!*

K. se levanta, olha diretamente nos olhos dela e grita: *"Credo? Credo é você, que nojo de você, que cabelo é esse, sai daqui, sai de perto de mim!"*. Nesse momento, as duas amigas que estavam juntas pedem que ele mostre novamente o machucado e repetem, rindo: *"que nojo desse machucado, credo!"*, e em seguida se afastam.

A. B. olha imediatamente em direção à professora e percebe que ela observava todo o ocorrido. Muito assustada com a reação de K., A.B. também se afasta.

Dá-se então o seguinte diálogo entre K. e a professora:

P: Por que você está agredindo A.B.?

K: Mas eu não bati nela, ela estava rindo do meu machucado.

P: Outras crianças também deram risada, por que apenas A.B. não pode rir?

O menino fica em silêncio e vira as costas para a professora. Ela aponta que sua atitude é desrespeitosa e ele, a contragosto, se volta para ela. Ela retoma as falas dele, e diz: "*Tudo isso que você disse é uma agressão, você sabia disso?*". Questiona-o novamente sobre por que falar agressivamente apenas com A.B. e não com as outras crianças, que também haviam feito os mesmos comentários. Nesse momento, K. chora e fica muito bravo, recusando-se a continuar o diálogo. A.B. se aproxima aos poucos da professora, segura na sua mão, também chorando, ouve a conversa entre eles.

A professora descreve uma situação carregada de tensão e de difícil mediação, na qual está tentando garantir o diálogo e a escuta das duas crianças, porém sem deixar de apontar a gravidade da agressão. Pergunta a A.B. se ela quer dizer algo para K. e, diante da sua recusa, valida a dor e a tristeza que a menina expressa. Diz ainda que, no momento em que ela quiser, terá espaço para falar.

Dirigindo-se a K., a professora diz: "*A.B. é uma menina negra como eu, o cabelo dela é bem parecido com o meu e você é um menino branco de cabelo liso. A nossa sala tem uma diversidade de corpos e tipos de cabelo e isso é muito legal. A gente precisa respeitar todos, para estarmos juntos, brincarmos juntos, aprendermos juntos. Usar a cor da pele e o cabelo de uma criança negra para ofender é algo grave e nós chamamos isso de racismo. Você já ouviu falar sobre isso?* Balançando a cabeça, ele responde que não.

Ela retoma a atividade de leitura planejada com a turma e diz que eles voltariam a conversar sobre o assunto em outro momento.

Quando apresenta o livro **"Meu Crespo é de Rainha"**, com a ilustração de uma criança negra na capa, K. se retira da roda e se recusa a ouvir a história. Diante de tudo que já havia ocorrido, a professora opta por não intervir e ele fica apartado, de costas para o grupo, que se envolve bastante na leitura. Falam sobre os personagens, seus penteados, manuseiam o livro. A.B., muito envolvida na atividade, diz para a professora que já pode e quer falar com K.

A.B. se dirige à K. e diz: "*Meu cabelo não é um nojo, meu cabelo é de rainha*". Levanta-se e sai correndo, pegando o material para iniciar a próxima atividade.

Bem bravo ainda, em tom firme, K. diz para a professora: "*ah, eu não agredi A.B.!*"

7. Reinventar para intervir: psicanálise em contextos de vulnerabilidade[1]

Políticas públicas e psicanálise

Carmen Rodriguez
Doutora em educação pela UNER Argentina, Psicologa pela UDELAR Uruguai e Analise Institucional e Psicologia Social pela TAIGO Uruguai

Nós, que trabalhamos em políticas públicas em contextos de vulnerabilidade social, às vezes atravessamos a fronteira em sentido contrário à forma como a atravessaram uma boa quantidade de psicanalistas (incluindo os que participam deste livro), os quais, partindo da psicanálise, ingressaram no campo das políticas públicas e se interessaram pelas funções da psicanálise fora do *setting*

1 O artigo que abre este capítulo, de Carmen Rodriguez, foi elaborado com base nos trabalhos das colegas Julia Alonso, do Uruguai; Teresa Lirio e Maria de Lourdes Teodoro, de Brasília; e Sarah Barretto Prado, de Ribeirão Preto, São Paulo. Os respectivos trabalhos também compõem este capítulo.

tradicional que deu origem e sustentação às práticas psicanalíticas. Partimos das políticas públicas e vamos ao encontro da psicanálise.

Por quê?

Há perguntas que valem pelo caminho que abrem na postergação das suas respostas, não existem para serem respondidas de imediato e menos ainda de maneira definitiva. Ao contrário, seu valor está no que colocam em andamento, no trabalho que promovem nas tentativas de resposta provisórias, hipotéticas. Perguntamos para saber, mas o (bom) saber mantém sempre viva a relação com o não-saber, com aquilo que o coloca em tensão e o leva a percorrer os caminhos do não sabido, não pensado, não entendido. Parecem-se com esses "por quê?" dos primeiros anos, das crianças pequenas: e por quê, por quê e por quê. Mais próximos do gesto espontâneo da investigação, que dos saberes pacatos que, apavorados pelo não sabido, clausuram as perguntas com respostas arrogantes e esnobes. E penso que os "por quê" na relação entre as políticas públicas e à psicanálise são epocais e, portanto, suas respostas também o são.

Abrimos então uma zona de oscilações e vacilações que nos permitem relançar as perguntas acerca dessa relação fronteiriça entre as políticas públicas e a psicanálise, particularmente no contexto de uma América Latina contemporânea, injusta, desigual e colonizada.

Por que a psicanálise? Pergunta-se Alenka Zupancic[2] (2013) do outro lado do mundo, sugerindo que a questão é se perguntar o que é exatamente o campo propriamente psicanalítico e como a psicanálise tende a "se mover por todos os lugares" e como existem objeções frequentes que poderiam se expressar assim "se ficasse só em seu feudo, no pedaço que lhe foi designado, proporcional ao seu reconhecimento social!" (p. 11).

2 Filósofa eslovena, professora e pesquisadora do Instituto de Filosofia da Academia Eslovena de Ciências e Artes.

De modo que a questão da psicanálise e suas fronteiras, aqui e lá, constitui um assunto *central*, e está claro que colocar no centro as fronteiras é em si um movimento peculiar que nada tem de centralismo, e sim todo o contrário. Sempre me pareceram extremamente lúcidas as palavras de Gilbert Simondon quando afirma: "o mais profundo é a pele", *o mais central é a fronteira*, poderia ser dito também de maneira análoga.

Os textos[3] que inspiram esses comentários testemunharam o trabalho dos e das psicanalistas em relação direta com problemáticas sociais que costumam ser objeto de políticas públicas:

- Os sistemas de proteção à infância presentes em todos os nossos países (também chamados atualmente Sistema de Cuidados Alternativos);
- A proteção de trajetórias educativas e o ingresso na universidade de adolescentes e jovens pobres e excluídos;
- As instituições educativas e os desafios que enfrentam na atualidade incluindo o momento Covid e pós-covid.

São cenários de políticas públicas e de ações institucionais de grande relevância na região, às que, claro, deverão se somar outras[4] várias que ocupam a agenda das políticas públicas voltadas à infância

---

3 Estas páginas surgem do convite a interagir com três trabalhos escritos por psicanalistas sobre suas experiências no contexto de Políticas Públicas de seus países: 1) A prática de um analista intra-extramuros: crianças e adolescentes em vulnerabilidade social. Autor: Julia Alonso. Instituição: Associação Psicanalítica do Uruguai (APU). 2) Conversando com Dora durante a pandemia de covid-19. Autores: Teresa Lirio y María de Lourdes Teodoro. Sociedade de Psicanálise de Brasília (SPBsb). 3) No está el título. Sarah Barretto Prado. Sociedade Brasileira de Psicanálise de Ribeirão Preto.

4 Com o objetivo de destacar algumas das urgências nas quais penso que a psicanálise e os e as psicanalistas podem desenvolver uma função na recomposição do vínculo com os outros, com si próprios e com a vida que se coloca em jogo em cada sujeito que participa das políticas públicas diria:

e adolescência neste continente. *Trata-se de relatos de intervenções psicanaliticamente fundamentadas em âmbitos de políticas públicas.*

É interessante neste ponto fazer notar que a metáfora da fronteira com a qual começamos se ajusta perfeitamente ao movimento que está em jogo quando partimos do campo da psicanálise em direção ao campo das políticas públicas. Na verdade, não somos nem um pouco originais ao sugerir a ideia das fronteiras da psicanálise, ou seja, quando a psicanálise sai em busca de novos territórios, e "busca se movimentar" por outros lugares.

Mas quando estamos partindo das políticas públicas, a metáfora de uma fronteira com a psicanálise se dissipa na sua potência figurativa. Neste caso, nas políticas públicas, além de fronteiras podem ser apreciados combates entre saberes, epistemologias que lutam por um lugar nas políticas e nos seus marcos conceituais. Os combates ocorrem com frequência nas fronteiras, mas respondem a uma lógica que lhes é própria, ou seja, não é inerente às fronteiras, mas sim a um tipo de relação nas fronteiras. Aqui a luta de poderes ligados a saberes é sem metáforas. Por isso a questão da hierarquização dos saberes adquire muita força no campo das políticas públicas.

Não é só fronteira o que está em jogo, é também combate de saberes, hierarquizações de uns saberes sobre outros, porque é ali onde se disputam aspectos substanciais das políticas.

Quero esclarecer que a ideia de um combate na fronteira, figura paradigmática de certos *entre*, não tem relação com alguns

---

- os sistemas de proteção a crianças e adolescentes que perdem ou veem interrompidos os cuidados parentais, em todos os países existem problemas sérios na proteção adequada desta população;
- os processos migratórios que estão crescendo no continente;
- os sistemas penais juvenis;
- o atendimento do sofrimento psíquico por sistemas de saúde que superem o paradigma da psiquiatrização e medicalização.

significados literais da palavra em termos de briga nem do caráter mortífero, nos quais alguns poderiam se agarrar, e sim com a potência criativa de forças agressivas em termos de combate de pensamento, de paixões, de lutas, contradições, que na minha opinião deveriam ser postas em jogo de maneira mais explícita no campo das políticas públicas e suas instituições, e sustento a hipótese de que: *é a ausência destas disputas em termos de parresia o que traz uma espécie de morte em vida nos territórios institucionais de execução de política pública, e não nos combates pela vida.*

Me refiro à parresia nas políticas públicas no sentido em que este termo grego é trabalhado por Michel Foucault (2017). A parresia para os gregos fazia referência à fala franca, veraz, livre e oposta a qualquer simulacro ou adulação. Era um ingrediente decisivo da democracia e do laço social democrático. Para Foucault, a parresia faz alusão ao direito do cidadão livre de falar francamente com o soberano ou poderoso sem temer suas represálias, e muito fundamentalmente tem a ver com a capacidade do soberano ou do poderoso de escutar.

Penso que a parresia nas políticas públicas neste continente é urgente. É importante como sedimento democrático discutir francamente os princípios conceituais que se ocupam dos problemas da infância, colocar sobre a mesa dos principais debates os conceitos que levam as políticas a atuar desta ou daquela maneira, e quais são as referências conceituais e práticas que podem se dedicar a abordar os problemas da infância e da adolescência.

É neste contexto que podemos nos perguntar novamente: por que a psicanálise?

O que virá a seguir são algumas considerações que a leitura das experiências que aqui se narram a cargo de psicanalistas e as minhas próprias a partir das políticas públicas suscitou, para sugerir alguns porquês desta relação entre psicanálise e políticas públicas.

O caso a caso na política pública

As políticas públicas não poderão assegurar a felicidade das crianças e adolescentes em singular, mas acredito, desde que pude parafraseá-lo emprestando palavras de Marc Augé[5] (2012), que toda política dirigida à infância deve trabalhar para combater (outra vez o combate!) as fontes mais evidentes de infelicidade.

Essas fontes encontram nas condições materiais da existência a sua versão mais evidente. A pobreza estrutural com suas violências e suas privações constitui uma das fontes mais evidentes da infelicidade das crianças e adolescentes. Assim, a causa das crianças e a causa dos adolescentes (assim se chamam dois grandes livros de François Dolto) é também a causa pela justiça social e pela dignidade da vida. Mas não explica tudo.

A discussão nas políticas públicas, nos seus gabinetes e nas suas ações de campo, sobre o que explica as afetações subjetivas das populações excluídas, perambulam de maneira reiterada entre explicações que se lançam sobre as condições materiais de existência como fonte de todos os males e às vezes em oposição uma tendência a psicologizar e individualizar os problemas sociais.

As controvérsias são fortes nesta dimensão e eis aqui algumas das dimensões nas quais acredito que a psicanálise realizou e realiza uma contribuição relevante.

Um dos textos mais consultados no contexto no qual me inscrevo e que foi inaugural da relação entre práticas educativas (enquadradas em políticas públicas) e psicanálise é *Juventude desamparada* de August Aichhorn.

Aichhorn foi um pioneiro em cruzar esta fronteira à qual viemos nos referindo, no contexto da primeira guerra mundial,

5 Marc Augé (2012). Para onde foi o futuro? Campinas, SP: Papirus

principalmente no pós-guerra trabalhando com adolescentes que cometiam delitos, de onde o nome da publicação que na sua primeira versão em castelhano se intitulou *Juventud descarriada*[6].

Quando muitas décadas depois (quase um século) é reeditado em espanhol o livro de Aichhorn, a psicanalista Hebe Tizio escreve no prólogo:

> *"Es necesario que educadores, trabajadores sociales, psicoanalistas y políticos tengan elementos para hacer frente a las lógicas segregativas del discurso dominante en su imparable tendencia a la judicialización que borra la dimensión subjetiva y produce cada vez más pasajes al acto. Vivimos un momento histórico donde hay una promoción social de la significante violencia, que parece acompañar a las distintas formas del vínculo social. Con él se adjetiva cada vez más a las nuevas generaciones sin ver que los cambios estructurales en juego producen des-regulaciones que generan nuevas formas de desamparo. Pero no se trata de quedarse en ese nivel sino de abordar cada caso, de rescatarlo del magma homogenizador, y ayudar a constituir un síntoma, es decir, algo en lo cual el sujeto se sienta concernido. Esto no se hace solo; es necesario la función del Otro que pueda acoger ese acto ciego y transformarlo en mensaje para el propio sujeto" (A. Aichhorn, 2006, p. 20).*[7]

---

6 Descarriada em espanhol significa perdida, errante (Nota da tradutora)

7 N. T. "É necessário que educadores, trabalhadores sociais, psicanalistas e políticos tenham elementos para enfrentar as lógicas segregadoras do discurso dominante na sua irrefreável tendência à judicialização que apaga a dimensão subjetiva e produz cada vez mais passagens ao ato. Vivemos um momento histórico em que há uma promoção social da expressiva violência, que parece acompanhar as

Acredito que no campo das políticas públicas de infância e adolescência está em jogo constantemente a importância desse caso a caso, interrompendo a tendência a um magma homogeneizador que vê em cada sujeito singular mais do mesmo.

E neste ponto a psicanálise joga um papel muito relevante. Não é a única disciplina que nos conduz a um território singular dentro de uma política pública. Algumas filosofias e algumas sociologias também vão nessas direção: a noção do *singular* na filosofia de Gilles Deleuze, a importância decisiva do *infinitesimal* nos trabalhos de Gabriel Tarde nos primórdios da sociologia, o conceito de *micropolítica* em Felix Guattari, são referências conceituais muito fortes para compreender e trabalhar dentro de políticas públicas resistindo à homogeneização, prima-irmã da dessubjetização e da burocratização das práticas pelas quais "se faz" a política.

Mas entendo que a psicanálise faz contribuições particulares e específicas para esta dimensão singular que se coloca em jogo no caso a caso das políticas públicas:

- Devolve a cada sujeito o enigma que o constitui.
- Põe em andamento a escuta como principal ferramenta
- Atribui aos laços a sua condição transferencial

Este pequeno conjunto de orientadores conceituais, que só utilizamos aqui a título exemplo, permite aos fazedores de política pública inscrever seu fazer em um continente conceitual que habilita

---

diferentes formas do vínculo social. Com ele se adjetiva cada vez mais as novas gerações sem ver que as mudanças estruturais em jogo produzem desregulações que geram novas formas de desamparo. Mas não se trata de ficar nesse nível, e sim de abordar cada caso, de resgatá-lo do magma homogeneizador, e ajudar a constituir um sintoma, isto é, algo no qual o sujeito se sinta colocado em questão. Isso não se faz sozinho; é necessária a função do Outro que possa acolher esse ato cego e transformá-lo em mensagem para o próprio sujeito" (A. Aichhorn, 2006, p. 20). Tradução livre.

e sustenta processos transformacionais (C. Bollas, 2009) nas crianças e seus ambientes. É preciso chegar a essa dimensão na qual a política pública se transforma, na sua fase de implementação, em um território de laços educativos, pedagógicos, sociais que se relacionam com transformar aquilo que machuca, desprotege, marca e traumatiza.

No prólogo à primeira edição do livro de Aichhorn ao qual estamos aludindo, ninguém menos que Freud escreveu, fazendo referência ao trabalho de Aichhorn como educador com jovens que tinham processos nos tribunais:

> *"El psicoanálisis no pudo enseñarle mucho de nuevo prácticamente, pero le facilitó un punto de vista teórico para justificar su manera de actuar y le colocó en una posición adecuada para poder explicar sus fundamentos a los demás" (p. 24).*[8]

E mais adiante, é ainda mais explícito, fazendo referência ao que para ele explicava a experiência e o êxito (palavras de Freud) de Aichhorn:

> *"Una es que el educador debe recibir una enseñanza psicoanalítica porque, de no tenerla, los niños, objeto de sus esfuerzos, permanecerán para él como un problema inaccesible" (p. 24).*[9]

---

8 "A psicanálise não pode ensinar muito de novo na prática, mas proporcionou um ponto de vista teórico para justificar sua maneira de atuar e o colocou em uma posição adequada para poder explicar seus fundamentos aos demais" (p. 24). Tradução livre.

9 "Uma é que o educador deve receber uma formação psicanalítica porque, ao não a ter, as crianças, objeto dos seus esforços, permanecerão para ele como um problema inacessível" (p. 24). Tradução nossa.

Gera-me impacto a lucidez das palavras de Freud indicando um problema que é totalmente vigente nos nossos tempos. Consiste no fato de que certas políticas de infância – e penso sobre tudo naquelas que se ocupam do tratamento da dor extrema, como o abuso sexual, a crueldade extrema, as privações, as situações de rua, e também em todos aqueles ambientes de proteção e cuidado de crianças, como os centros de proteção, as famílias de acolhida, possam trabalhar de uma forma tal que os problemas das crianças se tornem inacessíveis para elas.

O desamparo, o abuso, a exploração sexual, a violência intrafamiliar, os cuidados institucionais, as situações de rua e as práticas criminosas, todos eles são assuntos de política pública. E sobre eles se montam dispositivos que buscam transformar, aliviar, reparar. Mas em que condições esses problemas se tornam acessíveis para os operadores das políticas públicas?

Acredito que se trata de propor que para os problemas que afetam profundamente as crianças e adolescentes se tornem acessíveis aos operadores nos territórios institucionais de política pública convergem diversos saberes ao modo de uma epistemologia de fronteira, na qual o *pensamento clínico que se desprende da psicanálise,* sem ser hegemônico, não pode ser descartado.

O insuportável no tratamento social da infância

O trabalho com crianças e adolescentes nos chamados contextos de vulnerabilidade social nos levaram a constatar aquilo que no contexto da tese de doutorado (Rodriguez, 2016) que defendi designei como *o insuportável.*

Quando nos referimos ao *insuportável* falamos de uma dinâmica muito particular que se expressa de maneira regular nos territórios de política pública e que é possível sintetizar do seguinte modo:

Certas crianças e adolescentes com os quais trabalhamos viveram o seu encontro com o insuportável. A pergunta sobre o que é o insuportável para as crianças é obviamente incomensurável e não pode escapar do seu caráter enigmático na dimensão singular. Mas a pesquisa levada adiante no Uruguai a respeito das crianças e adolescentes que chegam aos sistemas de proteção nos permitiu identificar certas regularidades do que se torna insuportável para as crianças: abuso sexual e incesto, crueldades extremas, privações (no sentido de Winnicott) são experiências constitutivas do que entendemos como o insuportável para as crianças.

O que chamamos de o insuportável nas crianças, de acordo com o material com o qual trabalhamos, tem um núcleo no que Winnicott conceitualizou como tendência antissocial e como a perda da capacidade de se preocupar com o outro. As crianças exibem nos cenários institucionais de política pública essa insuportabilidade, se tornam difíceis, atacam e destroem os ambientes dos quais participam.

A essas crianças não são se suporta. Não suportar as crianças significa que ali onde se definiu a proteção e o cuidado colocou-se em andamento uma vingança (no sentido de Winnicott). Essa vingança tem a sua fonte em sentimentos inconscientes que correspondem à sociedade na medida em que são sentimentos públicos de vingança social e encontraram dentro das instituições ou institucionalidades destinadas à proteção, não a sua interrupção, a sua evitação, a sua proibição, mas sim um modo particular de colocá-la em funcionamento. Outra das formas que colocam em funcionamento o não suportar as crianças está constituída pela derivação. Não *per se*, mas sim a sua insistência, a sua reiteração, a sua recorrência, o que faz pensar que o que está em jogo não é tanto uma indicação, uma forma de abordagem, mas sim a institucionalização da derivação como um dos modos de não suportar.

Estas três instâncias do insuportável aparecem nos casos do *corpus* da pesquisa que levamos adiante de forma regular, constituem uma regularidade observável no arquivo que construímos, e precisamente por isso tornam visível e enunciável certa dinâmica que se põe em jogo que diz respeito aos circuitos de desproteção nas instituições de proteção. O fato de que identificamos três instâncias com características definidas para todas em relação ao insuportável não significa que deixamos de considerar que estas três instâncias se apresentam entremeadas, se retroalimentando uma à outra e é mais evidente constatar este entrecruzamento do que a delimitação clara e taxativa entre umas e outras.

Este circuito do insuportável que institui a desproteção no próprio seio da institucionalidade criada para proteger eu entendo como uma das descobertas mais relevantes para transformar as capacidades políticas de proteger as crianças e adolescentes. E acredito que a psicanálise tem um papel decisivo tanto para tornar inteligível essa insuportabilidade (todo o trabalho sobre o insuportável encontrou uma superfície de escoramento conceitual nas teses principais de Winnicott sobre as crianças carentes que conheceu durante a Segunda Guerra e das quais se ocupou no contexto de uma política pública[10]) quanto para contribuir com o trabalho necessário de resistência e de trabalho, na contramão do insuportável.

Como exemplo podemos usar os trabalhos de Susana Brignoni (psicanalista) quando propõe, trabalhando em relação de fronteira

10 Essa experiência inspirou diversos trabalhos teóricos em Winnicott cuja principal compilação pode ser encontrada no texto intitulado Privação e delinquência, mas mais especificamente no artigo mais descritivo do que foi feito e como foi feito em termos de política pública está em um texto intitulado Tratamento em regime residencial para crianças difíceis de 1947

com as políticas públicas de proteção à infância na Espanha, e em relação a essa insuportabilidade da qual estávamos falando:

> *"Es la mala conducta un no a la norma o se trata de otra cosa? Freud en uno de sus historiales clínicos El hombre de los lobos dice que el niño que se comporta de manera tan indomeñable está haciendo una confesión...Si se trata de una confesión hay al menos dos posiciones posibles para aquel que trabaja con el niño, o bien convertir la conducta en un llamado o bien seguir bajo el empeño de hacer cumplir la norma.*
>
> *Entre esas dos posiciones se trata de elegir y la elección está del lado del educador. Si elige la segunda está abocado al desencuentro. Si elige la primera abre el campo de abordaje posible el que puede conducirlo al encuentro con un sujeto, que por su sujeción al lenguaje plantea un deseo que más allá de la norma podrá, a su tiempo, consentir al acto educativo".*[11]

O pensamento crítico de base psicanalítica outorga ao tratamento social da infância machucada uma derivação que se transforma em alternativa à moralização, às práticas vingativas tal como sugeriu

11 "A má conduta é um não à norma ou trata-se de outra coisa? Freud em uma das suas histórias clínicas *O homem dos lobos* diz que a criança que se comporta de maneira tão indomável está fazendo uma confissão... se trata-se de uma confissão há pelo menos duas posições possíveis para quem trabalha com a criança, converter a conduta em um chamado ou seguir empenhado em fazer cumprir a norma. Entre essas duas posições trata-se de escolher, e a escolha está do lado do educador. Ao escolher a segunda destina-se ao desencontro. Ao escolher a primeira, abre-se o campo da abordagem possível, o qual pode conduzi-lo ao encontro com um sujeito, que por sua fixação à linguagem levanta um desejo que para além da norma poderá, no seu tempo, consentir com o ato educativo". Tradução livre.

Winnicott, à reprodução do tratamento punitivo daquilo que solicita melhores intérpretes.

O que são as instituições

Por fim, gostaria de me deter nas instituições como cenários através dos quais e nos quais se colocam em andamento as políticas públicas para recordar a obra de Cornelius Castoriadis (um psicanalista ineludível) e o que desta obra nos permite pensar alguma coisa sobre o que está em jogo nas instituições por meio das quais são executadas as políticas públicas e são levadas adiante práticas profissionais dirigidas à infância.

Como mudam as instituições? Acredito que esta é uma pergunta que diz respeito a todos nós que estamos de uma forma ou de outra em contato com crianças e adolescentes muito machucados e não estamos de acordo com o tratamento social e político que fazemos deste dano.

Castoriadis discutia com quem ele chamava de *funcionalistas,* isto é, aqueles que pensavam as instituições como máquinas que devemos fazer funcionar e toda a ideologia de gestão que se segue a este pensamento. Ou seja, a gestão, o funcionamento, a gerência constituem o que Castoriadis chama de polo objetivo racional das instituições. Mas, como ele propõe, as instituições são algo mais que isso. Toda instituição tem o que ele chama de polo subjetivo, feito da ordem simbólica e da ordem imaginária das instituições.

A ordem simbólica de uma instituição e de um tempo é o modo particular em que se outorgam certos significados a certos significantes, o que é uma criança, o que significa cuidar e como se trata as crianças, são questões que se respondem em função de uma ordem simbólica de um tempo. E, portanto, na perspectiva de Castoriadis, mudar as instituições é, acima de tudo, mudar a ordem simbólica, mudar o sentido, mudar a distribuição de significantes e significados.

A possibilidade de modificar o significado e o sentido das coisas que fazemos e como as fazemos implica a função que cumpre, para Castoriadis, a ordem imaginária. Isto é, a possibilidade de imaginar e criar novas ordens simbólicas.

A possibilidade coletiva de imaginar novas ordens simbólicas, ainda que sejam locais e provisórias, acredito ser a tarefa de toda pequena unidade de ação, desde a escola primária até um centro de acolhimento ou uma prisão de menores ou programa que atende migrantes ou pessoas em situação de rua. Se somos nesse ponto castoriadistas, reconheceremos a relevância de criar nos territórios de execução das políticas públicas espaços para elucidar (pensar o que fazemos e saber o que pensamos) as práticas, estrangeirismos que permitam olhar com certa perspectiva a ordem simbólica que nos habita, tempos e espaços de palavra para imaginar a ampliação dos possíveis.

E nessa dimensão acredito que todos os psicanalistas que se interessaram pelas instituições encontram um lugar relevante para sustentar.

Referências

Augé, M. (2012). *Para onde foi o futuro?* Campinas, SP: Papirus.

Bollas, C. (2012). *A questão infinita*. Editora Artmed.

Brignoni, S. (1998). Proteger, cuidar, educar. *Revista L interrogant*. Barcelona: Editorial Begoña Batilla.

Rodriguez, C. (2016). *Lo insoportable en las instituciones de protección a la infancia*. Montevideo: Azafrán.

Foucault, M. (2017) *La parresía*. Madrid: Biblioteca Nueva.

Simondon, G. (2020). *A individuação à luz das noções de forma e de informação*. São Paulo: Ed. 34.

Winnicott, D. (1999) *Privação e delinquência*. São Paulo: Martins Fontes.

Zupancic, A. (2012). *¿Por qué el psicoanálisis?* México: Paradiso Editores.

***

A prática de um analista no intra e extramuros: crianças e adolescentes em situação de vulnerabilidade social

Julia Alonso
Associação Psicanalítica do Uruguai

ATO 1
Um relato, muitas histórias.

Chego a um edifício antigo, de fachada levemente reformada. Há algumas redes para simular um espaço infantil, é um lugar descolorido. Elementos da desolação e do desamparo permanecem. Então, sem que eu me dê conta, surgem evocações a outras abordagens e a outras práticas.

Somos recebidos em um *hall* 'hospitalar'. O assombro e o incômodo nos acompanham enquanto nos deparamos com o peso que carregam as paredes e sua história. No século passado, o local era um asilo masculino que, funcionando em superlotação, abrigava mais de cem internos. O lugar era gerenciado pelas integrantes de uma congregação religiosa, responsáveis por administrar a admissão de novos moradores, bem como por organizar e manter a rígida distribuição de roupas e alimentos.

Na década de 1970, o local deixou de ser um abrigo para se tornar um *Centro de Observación y Estudio*, ministrado por uma diretoria e equipe técnica responsável. Torna-se também um *hub* a partir do qual os jovens internos seriam encaminhados para centros menores.

Por vezes, parece que as instituições guardam em suas paredes os fantasmas de seus fundadores, que se fazem presentes a cada instante, e permeiam a vida de todos os que lá habitam.

No primeiro andar do edifício, me deparo com uma sala de espera compartilhada com outra instituição que funciona no mesmo piso. À direita estão os consultórios e, à esquerda, o *Servicio de Intervenciones Psicológicas*.

Abrindo uma pequena porta, veem-se dois escritórios, e um terceiro espaço, que leva o nome de 'sala de reuniões'. É um aposento pequeno para os nossos grandes números, mas que permite nos sentarmos ao redor de uma grande mesa e que nos sintamos acolhidas por móveis que guardam jogos e outros materiais utilizados nas sessões. Nessa mesa, podemos encontrar biscoitos, chocolates, mate, chá, café, e, eventualmente, alguém almoçando, uma vez que, inevitavelmente, a falta de tempo no trabalho se fará presente.

Essa dinâmica não interrompe o trabalho que realizamos, mas se presta a acalmar angústias e mal-estares aos quais todas estamos sujeitas.

As situações e as complexidades que as crianças e os adolescentes apresentam são experiências de desvinculação – total ou parcial – com os pais, bem como os diversos níveis de desamparo relativos a elas: incapacidade de se sustentar, falta de trabalho, rua, consumo de drogas, abusos de diversos tipos, maus-tratos. Por vezes, no entanto, se apresentam algumas alternativas: a restauração de um vínculo parental, a preparação para a reintegração familiar, a possibilidade de adoção para uns, e a permanência na instituição para outros. Trabalha-se com a ideia de manter o jovem com familiares ou famílias substitutas até o momento do desligamento com a instituição, quando o jovem chega à maioridade.

Estamos falando de indivíduos "quebrados". É possível reparar as fendas abertas?

A instituição, com suas inevitáveis estratégias e medidas falhas, muitas vezes agrava os problemas que acometem as vidas desses jovens.

Eles recorrem a nós munidos de uma sensação de impotência, raiva e desespero, e é parte de nosso trabalho tentar encontrar uma saída para essas angústias.

Trabalhamos baseando-nos em um enfoque psicanalítico que aborda a prática terapêutica, em cada encontro semanal com as crianças e adolescentes, nos apoiamos no eixo da transferência, do jogo, armado ou não, dos silêncios prolongados, da inexpressividade frente aos acontecimentos da vida, da raiva, do que pode ou não ser gerado nos encontros, das crises em sessão, das saídas compulsivas, do *acting*.

A intensidade das três horas de espaço supervisionado, o entusiasmo frente às conquistas, a mobilidade de posicionamentos e a avidez por encontrar um sentido nos afazeres cotidianos vêm se configurando como a base de sustentação de um ambiente público e privado no qual o respeito por cada um, em seus percursos e alternativas, fortalece a estrutura de uma árdua e complexa experiência.

De minha parte, colocar a transferência como o centro da troca que se dá com cada criança e adolescente é voltar às nossas referências e ao marco psicanalítico. Isso garante que não sejamos fagocitados pela instituição e por seu aparato burocrático, uma vez que as possibilidades de intervenção se tornam inexistentes, ou muito difíceis, com adultos exaustos. A compulsão pela repetição está presente na medida que lhe é devida. Identificações, exigências, fracassos que nos ocorreram e com que tivemos que lidar, tentar desamarrá-los e adequá-los ao trabalho de cada um.

Minha formação "in extenso" e minha análise pessoal me mantiveram no desafio de revisar minhas ferramentas – técnicas e teóricas –, diante de um lugar novo, desejado e buscado. Sou grata pelo enriquecimento e pelo fortalecimento que encontrei ao me deparar novamente com o mistério do inesperado e do inconcluso de cada momento, que são uma marca do nosso trabalho. Sair dos estereótipos, dos preconceitos, de um olhar sobre as crianças e adolescentes como meras vítimas a serem salvas.

Acredito que a psicanálise, em seu princípio fundamental, nos dá a possibilidade de produzir algo na dança da transferência que embarca os sujeitos do inconsciente, tanto no desconhecimento, na surpresa frente ao inédito, quanto na possibilidade do desencontro que também constitui a nossa experiência.

ATO 2
Cenas

Trata-se de uma instituição de "proteção" à infância, de grande impacto social e impregnada pela judicialização da vida das famílias que, por diversas razões, não estão em condições de cuidar de seus filhos e de si mesmas.

Alguns dos adultos em cena se solidificam, perdem a plasticidade, frente ao angustiante transbordamento de outros. As ferramentas educativas não podem ser pensadas antecipadamente. Alguns adultos que participam da rotina da instituição têm dificuldade em lidar com as crianças e os adolescentes internados, e disso surgem situações difíceis. Outros, no entanto, apresentam propostas enriquecedoras, humanizadoras, que servem como base para o surgimento de novas alternativas.

As crianças e os adolescentes apresentam sintomas claros: crises, sexualização, violência, se recusam a comer e/ou a ir para a escola; ou seja, expressam de diversas formas os efeitos da institucionalização.

Em alguns casos e em algumas dinâmicas, as meninas são incentivadas a colocar o implante anticoncepcional, uma vez que se assume uma sexualidade precoce. Isso sem nenhuma informação ou conversa a respeito. Em sessão, uma adolescente comenta o que lhe disse uma educadora: "os homens só querem uma coisa, e não te querem". Transmissão imaginária da mulher-objeto, sem que haja possibilidade de ser amada. Não haverá outra saída ou destino? Lares permanentes onde muitos jovens são marcados por um histórico de abuso.

Por conta de situações de abuso sexual entre as crianças, uma delas será transferida, levando consigo a culpabilidade, a confusão e o rechaço social, sem que seja feito nenhum trabalho em função dos acontecimentos. Seria porque os sinais sintomáticos não puderam ser vistos antecipadamente? Ou será que são ignorados para que não se fale da situação-problema? O drama não é elaborado, apenas transbordado e transformado em tragédia.

Por vezes, um lar é fechado sem preparação ou planejamento. Toma-se uma decisão abrupta e, somente mais tarde, quando surgem as dificuldades, recorre-se aos técnicos. Não são realizadas consultas prévias, nem um trabalho de informação e processamento de mudanças. Os funcionários que passam diariamente pelos corredores não são autorizados a falar com as crianças. Essas, por sua vez, organizam uma revolta que obriga o *Servicio de Intervenciones Psicológicas* a intervir institucionalmente.

Frequentemente, as crises não informadas que invadem repentinamente as sessões têm seus desfechos previamente estabelecidos.

A dificuldade em antecipar a reflexão, elemento fundamental no processo de tomada de decisões, se transforma em uma afronta contínua às crianças e ao espaço terapêutico. Espera-se uma resolução imediata para as questões abordadas em sessão, e se deposita na figura da terapeuta as expectativas em relação às decisões não tomadas.

***

Contribuição da Rede Psicanalítica Solidária: conversando com Dora durante a pandemia de covid-19

Teresa Lirio e Maria de Lourdes Teodoro
Sociedade de Psicanálise de Brasília

Neste trabalho, compartilhamos as inquietações surgidas a partir da nossa participação na Rede Psicanalítica Solidária – RPS/DCC/SPBsb, iniciada em maio de 2020, com adolescentes em situação de vulnerabilidade psíquica e social. Experiência intensa, de grande envolvimento emocional, que transborda em sentimentos muito diversos. Estamos felizes por fazer parte desse movimento psicanalítico solidário tão potente que nos anima a ampliar o alcance da psicanálise a pessoas que, de outra forma, não poderiam ter acesso aos nossos consultórios. Mas este é também um trabalho sofrido e que mobiliza, nos analistas, angústias, sentimentos de impotência e pensamentos de desistência. Dúvidas. Muitas!

Quais as especificidades dessa escuta analítica no atendimento de jovens e de suas famílias, que vivem em estado de desespero por sofrimentos decorrentes de uma vida de opressão e violência, de injustiças, de faltas básicas, de acúmulos de traumas? Estes, produzindo nos pais estruturas e defesas que se atualizam na dinâmica familiar, de forma a traumatizar os filhos adolescentes com angústias intensas, um sentimento de impotência que beira o intolerável e pensamentos de desistência da vida!

Tratamos aqui de dificuldades e potencialidades. Percebemos que esses sentimentos são semelhantes aos que nos invadem e fazem parte do processo analítico quando podemos conter e elaborar o que não é possível ser vivido e representado por nossos analisandos. É disso que gostaríamos de tratar nessa reflexão: do insuportável, do que é possível ser transformado, e dos destinos dessas transformações.

Apresentamos dados provenientes de um projeto realizado em parceria com uma escola de uma cidade satélite de Brasília. Professoras preocupadas com a interrupção das aulas devido à pandemia e cientes de que, para muitos alunos, a escola é uma referência de vida e acolhimento, um refúgio para a violência familiar e até mesmo fonte de complementação alimentar, resolveram convidar os alunos para rodas de conversas on-line, uma vez por semana. Elas entraram em contato por meio do site da Sociedade de Psicanálise de Brasília e pediram que participássemos do projeto. Tínhamos reuniões semanais, discutíamos os casos mais graves e urgentes, e os encaminhamentos eram feitos para os colegas da RPS. Após três meses, o projeto foi assumido pelo serviço de orientação educacional da escola, com a exclusão das professoras que inicialmente haviam nos procurado. Assim, também se encerrou a nossa participação. Neste período, sete jovens foram acolhidos em nosso programa de atendimento individual.

Segundo o relato dos colegas que atenderam esses jovens, a grande maioria tinha imensa dificuldade de comunicação, muitos não conseguiam nem falar por áudio, mandavam mensagens por escrito. Prevalecia a linguagem em atos: quase todos se cortavam, muitos tentaram suicídio. Relataram situações inimagináveis de violência familiar com agressões mortíferas, tanto físicas como verbais. Ser chamado de "resto de aborto" por um familiar encarregado dos cuidados em função do abandono dos pais é algo muito difícil de ser absorvido, ainda mais se somado ao abandono do Estado, que intensifica as condições familiares precárias por falta de emprego, de atendimento à saúde e até mesmo do básico necessário à alimentação.

Nesse cenário, a tolerância é mínima, as acusações sobram, e os conflitos não produzem conversas e negociações, mas cisões e exclusões. Ao lado da miséria econômico-financeira, o deserto afetivo enfraquece a construção subjetiva, com prejuízo da capacidade simbólica, restando emudecer, isolar-se, deprimir-se ou atuar. Nessa condição, o trabalho de análise se torna muito difícil. Caso esse ciclo não seja interrompido, é muito comum que estes sujeitos se tornem adictos, o que torna sua condição ainda mais difícil: uso de álcool e outras drogas, dependência afetiva, e a reprodução do modelo familiar de uma vida afetivo-sexual conturbada e fonte de sofrimento psíquico.

Dos sete jovens que iniciaram o atendimento, quatro interromperam-no em pouco tempo. Com os outros três, o atendimento durou alguns meses, embora de forma descontínua. O setting, com todos, era marcado pela flexibilidade quanto às faltas e pela variação do tempo de duração das sessões, que precisavam ser encurtadas. Apesar das dificuldades, os analistas que tiveram maior continuidade nos processos que conduziram relataram ter havido crescimento psíquico, e que o trabalho propiciou uma experiência única e inédita para os analisandos: a de serem escutados sem julgamento. Isso certamente deixará uma porta aberta para novas tentativas, além de uma semente de esperança.

Para as desistências, as dificuldades identificadas foram: dificuldades de manter o vínculo on-line, falta de privacidade para as sessões, acesso insuficiente à internet, falta de confiança para investir em um vínculo, diante de experiências de abusos já sofridos. As professoras relataram que havia, também, por parte dos alunos, resistência por desconhecerem o que seria um trabalho com psicanalistas e pelo medo de serem considerados "loucos". A autorização dos pais foi necessária – eram todos menores de 18 anos – e algumas famílias também expressaram desconfiança. Quanto trabalho a ser feito nas escolas!

A execução deste projeto, que inicialmente parecia configurar uma grande oportunidade para esses adolescentes, logo foi nos mostrando que, apesar de alguns terem podido se aproveitar do processo analítico, não basta a disponibilidade de analistas entusiasmados e eticamente comprometidos com a responsabilidade social. O sofrimento sociopolítico vai deixando marcas, e as feridas nem sempre cicatrizam.

Nesse quadro, somos desafiados, como psicanalistas, a repensarmos nossa prática. A abordagem multidisciplinar, essencial nesses atendimentos, nos tira de nosso conforto (ou acomodação) do trabalho solitário do consultório, e a análise de nossas pretensões idealizadas e da realidade constatada nos faz sentir que temos estado ausentes de um trabalho preventivo, integrado às escolas e aos programas de saúde. Coloca-se a questão de por que somos tão pouco implicados nas políticas públicas.

Por fim, para encerrarmos esta breve apresentação do projeto, deixamos o fragmento de um caso, relatado por Maria de Lourdes Teodoro. Trata-se do atendimento de uma adolescente em situação de vulnerabilidade psíquica e social, com questões ligadas à identidade de gênero/orientação sexual, e sinais de depressão. Parecia ter uma boa relação com os pais e não passar por privações maiores. Vou chamá-la de Dora.

A primeira dificuldade que se colocou no trabalho com Dora foi o fato de ela não dispor de um aparelho celular compatível com a psicanálise on-line, pois seu aparelho (segundo sua informação) não lhe permitia usar o sistema de áudio nem a câmera de vídeo, restando-nos a conversa por escrito. Senti-me receosa no início, pois geralmente me distraio e cometo erros ao digitar. Para minha surpresa, raramente cometi algum erro de digitação, pois sempre relia minhas falas antes de as enviar . Dora era bem ágil na digitação e o fazia bem.

Conversávamos por todo o tempo das sessões. Dora faltou uma só vez, quando precisou sair com sua mãe, e sempre chegou na hora prevista. A relativa dificuldade de falar de si foi rompida no segundo encontro. A foto de seu perfil foi mudada, em cerca de dois meses de trabalho, para uma com dois animaizinhos em pose carinhosa e, pouco depois, mudou novamente o perfil para a foto de dois/duas jovens em pose amorosa.

Dora acolheu sugestão minha para que escrevesse, desenhasse (ela costumava desenhar antes). Mais de uma vez se atrasou um pouco e parecia contente em justificar seu atraso por "estar escrevendo".

Uma história emocional começava a ganhar forma, vínculos com amigos da escola começaram a surgir na sessão e dar contorno a uma vida social que poderia ser retomada por Dora. Numa dada sessão, fiz uma interpretação bem infeliz para sua queixa de "falta de ar" quando sai de casa. Eu trouxe o fato de que, em algumas cidades, vendem o ar em latinhas decoradas, como lembrança do local. E quando alguém ganha a latinha de presente e a abre, verifica que não há nada dentro. O ar está por toda parte, mas não é visível... Supus que não a veria mais depois desse dia. Mas ela voltou, e alguns encontros depois me enviou uma mensagem bastante aborrecida comigo – sem dizer a causa – afirmando que "não confiava mais" em mim. Não sei como ficou minha analisanda depois de seu afastamento abrupto.

***

Relato NAU

Sarah Barretto Prado
Sociedade Brasileira de Psicanálise de Ribeirão Preto

Chego, como sempre, para o nosso grupo, que acontece a cada quinze dias. Eles ocorrem dentro de um cursinho gratuito para jovens de baixa renda e provenientes do ensino público, é um projeto mantido por uma iniciativa privada. Aos alunos são oferecidas aulas com professores voluntários, transporte, alimentação e material didático.

Neste dia, sinto que há um clima diferente, parecem todos apreensivos, incomodados. Não sei o que está acontecendo, penso se algo de nossa conversa anterior tem a ver com essa aflição que está no ar. Quinze dias antes, havíamos falado sobre violência, abuso. Várias jovens deram depoimentos de situações extremamente difíceis que vivenciaram: o primeiro relato encorajou as demais, que trouxeram vivências de muita dor. Senti que, apesar de difícil, foi uma boa conversa e o grupo foi muito acolhedor. Falamos de machismo e de sexualidade, e as meninas trouxeram muitas apreensões, como o simples fato de ir embora à noite da aula. Os poucos meninos que estavam no grupo também conseguiram falar, o que costuma ser difícil para eles. Penso que talvez não seja esse o tema de hoje.

Dirigimos-nos para o fundo da sala e nos sentamos em roda. Eles se olham, como se esperassem alguém corajoso para iniciar um assunto, eu apenas aguardo. Uma das meninas começa. "É que ontem aconteceu algo muito chato, e tem a ver com um professor daqui". Outra diz: "É que ele é muito meritocrata".

Parecem apreensivos em trazer o assunto, como se estivessem fazendo uma denúncia, e estão em dúvida de como o tema seria recebido por mim.

"Como assim? O que aconteceu?" pergunto.

"É que o professor X, que é de História, olha só, de História, veio com uma conversa ontem, uma conversa não, um sermão de mais de meia hora, dizendo da nossa falta de esforço, falta de dedicação, falta de foco. Trouxe inúmeros exemplos de pessoas que vieram do nada como a gente e conseguiram vencer, conseguiram entrar na universidade, que estudavam 12 horas por dia." A jovem estava bastante indignada.

Outra aluna continua: "Ele disse que deveríamos fazer o mesmo, mas ele não sabe das nossas dificuldades, não sabe que muitos de nós precisam trabalhar para ajudar a família a pagar as contas, comprar comida, cuidar da casa e dos irmãos mais novos."

"Ele diz que devemos ler o jornal todos os dias, que horas vamos fazer isso? Lá na escola particular tem uma pessoa que faz isso pelos alunos, o professor lê e já passa tudo mastigado, as principais notícias, aqui não temos isso, eu estou me matando pra entender uma matéria de matemática que acho que nunca vou conseguir compreender, e por quê? Porque isso eu deveria ter aprendido lá atrás, nos primeiros anos do colégio, mas na minha escola não tinha aula direito, professor faltava, e, quando ia, dava trabalho e a gente não aprendia nada. Tenho uma defasagem que dificilmente vou conseguir superar."

"Fora o apoio que eles têm da família, a maioria acredita que eles têm grandes chances de ter um futuro grandioso, acreditam que estudar é um caminho possível. Na minha casa ninguém estudou, meus avós não chegaram no final do ensino fundamental e meus pais não fizeram ensino médio, precisaram trabalhar desde cedo para ajudar a família. Eles não entendem minha escolha, dizem que estudar não é pra gente como a gente, que vão me sustentar por mais um ano, mas depois terei que trabalhar para ajudar em casa, acham que estudar é um luxo, não entendem como é difícil".

"Eu cheguei no colegial e não sabia o que era vestibular: na minha escola não falavam sobre isso, na minha família ninguém passou por isso. Eles não entendem, dizem que não aguentam mais sustentar meus luxos e eu penso: qual luxo eu tenho? Minha última chance é esse ano, se eu não passar vou desistir e arrumar um trabalho."

"E se eu passar em outra cidade? Porque aqui a concorrência é muito grande, sei que minhas chances são pequenas, como vou me sustentar em outra cidade, em outro estado? Minha mãe ganha um salário mínimo para sustentar a casa, eu e meus dois irmãos, se ela me mandar cem reais no mês sei que vai fazer falta e como vou me virar com cem reais? Sei que os alojamentos estão todos lotados, onde vou dormir?"

Sinto-me angustiada diante das falas desses jovens. Presencio evidências da desigualdade social, da ausência do Estado, da vulnerabilidade vivenciada por eles. Em sua maioria negros, muito deles são os primeiros de suas famílias a sonhar com a entrada em uma universidade. Travam uma luta consigo mesmos pela sustentação desse desejo, que muitas vezes não se realiza; encontram-se diante da naturalização da desigualdade usada de forma violenta e cruel. A consciência desses jovens do que lhes foi negado, somada à ânsia de se experimentarem em outro contexto, diferente do até então conhecido, torna essa travessia árdua. É possível que a psicanálise tenha algo a contribuir nesse processo.

Ao longo do ano de 2019, estive com esses jovens quinzenalmente, em um grupo aberto para todos. No ano de 2020, alguns encontros ocorreram de forma remota. Os grupos serão retomados no segundo semestre de 2021.

Parte IV
Pandemia

8. Recriando uma clínica possível na pandemia[1]

Os girassóis de Van Gogh

Magda Guimarães Khouri
Sociedade Brasileira de Psicanálise de São Paulo

> *"A ficção não é o lugar dos sonhos onde se vai descansar dos aborrecimentos da vida ordinária. Ela é a negação radical dessa vida ordinária, é a verdadeira vida, aquela a que é preciso se dedicar inteiramente." (Rancière, 2021, p. 43)*

---

1 O artigo que abre este capítulo, de Magda Guimarães Khouri, foi elaborado com base nos trabalhos das colegas Karla Zárate, do México; Caroline Milman, Carmen Nogueira, Giuliana Chiapin, Helena Surreaux, Janine Severo, Rodrigo Boettcher, Sandra Fagundes, Siana Pessin Cerri, de Porto Alegre; e Graciela Maldonado Loch e Manoel Mariano da Rocha Neto, de Pelotas, Rio Grande do Sul. Os respectivos trabalhos também compõem este capítulo.

Frestas na pandemia

Conectada com o seu tempo, a atual Diretoria de Comunidade e Cultura da FEPAL (2020-2022) desenvolveu o projeto Psicanálise em trânsito. Gestão que, de ponta a ponta, foi atravessada pela pandemia, conseguindo, por meio de suas frestas, manter um debate vivo sobre temas sensíveis ao momento, tais como, clínica emergencial na América Latina e o pensamento psicanalítico no trabalho extramuros, agora registrados na presente publicação.

Agradeço muitíssimo Sonia Terepins, Silvia Bracco e toda a equipe pela oportunidade de dialogar sobre as extensões da psicanálise, que ao ampliar seu espectro de ação, faz revisar, criticar e renovar o nosso campo de conhecimento. Iniciativas como esta são aquelas que promovem recuperar o lugar da psicanálise fundada por Freud, ou seja, exercer um olhar clínico sobre o mundo.

Os três relatos clínicos dos colegas, que habitam diferentes cantos de nossa América Latina, se referem às suas experiências durante a pandemia, que explodiu no mundo no início de 2020 e se estende até hoje. Não poderia ser de outra maneira. O cotidiano de todos nós vem se pautando, por todos os lados, pelos movimentos da crise sanitária instaurada pela covid-19.

Neste contexto os textos apresentados colocam em evidência como os psicanalistas foram convocados a trabalhar de diferentes formas para acolher o sofrimento psíquico gerado pela atual crise. O que demanda refletir, cada vez mais, sobre settings, modalidades de intervenção, assim como os conceitos psicanalíticos e seus vínculos com momentos históricos e culturais nos quais estamos inseridos.

Urgência subjetiva

A pandemia está dizendo muito sobre nós mesmos, assim como agudiza os problemas tais como as diferenças sociais, colocando em evidência como cada sociedade lida com as complexas dificuldades que vêm à tona em situações de emergência. Tal sensação de risco onipresente e seus efeitos subjetivos permearam as três situações clínicas aqui apresentadas.

"A voz do trauma", da colega mexicana Karla Zárate, descreve de forma sensível cenas de um programa de atendimentos online criado neste período. Quem se aventurou a trabalhar em alguma das plataformas formadas por diversos grupos de psicanalistas, provavelmente poderá se reconhecer com bastante proximidade emocional.

Diante do trauma coletivo, fomos observando uma diluição das subjetividades, uma diluição dos grupos de suporte, e angústias acentuadas pelo momento político desagregador, especialmente em alguns países latino-americanos, como é o caso brasileiro. E todos, sem exceção, em algum momento, podiam se ver afetados.

Desse impacto psicológico sem precedentes, frente a tantas incertezas, é de se esperar reações como medo, inseguranças e uma angústia generalizada, que irrompem tanto na clínica como na esfera social. Torna-se uma questão de saúde pública, que tem mobilizado um forte debate sobre a inserção da psicanálise nos problemas que envolvem a dimensão coletiva.

Parece ser próprio da urgência subjetiva, como efeito da angústia gerada, surgir uma confusão entre tempo e espaço que afeta as relações interpessoais, provocando um possível desvanecimento das particularidades, que interferem nas dinâmicas inconscientes em jogo.

Na linha proposta por Zárate, surgiu a necessidade de repensar o compromisso para com os pacientes emergenciais. E esse ponto envolve diretamente o fato dessas redes de atendimento fazerem parte de um sistema de saúde mais ampliado, que demandam outras lógicas de ação, muitas vezes diferentes das quais um significativo número de psicanalistas está mais acostumado.

Plataformas que têm como objetivo gerar maior impacto social, contribuem no sentido de cuidar do não adoecimento de uma população. Considerar que interessa à psicanálise o traumatizante no sujeito, tal situação de catástrofe coletiva convocou a presença do psicanalista tanto nas ações clínicas, quanto nas reflexões sobre os efeitos do trauma nos grupos sociais.

Escuta psicanalítica

Na escuta psicanalítica, experimentamos o trânsito permanente entre os detalhes e uma totalidade. O tempo todo oscilando entre uma aproximação e um afastamento. Os detalhes ajudam a criar uma modulação nas nossas sensações, nos nossos sentimentos, o quanto somos afetados pela situação, aí reside a delicadeza dessa escuta.

As conversas nos encontros individuais, grupais ou nas intervenções clínicas em instituições, funcionam como um recuo das situações de urgência, das demandas do cotidiano, criando condições para pensar. Na época de exceção em que vivemos abrem um espaço para viver o luto, de forma compartilhada. Lutos, como sabemos, bastante complexos durante a pandemia.

Piera Aulagnier (1989) ressalta que a importância do conhecimento que emerge a partir da escuta via transferência, é o conhecimento que se refere à singularidade própria da história libidinal do sujeito. Nesse sentido a escuta psicanalítica configura-se como um caminho potente nos possíveis processos de desvanecimento das particularidades em situações de urgência subjetiva. Momentos de maior vulnerabilidade psíquica e social demandam ações clínicas, que se situam na tênue linha de favorecer que o sujeito não se afaste de sua angústia ao mesmo tempo que não se afunde nela.

Como Pablo Dragotto relata sobre o programa desenvolvido em Córdoba, Argentina: "os atendimentos implicavam em tomar como foco a angústia, não para resolvê-la, mas para colocá-la em movimento, utilizando a palavra como elemento privilegiado". (2021).

Por meio dos encontros individuais, os sujeitos têm a chance de se conectar com a sua própria história e o analista funciona como uma "testemunha" de seu estado interior, que qualifica e dá crédito no que se produziu nele (Roussillon, 2019, p. 155). Foi marcante como em muitas experiências das redes de atendimento, diversas pessoas se organizavam visivelmente a partir de uma ou duas consultas, ao conseguirem nomear as suas angústias. A pandemia deixava de ser o personagem principal e uma mobilidade psíquica dava lugar às conversas sobre muitas dimensões de sua vida pessoal.

Nos três trabalhos fica evidente como a escuta clínica do sofrimento psíquico necessita ser também uma escuta do sofrimento social.

Em meio a sustos, surpresas, situações de impotência e também de muita potência, experimenta-se a plasticidade do método psicanalítico. Ao desenvolver suas ideias sobre a clínica extensa, Fábio Herrmann evidenciava que uma intervenção fora do consultório, pede mais precisão do método e maior flexibilidade da técnica.

Clínica extensa

Zárate escreveu sobre as modificações observadas na prática analítica para atender as contingências sanitárias. Refere-se à necessidade de repensar a metodologia e a técnica da abordagem psicanalítica.

Aqui vale recorrer ao pensamento de Fabio Herrmann que dedicou grande parte de sua obra à construção de conceitos que descrevem o método psicanalítico. O autor fez uma rigorosa recuperação crítica do próprio método psicanalítico, alertando que, depois de Freud, se confundiu método com tratamento clínico. Marca com maior precisão a diferença entre método e técnica.

Psicanálise entendida, primordialmente, como um método de conhecimento da psique, baseado no fazer interpretativo, tanto na investigação teórica, quanto nos estudos concretos de configurações psíquicas individuais e culturais.

Tal método, que opera por rupturas de campo, eixo central dos caminhos da interpretação, cria condições para a busca de sentidos, método "semeador de inconscientes, põe à mostra o que está oculto em qualquer condição humana" (Herrmann, 2002b, p. 291).

Como escreveu Herrmann:

> *A técnica não é um desdobramento do* setting *ou uma receita teórica do que dizer. É a escuta poética, sem melodrama, sem alcaçuz. Deixar que surja o sentido, para lá do alcance estreito da significação, tomá-lo em consideração e aguentar as consequências. Principalmente, não tomar as palavras pelo manual de interpretação, esperando delas um significado literal que não podem ter nas circunstâncias. (2017, p. 409).*

Na concepção do autor, um dos pontos centrais é que não se trata da questão de um *setting* mais amplo, mas a superação da questão do *setting*/moldura.

Um lance de dados jamais abolirá o acaso, de Mallarmé, é o poema que serviu como um guia para Herrmann (2017) na sua construção da clínica extensa à alta teoria. O acaso, o se deixar afetar com o que surge, é como opera fundamentalmente a clínica extensa: lembrando que se dirige tanto para dentro ou fora dos consultórios. Ao não ter direção definida, a conversa psicanalítica cria condições para nascerem sentidos, tendo a metapsicologia como referência, esta sempre passível de ser revista. A escuta psicanalítica opera nesse trânsito permanente.

De forma mais precisa, clínica extensa refere-se tanto às aproximações com artes, literatura e as diversas áreas do saber científico, às ações psicanalíticas em diferentes territórios, como àquilo que se faz no consultório e que não se costuma contar, uma vez que se encontra fora da técnica padrão. Trata-se, portanto, de cuidar rigorosamente da pesquisa do nosso método de investigação, do conhecimento e da cura.

Batalha Naval

A experiência dos colegas brasileiros de Pelotas, Graciela Maldonado Loch e Manoel Mariano da Rocha Neto, envolveu um grupo de profissionais de saúde de um hospital da região.

Nas linhas de frente do combate ao coronavírus estavam as equipes de trabalho que viveram de forma radical o excesso de realidade, de situações muitas vezes incontornáveis.

Expostos a alto risco de contágio, medo da morte, cargas extremas de trabalho, dilemas morais, sobrecarga de tarefas, tais profissionais se viram encarcerados num longo pesadelo.

As falas apresentadas na situação clínica de Pelotas revelam os temores acompanhados de sentimentos de impotência dos participantes, que em pequenas doses foram dando expressão à dor generalizada diante de tanta insegurança e incerteza. Como o psicanalista pode ouvir os excessos que interrompem a possibilidade do surgimento de palavras ou imagens que nomeiem a angústia?

Um primeiro representante simbólico surge no grupo por meio da seguinte imagem: "...é como aquele jogo de batalha naval, onde vai cair a bomba?"

Imagem tão significativa que traduz o estado de suspensão a que todos ficamos submetidos durante a pandemia, sobretudo os profissionais que se dedicaram a cuidar da população adoecida. O significante bomba nos remeteu a alguns versos do poema, de Carlos Drummond de Andrade:

> *"A bomba é uma flor de pânico apavorando os floricultores."*
>
> *"A bomba não sabe quando, onde e porque vai explodir, mas preliba o instante inefável."*
>
> *"A bomba não está no fundo do cofre, está principalmente onde não está." (2012, p. 83-88).*

Esta "flor de pânico" que "está principalmente onde não está.", dá sinais, ainda de forma incipiente, de uma atividade onírica do grupo. Sendo naval, afunda os navios ou explode nas águas, agitando os mares. Ao traduzir a ameaça, podemos pensar que batalha naval aparece no grupo como um ensaio de proteção anímica do perigo iminente.

Como escreve Leopold Nosek, promover condições de continência para o que o pensamento se mova significa: "... criar redes associativas pelo trabalho onírico. A tarefa é possibilitar o sonhar. Eis o eixo do nosso trabalho" (2012, p. 98). Em *A Interpretação dos sonhos,* Freud nos mostrou que os processos oníricos estão sempre presentes, assim como os fenômenos de contratransferência e transferência estão em qualquer experiência.

Pablo Castanho e Luciana Lafraia, psicólogos de longa e consistente trajetória na prática e reflexão sobre a tarefa clínica em grupos e instituições, mostram como "a capacidade das equipes sócios assistenciais de ensonhamento é fundamental para que se opere de fato o cuidado dispensado aos usuários." (2021)

Os autores propõem estudar como a psicanálise contemporânea pode pensar ações clínicas, junto às equipes, que sejam propiciadoras de subjetivação e sustentem um funcionamento suficientemente vivo e criativo:

> *"O grupo teria entre suas funções a de, sonhando a experiência que se passa – ou que, encravada, não passa – no seu espaço intersubjetivo, constituir, reconstituir ou colocar em trabalho a capacidade de sonhar. Fazer trabalhar por meio do sonhar o que é ali vivido, constitui parte fundamental do dispositivo terapêutico em instituição" (Castanho & Lafraia, 2021).*

Ideias estas referendadas na metapsicologia dos espaços interferentes, de René Kaës. Grosso modo, o postulado básico que sustenta a investigação e a teorização de Kaës é de que o psiquismo se assenta sobre três pilares que estão estreitamente entrelaçados: a sexualidade infantil, a palavra e os vínculos intersubjetivos. Sua proposta de uma terceira tópica, como uma ampliação da metapsicologia, tenta dar conta da difícil tarefa de definir como ocorre o trabalho da intersubjetividade, como se constrói a realidade psíquica do grupo e seus efeitos na constituição do sujeito inconsciente.

Uma das teses centrais do pensamento de Kaës refere-se ao sonho como uma composição polifônica: os efeitos do vínculo em espaços psíquicos comuns e partilhados se inscrevem também nos espaços oníricos e nos próprios sonhos. É a partir da proposta de Didier Anzieu, que o autor formula que: "o grupo é *como* o sonho, o meio e o lugar da realização imaginária dos desejos inconscientes de seus membros, de seus desejos infantis e de seus desejos de véspera". (Kaës, 2004, p.121). Anzieu considerava que: "os sujeitos humanos vão aos grupos da mesma forma que, no seu sono, entram no sonho"(1993, p.49).

O grupo quer ele cumpra de maneira eficaz a tarefa que se propôs, quer seja paralisado, é um debate com uma fantasia subjacente.

No curto processo relatado, vimos que algo se movimentou na cena da van que transportava a equipe de profissionais. Um dos participantes se colocou como caixa de ressonâncias da colega em um momento de transbordamento de suas ansiedades propiciando a transformação da palavra como descarga em palavra corporificada. Tal gesto favoreceu, naquele instante, os laços grupais. Parece ter se propagado o modelo de escuta experimentado pelo grupo.

De acordo com Beth Mori, na sua experiência na rede de atendimento em Brasília, "ao fortalecer a construção subjetiva, é possível transformar amargura, tristeza, sentimento de impotência em ação."

A impotência vivida por todos nós foi relatada nas três situações clínicas, onde os psicanalistas em questão descreveram os impactos sofridos neste estado de exceção. Os profissionais também se oferecem como instrumentos de metabolização; nada poderia ser feito sem a implicação do psicanalista, no corpo a corpo com os sujeitos envolvidos. Por sua vez, redes de conversas entre colegas foram construídas como suporte emocional e conceitual em suas próprias instituições psicanalíticas.

Retomando Kaës, viemos ao mundo pelo corpo e pelo grupo, sendo impossível escapar dessa dupla determinação. E se a impotência é de todos nós, quem sabe a cura só possa se dar também de forma compartilhada.

Espaço da ficção

Muitas pessoas que vivem a experiência analítica costumam falar que se trata de uma escuta diferente. Explorar o sentido desses depoimentos, que foram recorrentes durante os atendimentos na pandemia, foi um dos disparadores dessa reflexão. É no campo do ficcional que se abrem as possibilidades para o sujeito brincar com a palavra, encontrar novas representações de si mesmo e do mundo que o cerca.

Ao transitar no espaço da ficção, como contadores e escutadores de histórias, o sujeito pode encontrar novas formas de enfrentar o mundo. É o que testemunhamos nas conversas aqui apresentadas, assim como acontece nas diferentes modalidades de escuta psicanalíticas tanto dentro como fora do consultório. Encontrar uma voz por caminhos estéticos indiretos, para que partes inteiras daquilo que o sujeito viveu não permaneçam imobilizadas nas zonas mortas de seu ser.

A ficção como dimensão vital da escuta psicanalítica, ou seja, a ficção entendida como uma matriz interpretativa da ação humana.

O status de verdade é conferido à ficção no sentido que o filósofo francês Jacques Rancière a define: "A ficção não é, a meu ver, o ato de inventar mundos que não existem. Ela faz parte integrante de nosso mundo e, mais, de nossa maneira de fazer mundo." (2021, p.8). Fazer mundo significa também produzir subjetividades.

Nessa direção, Herrmann em seus estudos que procuram retratar o processo analítico em sua interioridade, mantém um diálogo permanente entre ciência e literatura:

> *"Vamos deixar clara a idéia: ficcional não significa falso, nem mesmo cientificamente menor, mas inserido num tipo de verdade peculiar à literatura, que é em geral mais apropriada para a compreensão do homem que a própria ciência regular" (2006. p. 62-63)*

No tempo da ficção moderna, Rancière salienta que: "Cada vida tornou-se digna de ficção. (...) É na medida em que é capaz de se separar de si própria, de se ficcionalizar a si própria" (2021, p. 16). Algo que se aproxima dos processos de metaforização, que fazem movimentar o inconsciente e põem à mostra o que há de mais singular do sujeito.

Para Herrmann, é por meio do ficcional que a verdade do sujeito se revela: "A ficção permite capturar o instante em que a emoção viva mostra sua lógica rigorosa, em que a história se transforma em transferência, em que as duplicações sub-reptícias do sujeito se cristalizam em palavras concentradíssimas de sentidos em vórtice" (2002a, p. 7).

Se a psicanálise pensa o homem como constituído por um excedente pulsional, das pulsões no seu incessante movimento, não se torna possível capturar o sujeito como um todo. O psicanalista trabalha com bordas de toda história que vão se movimentando nas experiências de cada pessoa ou grupo. O incerto, as ambiguidades, os vários eus que nos habitam têm sua melhor tradução na palavra poética, que entra no espaço desfamiliarizado, desdomesticado dessa verdadeira vida.

Os girassóis

A equipe de Porto Alegre desenvolveu um projeto, muito consistente, de escuta online com professores de diversos estados brasileiros. Participaram desta atividade: Caroline Milman, Carmen Nogueira, Giuliana Chiapin, Helena Surreaux, Janine Severo, Rodrigo Boettcher, Sandra Fagundes, Siana Pessin Cerri.

Ao lado dos profissionais de saúde mais um grupo de extrema importância social: os educadores que exercem um papel de sustentação de um país, merecendo sempre todo o nosso suporte em seus enfrentamentos diários.

Como os autores salientam, é sempre surpreendente como os professores dão conta do trabalho em condições tão precárias e se veem chamados a cumprir as funções de pai, mãe, assistente social, educador e daquilo que o Estado não se mostra presente.

Bombardeados pelos excessos, o processo grupal foi se encaminhando de um descolamento da realidade imposta para vias mais criativas. O ficcional fazendo deflagrar mundos povoados de histórias.

Entra em cena o girassol de Cristina, participante do grupo de professores.

Atrás de sua cadeira, onde amamentou sua filha, está uma tela com um girassol desenhado por sua mãe. Imagem que nos leva a um símbolo que na história da arte se tornou algo quase sagrado: os girassóis de Van Gogh.

No seu micro poema, Manoel de Barros confere ao artista a invenção da flor: "Um girassol se apropriou de Deus: foi em Van Gogh" (2016, p.17).

Os girassóis representam a cor amarela, que tanto na obra do poeta e pintor, ganha figuração dotada de vida própria, essa cor vai além das formas figuradas. A luz, o fogo e o sol inundam suas telas e seus poemas.

Em 1890, nas cartas à sua irmã, Gogh escreveu que suas pinturas, eram *"quase um grito de angústia enquanto simbolizavam a gratidão no girassol rústico"* (Paulino, 2020). Em busca do sol, viveu em Arles no período de 1888 a 1889, onde produziu as sete telas mais populares desta série. A partir de Van Gogh, os girassóis representam a celebração da beleza e da vitalidade da natureza, ao mesmo tempo que carregam a tensão em limite máximo, embriagado pela loucura até a morte.

Van Gogh fez os girassóis e produziu mundo. "O girassol é meu", declarou certa vez o artista. É de Van Gogh, de Cristina, de Manoel de Barros, é de todos nós, ficção partilhada que produz subjetividades e um mar de histórias.

Os psicanalistas contaram que puderam girar suas escutas e deixar que surgissem temas nos grupos de professores, que vão além das angústias da pandemia. Falaram de vazio, solidão, racismo, tecnologia, luz, sol, morte. "A vida e suas infinitas possibilidades."

A imaginação entra em ação para construir, delimitar, organizar um espaço, um ritmo ao tempo. O ato analítico permanece com sua potência ao resgatar, por meio da narrativa, as redes associativas pelo trabalho onírico da vigília, surgindo como possibilidade de elaboração, de cura, tanto no plano individual como no coletivo.

Perturbação criativa

No trabalho de extensão da psicanálise, o encontro de diferentes realidades gera uma viva produção de conhecimento, da clínica psicanalítica no campo individual e coletivo.

Lembrando o que Janine Puget salientava sobre a questão da alteridade: quando há disponibilidade para se surpreender nas experiências vinculares, o outro pode ser vivido como uma perturbação criativa.

Trata-se de um antídoto a palavras vazias e desvitalizadas, pois somente se houver abertura para um fazer compartilhado é que teremos oportunidade de reinventar, revisar e atualizar o campo psicanalítico. E quiçá inspire o nascimento de novas linguagens.

Referências

Anzieu, D. (1993). *O Grupo e o Inconsciente: o imaginário grupal.* Casa do Psicólogo.

Aulagnier, P. (1989). *O aprendiz de historiador e o mestre-feiticeiro: do discurso identificante ao discurso delirante* (C. Berliner, Trad.). Escuta.

Barros, M. (2016). *Livro das ignorãças.* Alfaguara.

Dragotto, P. (2028, 21 de abril). *Psicanálise em Trânsito: clínica emergencial.* [Vídeo]. http://www.fepal.org/psicanalise-em-transito/

Drummond de Andrade, C. (2012). *Lição de coisas.* Companhia das Letras. (Edição original, 1962).

Castanho, P. & Lafraia, L. (2021). Ágora (Rio J.) 24 (1). Jan -Apr 2021. https://doi.org/10.1590/1809-44142021001010

Herrmann, F. (2002a). *A infância de Adão e outras ficções freudianas.* Casa do psicólogo.

Herrmann, F. (2002b). Como conclusão: daqui p'ra frente. In L. M. Barone (Org.), *O psicanalista: hoje e amanhã: o II Encontro Psicanalítico da Teoria dos Campos por escrito* (pp. 291-281). Casa do Psicólogo.

Herrmann, F. (2006). Psicanálise, ciência e ficção. *Jornal de Psicanálise.* 39 (70). 55-79. SBPSP.

Herrmann, F. (2017). *Sobre os fundamentos da psicanálise: quatro cursos e um preâmbulo.* Blucher.

Kaës, R. (2004). *A polifonia do sonho: a experiência onírica comum e partilhada.* Ideias & Letras.

Mori, B. (2021, 28 de abril). Psicanálise em Trânsito: clínica emergencial. [Vídeo]. http://www.fepal.org/psicanalise-em-transito/

Nosek, L. (2012). Proposta de discussão: o lugar do psicanalista. In J. Pastore & S. Soares (Orgs.), *O psicanalista na comunidade* (pp. 94-102). SBPSP.

Paulino, R. (2020, 22 de setembro). Girassóis de Van Gogh. https://arteeartistas.com.br/girassois-de-vincent-van-gogh/

Rancière, J. (2021). *João Guimarães Rosa: a ficção à beira do nada.* Relicário.

Roussillon, (2019). *Manual da prática clínica em psicologia e psicopatologia.* Blucher.

***

A voz do trauma

Karla Zárate
Sociedade Freudiana da Cidade do México

No México, tudo começou há um ano, no início de 2020, data fatídica que será difícil de esquecer, já que está marcada em nossos corpos. As redes sociais e as notícias informaram que um vírus da família SARS COV-2 se espalhava rapidamente pelo mundo, causando casos severos de pneumonias. Três meses depois, já havia mais de 150 mil casos e aproximadamente seis mil mortos em todo mundo. A situação era alarmante e a Organização Mundial da Saúde declarou o estado global de pandemia.

Este trabalho apresenta transcrições de frases ditas por pacientes, enfermeiras, médicos, e outras pessoas que tenham se infectado, convivido com enfermos ou que tenham perdido alguém. Durante a pandemia de covid-19, essas pessoas foram atendidas por três analistas e duas candidatas em formação da *Sociedad Freudiana de la Ciudad de México*. Elas chegaram até nós por meio da rede telefônica de apoio emocional da Universidad Nacional Autonoma de Mexico (UNAN), uma ferramenta desenvolvida para lidar especificamente com casos de emergência.

Toda a população, inclusive você, eu e todos, seguimos compartilhando um trauma que ameaçava nossas vidas. Em *Inibição, Sintoma e Angústia*, Freud afirma que "*o 'eu' que passou passivamente por um trauma, agora o reproduz de forma moderada, na esperança de, dessa vez, poder controlá-lo*" (156). Fomos cobertos por um manto de angústia, proveniente tanto do mundo exterior quanto interior; uma reação generalizada frente a uma situação de perigo que se assemelha ao nascimento. Os pacientes G e P, cujos casos foram apresentados nesta mesa, passaram por acontecimentos aterrorizantes e sinistros, relacionados à covid 19, e que remontam a originária incapacidade de se defender. Sigo tentando compreender como os diferentes tipos de angústia impactam o "eu" que experimenta situações traumáticas, de perigo real, onde a própria vida está ameaçada.

- *Me sinto muito mal fisicamente, me doí a cabeça, me sinto só.*
- *Meu pai morreu de Covid há um mês. Não sei como lidar com tantos sentimentos de tristeza. Me diga o que fazer. Me diga como poderei esquecer.*
- *Vou te dizer porque estou tão mal: flagrei minha esposa sendo infiel, vi suas mensagens e encontrei vídeos pornográficos e e-mails de um cara. Meu ego está destruído, sem confiança.*
- *Em janeiro tive cistos nos meus ovários. Me deram pílulas e, desde então, estou muito sensível. Choro por tudo, não tenho paciência.*
- *Minha irmã morreu de Covid. Tenho medo.*

A angústia também me atingiu: estive atenta ao telefone, preparada, dia e noite para, a qualquer momento, atender a números desconhecidos. Como oferecer alento a pessoas que provavelmente nunca veria presencialmente? Como vê-los sem vê-los? Como imaginar seus rostos e perceber suas emoções através da tecnologia via satélite? Vez ou outra, lembrava do "auxílio emocional", que eu deveria proporcionar. Não seriam entrevistas iniciais, como as que geralmente são feitas. Essas pessoas contavam suas histórias e eu, como a analista do outro lado da linha, deveria amenizar a ameaça de aniquilamento que, em termos kleinianos, podia ser entendida como uma angústia primitiva real, e que trazia consigo a ameaça de morte. O extraordinário método clínico não era a interpretação, muito menos a tentativa de simbolização, mas sim metabolizar as ansiedades, as sensações. Escutar.

Na atualidade, a prática analítica, bem como toda metodologia que a envolve, teve que ser modificada para atender as situações de emergência. As condições de trabalho mudaram, o encontro entre o analista e o paciente passou a ser intermediado por telas e microfones: capturam-se os olhares, replicam-se as vozes, altera-se o setting.

Os momentos de incerteza que estamos vivendo exigem que nós, como psicanalistas, repensemos o compromisso para com os pacientes emergenciais. Não obstante, essas circunstâncias oferecem também novas abordagens virtuais e tecnológicas. É fato que a psicanálise está sendo solicitada a partir de outra perspectiva, mas sempre tendo como elemento primordial a escuta, a historicidade, e a possibilidade de pensar do sujeito.

A abordagem psicanalítica exige que pensemos cuidadosamente a técnica. Nesse período conturbado, em que o futuro parece incerto, e especialmente durante o confinamento, modificações no enquadre podem ser essenciais para que aceitemos outras formas de abordar a escuta analítica.

Ainda me lembro das vozes, dos gritos, silenciados ou não, daqueles registros auditivos que tentavam me dizer algo, e que soavam, tanto para eles quanto para mim, como gemidos sem significado, onde se expunham emoções. Nas vozes, ouviam-se gritos entrecortados, de tom triste, capazes de pôr em palavras aquilo que não podia ser verbalizado, algo que remonta a uma sensação tão primitiva quanto os sentimentos de um bebê ao nascer: a incapacidade de se defender e o desamparo, um trauma físico e psíquico que, quer estejamos contagiados ou saudáveis, nos atravessa, e atinge a todos a nossa volta de forma transferencial.

A rede de apoio emocional da UNAM oferece uma possível abertura para escutar o sofrimento humano, batendo à nossa porta, e tocando em nossos telefones nos momentos traumáticos. Não sabemos se, terminada a pandemia, os pacientes em crise irão querer seguir com o tratamento, mas nossa função é acolhê-los, escutá-los e assisti-los. Este cenário, de "tempos de enfermidade e de guerra", propõe novas formas de falar dos traumas relacionados, para aliviar a urgência, a partir de um espaço onde se pretende que a palavra falada, a voz, entre em cena.

***

Projeto Psicanálise Solidária acolhe professores

Caroline Milman, Carmen Nogueira, Giuliana Chiapin, Helena Surreaux, Janine Severo, Rodrigo Boettcher, Sandra Fagundes, Siana Pessin Cerri
Sociedade Brasileira de Psicanálise de Porto Alegre (SBP de PA)

Temos refletido bastante sobre a contribuição psicanalítica e o que nós, analistas, temos a oferecer à população em um período tão delicado como foram os últimos dois anos, com as mudanças externas e internas provocadas pela pandemia.

Em 2020, o Projeto Psicanálise Solidária contou com um número expressivo de colegas que se dispuseram a atender gratuitamente por um período de tempo. Naquele momento, refletimos muito e avaliamos que a categoria dos professores era um grupo que merecia especial atenção da nossa parte. Como sabemos, os professores foram profissionais diretamente afetados pelas restrições que a pandemia gerou. Já existe uma desconsideração sistêmica em relação a eles – que antecede a crise sanitária. Somado a isso, vieram cobranças de retorno às aulas (sem as devidas condições) e a necessidade de adaptação a um sistema de aulas online, para o qual os professores não foram devidamente preparados.

Esse quadro geral nos indicou ser oportuno e necessário oferecer a eles um espaço para acolhimento e escuta. E foi assim que o projeto nasceu e começou: com a função de acolher professores, numa escuta sensível, viabilizando um espaço de troca entre eles.

No primeiro semestre, o nosso trabalho se deu por meio de encontros em pequenos grupos, com a coordenação de uma dupla de psicanalistas. Como nos mantivemos sempre abertos para novas inscrições, em cada um dos encontros constituía-se um novo grupo, misturando novos participantes com aqueles que vinham de reuniões anteriores.

Angústia/Desamparo – Um espaço de acolhimento

O espaço estava ali e os professores chegaram. Suas primeiras falas, em forma de desabafo, revelaram angústia, insegurança e desproteção.

Maria vem de uma cidade do interior, professora de uma escola da periferia. Sua fala é eloquente e inconformada, mas forte: "Não temos recurso nenhum na escola para nos proteger do covid, como vamos receber os estudantes?".

Neste momento, no mês de maio, a pressão para a volta às aulas era grande. Uma outra professora, de ensino infantil, chorou enquanto falava de sua angústia de voltar para os alunos, com três filhas em casa.

Ao mesmo tempo em que traziam seus sentimentos, expressavam a satisfação de terem aquele espaço para falar, valorizando e agradecendo esta oportunidade.

Nós, os analistas, pouco falávamos. Os próprios participantes se escutavam e costuravam as suas falas. Ao final desse primeiro encontro, notou-se uma nítida diminuição da ansiedade inicial e uma sensação de alívio geral.

Saímos deste encontro impactados pela intensa carga afetiva e também imensamente gratificados pela sensação de que recebemos pessoas com muita necessidade de serem escutadas. E como disse uma das participantes: "Não é uma escuta qualquer, a gente sente e sabe que a psicanálise tem uma escuta especial, diferente das outras".

Esperança/Ganhos

Na sequência dos encontros, observamos que a ansiedade inicial era bem menor. As vacinas estavam chegando aos professores e o tom dos encontros foi de valorização da vida e de busca por saídas.

Como transformar os momentos difíceis em possibilidade? Ana foi uma das que falou: "A pandemia permitiu que a gente estivesse aqui agora, conversando com vocês, pessoas de outras cidades, todos juntos aqui, isso é maravilhoso". Laura também salientou a importância das trocas de experiências: "A gente não se sente louco, a gente vê que outras pessoas passam pelo mesmo que nós, não estamos sozinhos".

De início, parecia que nada de positivo poderia advir de uma pandemia. Mas, neste momento, por pior que as coisas ainda estivessem, renascia alguma esperança. A chegada das vacinas, sem dúvida, trazia junto uma luz no fim do túnel e foi muito bonito ver elementos vitais e criativos retornando aos poucos para a vida destas pessoas.

Maria falou de seu encantamento por ser professora:. "Ninguém apaga o brilho de quem aprende"

Girassol

Em um dos encontros finais do semestre, Cristina está conversando conosco.

Comenta, em um dado momento, que a cadeira em que está sentada foi a mesma que usou para amamentar sua filha. Além disso, na parede atrás da cadeira há um quadro com um girassol, pintado por sua mãe.

Isso nos fez refletir sobre como é importante e até crucial uma atmosfera de aconchego. Um pano de fundo afetivo, de ligações e de nutrição amorosa, para que surjam a coragem, a determinação e a força vital necessárias para navegar em águas às vezes tão violentas.

É sempre um assombro quando nos damos conta do tanto que os professores das escolas públicas conseguem realizar dentro de uma estrutura tão precária.

O girassol gira procurando a luz. Um dos professores aproveita a ideia do girassol e comenta: "Podemos nos girar para cada lugar do país"– referindo-se ao fato de termos pessoas de diferentes estados. Podemos girar nossas escutas e deixar que floresçam temas nos grupos, que vão além das angústias da pandemia. Falamos de vazio, solidão, racismo, tecnologia, luz, sol, morte. A morte e seus lutos mal trabalhados nas perdas por covid. A vida e suas infinitas possibilidades.

***

Clínica extensa em dois atos

Graciela Maldonado Loch
e Manoel Mariano da Rocha Neto
Sociedade Psicanalítica de Pelotas

Somos de uma cidade litorânea, Rio Grande, no Rio Grande do Sul, próxima à Pelotas. Para enfrentar as dificuldades e todo o sofrimento que se estabeleceram com a chegada da pandemia, criamos, junto à Sociedade Psicanalítica de Pelotas, um serviço de apoio e atendimento à comunidade.

Desde o início, a experiência nos colocou em contato com o "não conhecido". É o que se vive no consultório, mas, neste caso, além da inexperiência no atendimento a grupos e à distância, existia algo assustador, inédito, que ameaçava a todos.

Esforçamos-nos para buscar a transformação desta situação potencialmente traumática, a partir de uma escuta psicanalítica, com dinâmica reflexiva. Atendíamos um grupo de profissionais de áreas diferentes, num hospital. Sentiam-se ameaçados pelo futuro e, depois, pelo presente, quando este chegou, e procuravam um amparo nos nossos encontros.

As primeiras reuniões foram tomadas de um silêncio intenso.

Na primeira reunião, Manoel, coordenador, demarcou as bases do trabalho: "nossa atividade é reflexiva e de escuta, queremos ouvir o que cada um pode trazer, com sua realidade diferente e ansiedade diferente, para pensarmos juntos...".

Após um longo tempo sem qualquer manifestação, a integrante A colocou: "estou engessada, fico frustrada de não poder atender por Skype, tenho medo de trazer o coronavírus para casa...". Mais uma fala, de outra pessoa: "eu estou dentro do hospital e estou muito angustiada". Integrante C: "Sou do nordeste e estou aqui há pouco tempo, longe da minha família, é muito difícil não estar lá...". Integrante D: "Estamos instalando câmeras em todo o hospital para que haja maior facilidade e instrumentos de trabalho".

Na reunião seguinte, o integrante C manifesta-se: "Soube, através de um cunhado que é anestesista em Santa Catarina, que o meu sobrinho está com covid, mas é leve. Essa comunicação tranquiliza, mas é como aquele jogo de batalha naval, onde vai cair a bomba?".

No terceiro encontro, tivemos um problema técnico que atrasou o início da reunião. Quando finalmente começamos, dá-se um longo silêncio que lembra Graciela, a coordenadora, da ausência de falas vivenciada na primeira reunião. A primeira colocação é de um integrante que aponta a existência de três casos de infecção no hospital, ao que o grupo responde com mais um silêncio prolongado. Graciela segue pensando na questão do engessamento da reunião inicial e acrescenta internamente o sentimento de medo, o que lhe remete ao filme da Frozen – uma aventura congelante, com o qual nos aproximamos de sintomas de congelamento e perdas primitivas da família de origem: "parece que o medo nos paralisa".

Começa, no grupo, um processo de identificação de alguns sentimentos e sua associação aos movimentos que acontecem nas reuniões, no hospital e na cidade. Usam-se referências de fenômenos que existem na região: "uma onda" que avança e recua, ligada a silêncios temerosos ou discursos ansiosos e a emoções que inundam a todos conforme a pandemia evolui. Aranha boazinha e sua teia, associação da filha de uma integrante do grupo, que tanto representa o veneno que se espalha através do vírus, como a interação pela internet que liga e acolhe.

Seguimos procurando ouvir as diversas comunicações, internas e externas, e pensando numa condição adversa, tentando dar sentido e nome ao que surgia. Percebíamos que, após a compreensão de uma dada dificuldade que estava sendo enfrentada, os membros do grupo iam recuperando a capacidade de expressar seus sentimentos e seus medos.

Numa reunião mais adiante, o integrante D coloca: "na van que vinha de Pelotas nos trazendo para o trabalho, percebi que uma colega estava muito falante. Fiz o que fizemos aqui. Ela não estava conseguindo ouvir a própria ansiedade, então eu ouvi e no fim da viagem ela falava mais baixo e outras pessoas se aproximaram".

Na SPPel, nós dois, Graciela e Manoel, encontrávamos, num outro grupo que sofria a mesma ameaça real, um espaço para dividir nossa experiência, nossas ansiedades e tentar ampliar nosso instrumental para enfrentar a situação.

9. Profissionais de saúde: escuta e resistência[1]

Uma ética de cuidado em tempos pandêmicos

Maria Elizabeth Mori[2]
Sociedade de Psicanálise de Brasília

1.689.000 mortos. 69 milhões contaminados. Segundo a agência Reuters[3], estes são os números contabilizados da população latino-americana e caribenha afetada pelo novo coronavírus até o mês de maio deste ano. O primeiro caso de covid-19, doença causada pelo SARS-Cov-2, foi diagnosticado na cidade de Wuhan (China),

---

1 O artigo que abre este capítulo, de Maria Elisabeth Mori, foi elaborado com base nos trabalhos dos colegas Roosevelt Cassorla, de São Paulo; Marina Moroni e Silvia Silvestrini, de Campinas; e Viviana Valz Gen do Peru. Os respectivos trabalhos também compõem este capítulo.

2 Psicanalista, Membro e Diretora da Diretoria de Comunidade e Cultura (DCC) da Sociedade de Psicanálise de Brasília (SPBsb). Psicóloga, Mestre e Doutoranda do Programa de Pós-Graduação do Departamento de Clínica e Cultura da Universidade de Brasília (UnB).

3 https://graphics.reuters.com/world-coronavirus-tracker-and-maps/pt/regions/latin-america-and-the-caribbean/

em novembro de 2019, e identificado na América Latina quase dois meses depois.

Nestes mais de dois anos de pandemia a população mundial vive tempos de transitoriedade e incertezas pelas dimensões complexas que envolvem a doença, causada por um micro-organismo que produz a síndrome de insuficiência respiratória aguda grave. Desde então, os estudos científicos e clínicos evoluíram e constata-se que os casos mais graves podem levar o infectado à morte por ter tido outros sistemas atingidos, além do respiratório: vascular, hematológico, renal, cardíaco, hepático, vascular cerebral e outros. Embora a enfermidade se apresente, na maioria dos casos, com sintomas leves ou moderados e os contaminados se recuperem sem necessidade de tratamento, havendo muitos casos assintomáticos, os diferentes modos individuais de adoecer ainda causam surpresa.

Vivemos, no momento, a 4ª onda de contaminação. Por isso, sem saber o que pode nos acontecer, a maioria de nós vive, ainda, uma guerra contra um inimigo que se mostra com muitas forças, bem aparelhado para sua replicação. Daí se explica as diversas reações emocionais individuais e coletivas diante da pandemia, causadora de um mal-estar na atualidade.

Passamos a viver um cotidiano traumático, um *novo normal* caracterizado por mudanças subjetivas e sociais no modo de ocupação do espaço público, que iniciaram (e se mantém) com as indicações preventivas da Organização Mundial de Saúde (OMS) de distanciamento social (restrição do contato entre pessoas que não habitam na mesma residência e coibição de aglomerações de muitas pessoas), uso permanente de máscaras e álcool-gel e lavagem das mãos. O desafio de hoje, mesmo após a disponibilização de vacinas pela comunidade científica, tem sido o de enfrentar a pandemia, evitando o aumento de contaminações e mortes nos quatro cantos do planeta. Grande parte da população mundial ainda não foi vacinada, seja por falta de acesso às vacinas, ou por decisão pessoal estimulada por teorias conspiratórias contra o pensamento científico.

Assim, a pandemia segue afetando de maneira diferente a população mundial. O coronavírus que, potencialmente, pode atingir qualquer um, continua afetando mais gravemente a população vulnerável socialmente, que executa trabalhos e serviços que requerem a presença física para a sua realização e que dependem mais diretamente de políticas estatais: transporte, educação, segurança, saúde. A falta de condições estruturais impede, ainda, ações de autocuidado. Os profissionais de saúde, que continuam trabalhando diretamente nos cuidados dos pacientes dos serviços hospitalares, também fazem parte do grupo de pessoas mais afetadas. Entre estes, "a exaustão tem sido um importante gatilho para o pensamento suicida", conforme pesquisa da (OMS), divulgada em março deste ano[4].

O trabalho dito "intelectual" tornou-se virtual (*home-office*), assegurando os recursos financeiros de muitos trabalhadores, tal como é o caso de nós, psicanalistas, que transferimos os consultórios e as reuniões de trabalho para o mundo dos dispositivos virtuais. Mas percebemos o incremento de trabalho decorrente do número de *lives* que entram a qualquer hora do dia e da noite, sobrecarregando o cotidiano, além das demandas das atividades domésticas, no período mais crítico da epidemia em nosso país.

O esgotamento físico e psíquico segue atingindo a todos. Ainda segundo a pesquisa da OMS, referida no parágrafo acima, aumentou em 25% os casos de ansiedade e depressão. "Preocupações com possíveis aumentos dessas condições já levaram 90% dos países pesquisados a incluir a saúde mental e apoio psicossocial em seus planos de resposta à covid-19". O subinvestimento histórico nos serviços da saúde mental tem sido preocupante. Neste sentido, o

---

4 https://www.paho.org/pt/noticias/2-3-2022-pandemia-covid-19-desencadeia-aumento-25-na-prevalencia-ansiedade-e-depressao-em

papel do Estado, da saúde pública dos países, assim como a atuação política dos governantes, continua interferindo no número de infecções e mortes causadas pela pandemia e no sofrimento psíquico decorrente dessa situação.

Segundo Birman (2021, p. 43), dentre as medidas governamentais no auge da pandemia percebeu-se duas políticas opostas: a pautada pelo "imperativo da vida" e a norteada pelo "imperativo da economia". Os interditos sanitários em prol de uma política da vida foram seguidos por muitos países que administraram a pandemia com a inclusão de dois tipos de isolamento horizontal: quarentena (determinação oficial rígida de isolamento social de até 14 dias, decretado por um governo em situações específicas para pessoas que tiveram contato com o vírus ou estiverem em regiões com surtos da doença) e *lockdown* (confinamento ou fechamento total que obriga as pessoas a permanecerem em suas casas, com circulação proibida e permissão apenas de abertura de serviços considerados essenciais de segurança, alimentação e saúde).

Países, tais como o Brasil e os Estados Unidos (excetuando-se casos pontuais em que governos estatais e municipais, no caso do Brasil, determinaram momentos de isolamento horizontal), seguiram o imperativo da economia ao estabeleceram como regra o isolamento vertical (limitado a grupos de riscos, como idosos e pessoas com doenças pré-existentes, sem interrupção completa das atividades de serviço e comércio não essenciais), privilegiando, assim, a economia em sua política de governo. Segundo os especialistas, este modelo de isolamento é considerado menos eficiente do que o horizontal, em relação a capacidade de contenção da velocidade da disseminação da doença, pela dificuldade de identificação dos grupos e, consequentemente, de cumprimento do estabelecido. Daí se explica os altos números de contaminação e mortes nas populações norte-americana e brasileira, além das perdas e prejuízos sociais, culturais e econômicos.

Os resultados já se mostram mais catastróficos em países que lidam com a miséria de toda ordem: o desemprego, a pobreza e a condição de miserabilidade social, impossibilitam que pessoas permaneçam em casa e tem que buscar as ruas como a única maneira de sobrevivência. O agravamento dramático da fome mundial, muito provavelmente relacionado às consequências da covid-19, coloca o continente africano com o aumento mais significativo. Vivemos um momento crítico no mundo que precisa de ações urgentes para uma reversão deste quadro, segundo relatório ONU (12 de julho de 2021)[5]

Sabemos que pandemias como a do Coronavírus são causadas por transformações ecológicas. Há tempos, esperava-se que uma nova epidemia poderia atingir a humanidade, como já ocorreu em outros tempos (gripe espanhola) e, ainda hoje, ocorre com a dengue e outras doenças em países como o Brasil. Vivemos uma crise climática. A elevação da temperatura atmosférica, com o aumento da emissão de gás carbônico, promove o derretimento das geleiras no Ártico e na Antártica e consequentes cataclismos marítimos, como os tsunamis. O Brasil tem a maior reserva de biodiversidade do mundo – Amazônia, Mata Atlântica, Cerrado, Pantanal – e por isso são grandes os reservatórios de microorganismos que podem transmitir doenças infecciosas em nosso país. As políticas governamentais de fechar os olhos para o desmatamento ilegal, promoção de incêndios de nossas florestas, expansão do agronegócio, exploração da mineração, construção de estradas, dentre outras ações inconsequentes de invasão do habitat dos animais silvestres, aumentam a probabilidade de transmissão de patógenos. O caminho para evitar, ou pelos menos reduzir futuros acontecimentos naturais

---

5 https://www.unicef.org/brazil/comunicados-de-imprensa/relatorio-da-onu-ano-pandemico-marcado-por-aumento-da-fome-no-mundo

catastróficos para a humanidade, é político. Os países precisarão de "bons humanos governantes para lidarem com essas surpresas" (Lopes, 2021).

Os laços sociais e o amor igualitário fundaram o social. O interesse pela presença do outro e sua influência sobre o indivíduo marcará o pensamento psicanalítico. A vida em comunidade se estabelece e é sustentada na construção de vínculos pela pulsão de vida (*Eros*). Mas, a felicidade individual não se compatibiliza com as exigências da vida na cultura, uma vez que as restrições da civilização não estão em perfeita harmonia com as expectativas da realização pessoal de cada um de nós. Assim, ao mesmo tempo, pela ação da pulsão de morte (*Thánatos*), ocorrerá o desinvestimento nos objetos, levando à destrutividade. Os efeitos maléficos desse processo de desobjetalização são as desarmonias entre os indivíduos que desorganizarão a vida em comum. A não elaboração simbólica destes excessos da vida cotidiana inibe o psiquismo e causa os adoecimentos. Freud (2010/1930) lançará a problemática do desamparo psíquico original a que todos estamos submetidos e que em situações extremas de violência, como a pandemia, nos impacta e se atualiza em manifestações de desalento, desespero e desesperança em relação ao futuro (Mori & Gui, 2021, pp. 697-696).

Enquanto muitos países começavam a vacinar sua população, erros e omissões premeditadas do presidente do Brasil impediram que as vacinas chegassem a nós, assim que disponibilizadas. Isso fez com que o número de mortes chegasse a níveis tão inaceitáveis. Além disso, a Comissão Parlamentar de Inquérito da Covid-19 realizada pelo Senado Federal do país, identificou o envolvimento do governo federal em ações de corrupção na tentativa de compra, por valores superfaturados, de vacinas não reconhecidas ainda pelo corpo científico internacional. Descobriu-se, negociatas com empresa de plano de saúde que vinha utilizando pacientes idosos como cobaias no uso do “tratamento precoce”, defendido pelo presidente, além de coagir médicos para a elaboração de laudos e diagnósticos falsos. Tudo isso segue, por enquanto, sem punição dos responsáveis, das empresas envolvidas e dos governantes que ocupam cargos estratégicos na área da saúde. O governo atual, que tomou o estado brasileiro, retraumatiza uma sociedade que segue fragmentada desde a ascensão de grupos políticos, com apoio de parte da sociedade civil, que vêm desestabilizando a democracia do país desde 2015 (Mori, 2018).

O negacionismo ideológico e perverso recrudesceu em muitos lugares do mundo, incentivado por movimentos contrários aos estudos científicos ou por líderes de governos que contrariam às orientações sanitárias, refletindo uma sociedade em que triunfa o pouco caso com a vida. O termo negacionismo tem sido utilizado como forma de expressar a rejeição de conceitos científicos, incontestáveis, em favor de ideias controversas, sem comprovação. Ignorar deliberadamente a verdade dos fatos tem sido a tônica de atuação de presidentes de muitos países que não suportam a diferença, não reconhecem o outro, defendem valores conservadores e seguem governando com o uso de *fake-news*. Desobedecem, cotidianamente, normas e leis nacionais e internacionais, prejudicando o avanço do processo civilizatório. Assistimos à divulgação de mentiras, conforme crenças pessoais preconceituosas, muitas vezes de cunho religioso, a defesa do uso de armas de fogo, a “constituição de grupo armados paramilitares contra os sem-terra ou contra os que se organizam para protestar, propulsores do armamento da população para uma resposta violenta frente à violência. Uma expressão pública, impudica e extrema de ódio. Isso que podemos chamar de uma ‘pandemia de ódio’” (Castiñeiras, 2021).

Ataques de extrema violência de falas de ódio são vividos por aqueles que pensam e fazem diferente como verdadeiros desmoronamentos subjetivos. Assim, falamos de uma complexidade traumática da pandemia. Seu caráter interdisciplinar, cujas dimensões produzem sofrimento pessoal e coletivo, evidenciou a necessidade de considerar a psicanálise como uma ética do cuidado requerida pelos efeitos desse acontecimento.

Nós, psicanalistas contemporâneos, como humanos e cidadãos fomos afetados por todos esses acontecimentos. Não ficamos imunes às ansiedades e angústias decorrentes deste processo. E, também, nos sentimos convocados a resistir, a ofertar nossa escuta psicanalítica, aliada a novas maneiras de fazer psicanálise, sensível à "dimensão sociopolítica do sofrimento" (Rosa, 2016).

Psicanálise em Trânsito: Uma Rede Psicanalítica Solidária

Psicanálise em Trânsito é o nome do trabalho que vem sendo desenvolvido pela atual Diretoria de Comunidade e Cultura (DCC) da Federação Psicanalítica Latino-americana (FEPAL), gestão 2020-2022, dirigido por Sonia Terepins e Silvia Bracco (SBPSP) e caracterizado pelo intercâmbio entre as federadas que realizam projetos comunitários. A promoção do diálogo entre psicanalistas "que se arriscam, aventuram-se na extensão da prática clínica e, se possível, extrair disso algumas consequências para o saber e a formação psicanalítica" objetiva dar voz aos trabalhos psicanalíticos inseridos na indissociabilidade entre o psiquismo individual e coletivo, "ampliando a relação da psicanálise com as questões do mundo e, principalmente, respondendo ao mal-estar, o sofrimento provocado pelas condições sociais, em tempos de incertezas, de múltiplas formas de violência e desigualdades." (Sonia Terepins, Comunicação Oral, em 16/04/2021).

A vulnerabilidade social pode nos levar a situações extremas, onde os traumatismos comunitários têm ressonâncias e repercussões na vida psíquica e social, causando intenso impacto e sofrimento psíquico. A violência traumática permite pensar sobre as possibilidades e vias de simbolização como uma questão interna que está no centro da vida psíquica e de situações sociais extremas. Sabemos que o desenvolvimento de novos dispositivos clínicos possibilita a simbolização da experiência vivida, na qual as características dos enquadres ocorram sob medida, considerando a presença dessa qualidade de "meio maleável" (Roussillon, 2019).

Passamos, assim, a refletir sobre a necessidade de estendermos a oferta de nossa escuta. Criada em 2020, no cenário de enfrentamento à pandemia, a Rede Psicanalítica Solidária (RPS) da FEPAL têm como objetivo ampliar o alcance da comunidade à psicanálise por meio do atendimento psicanalítico individual e grupal, com ações pautadas no compromisso social, sem ônus financeiro para o usuário deste serviço. Esse trabalho vem sendo sustentado pelo desejo de psicanalistas de levarem a psicanálise a pessoas até então impossibilitadas de acesso. Uma forma de resistência diante das injustiças sociais causadas pelo Estado, no caso do Brasil, que deve garantir a saúde para todos, por meio de políticas sociais e econômicas que visem à redução do risco de doença, segundo a Constituição Federal, artigos 196 - 200.

Freud (1919/2010) entendia que a extensão da clínica à toda população exigiria adaptação das nossas técnicas às novas condições. E dizia que algum tipo de organização deveria permitir aumentar o nosso número de psicanalistas para o tratamento de grandes quantidades de pessoas, até que o "Estado sinta como urgentes esses deveres". Neste sentido, teriam que ser pensadas formas de empregar psicanalistas para que, mediante a escuta psicanalítica, pudessem tratar gratuitamente homens, mulheres e crianças. "[Seja como] se configure essa psicoterapia para o povo, quaisquer que sejam os elementos que a componham, suas partes mais eficientes e mais importantes continuarão a ser aquelas tomadas da psicanálise rigorosa e não tendenciosa" (p. 292).

Temos acompanhado a multiplicidade de práticas, desenvolvidas a partir da abordagem psicanalítica, como tentativas de responder às diferentes formas de sofrimento humano, mostrando a riqueza de uma clínica de maior complexidade quanto ao seu alcance terapêutico e suas teorias explicativas (Tanis, 2016). E, a RPS, como dispositivo, tem procurado responder à crítica do psicanalista brasileiro Fabio Herrmann sobre o encolhimento da psicanálise na técnica padrão. Mudam-se a técnica, mas preserva-se o método, numa perspectiva de uma clínica extensa.

Experiências de escuta em tempos pandêmicos

Roosevelt Cassorla, Marina Moroni, Silvia Silvestrini e Viviana Valz Gen, encontram-se entre os colegas que experimentaram a escuta analítica em outros territórios, para além do consultório padrão, e relataram essas experiências em comunicados à DCC-FEPAL. Estes saberes e práticas de psicanálise que seguem em desenvolvimento nos auxiliam a compreender o que está envolvido no processo de cuidado singular realizado pelo psicanalista, profissional de saúde. A seguir apresento um recorte desses trabalhos.

Roosevelt Cassorla, membro da SBPSP, realizou encontros durante a pandemia com profissionais da medicina, de acordo com a metodologia do *Grupo Balint*. Foi em Londres, no início dos anos 50, na Clínica Tavistock, que Michael Balint (1896-1970) desenvolveu os *grupos de discussões com médicos* para discussão dos casos de pacientes abordando vários aspectos da relação médico-paciente. Para o psicanalista húngaro, a personalidade do médico é o primeiro *medicamento* que se administra aos pacientes. Estes grupos funcionam como uma terapia de grupo com vistas ao aprimoramento da prática terapêutica (Balint, 1975).

Cassorla nos apresenta o relato de um dos grupos atendido por ele. Segundo o colega, o clima emocional do grupo transitava entre estados de indignação e melancolia, devido a dois acontecimentos manifestos relacionados à falta de cuidados com as pessoas durante a pandemia, apesar das orientações da OMS: 1) aglomeração social e o não uso de máscaras; 2) divulgação de postagens fanáticas, nos grupos virtuais de médicos, de tratamentos não referenciados no pensamento científico. Os médicos concordam sobre o prejuízo causado à população pela circulação de informações falsas, somado à falta de compreensão sobre a gravidade da covid-19 e ao palavreado técnico utilizado pelos médicos que não se fazem compreender. A questão da morte surgiu nas associações das lembranças de colegas mortos e internados e de pacientes que morreram pela demora do cuidado. Puderam falar dos próprios medos, do que poderia vir acontecer com as próprias famílias, das providências que estavam tomando para evitar a contaminação delas, das dúvidas quanto à extensão da imunidade adquirida, das possíveis sequelas em caso de sobrevivência.

Na evolução do processo de escuta, Cassorla pôde perceber um grupo depressivo e pensante, com troca fértil de informações, favorecendo a constatação da deformação da realidade diante da angústia, e interessado no funcionamento da mente humana. À medida que o grupo avançava, tornavam-se mais acuradas as percepções das emoções, ampliando-se a capacidade de reparação psíquica. O dispositivo *grupo* agiu como ato político de resistência no enfrentamento das dores vividas na pandemia. Os profissionais de saúde puderam expressar os não ditos, permitindo que as angústias e os traumas fossem elaborados.

Marina Moroni e Silvia Silvestrini compartilham suas experiências e inquietações sobre o *Projeto Primeiríssima Infância*, parceria da SBPCamp com a Santa Casa de Piracicaba e o SUS local, iniciado em 2017, durante os atendimentos já existentes para gestantes e pais nas áreas de fisioterapia, fonoaudiologia, enfermagem e pediatria. O objetivo do projeto é o de pensar a relação mãe-bebê junto à comunidade gestante e carente da região. Nos encontros discutiram as angústias relativas aos cuidados do nascimento e da amamentação. Com a pandemia, os encontros passaram a ser virtuais, possibilitando a chegada de pessoas de outros estados, instituições e países. Um dos aspectos apontados foi de que as conversas no grupo de gestantes afetavam positivamente o psiquismo das mães e suas emoções. O caso de uma adolescente grávida, infectada pela covid, pode ampliar os elementos das discussões, refletindo sentimentos comuns. A covid-19 em si não trouxe maiores danos à saúde da paciente, segundo os médicos, principalmente porque ela recusou a medicação que poderia fazer mal ao bebê. As participantes do grupo puderam conversar sobre os terrores que a gestante carregava, somados ao medo de morrer e de contaminar seu bebê. Também neste caso, o grupo possibilitou ampliar os sentimentos comum a todas que, uma vez compartilhados, abriram caminho para novas percepções.

Viviana Valz Gen, da Sociedade Peruana de Psicanálise, relata os desafios de um trabalho em parceria com os Centros de Saúde Mental Comunitários (CSMC) do Ministério de Saúde do Peru (MINSA), responsável pela atenção à saúde mental de 60% da população peruana. Criados em 2015, os CSMS implementaram a reforma da atenção à saúde mental do País que estabeleceu o modelo comunitário como o novo paradigma de tratamento nessa área, com equipes multidisciplinares compostas por 22 profissionais da saúde, dentre os quais se destacam médicos psiquiatras, médicos de família, psicólogos, enfermeiros licenciados, assistentes sociais, terapeutas ocupacionais, químicos farmacêuticos, técnicos em enfermagem e em farmácia, além de equipes de limpeza e de vigilância. Atualmente, existem 203 centros em todo país e pretende-se chegar a 315 para suprir a demanda nacional.

Em 2020, Viviana desenvolveu projeto de escuta de equipes de profissionais de cuidado de alguns desses centros. Propôs reuniões semanais de uma hora, em ambiente virtual, durante a jornada de trabalho. O projeto, de participação voluntária, estender-se-ia por 14 semanas, a partir da discussão de relatos de casos e de intervenções de caráter cotidiano. Viviana nos relata que logo no primeiro encontro ficou sabendo que as equipes não foram consultadas sobre o interesse em participar e os horários nos quais seria desenvolvido o trabalho. Além disso, a pandemia trouxe sobrecarga de trabalho às tarefas dos centros. Os trabalhadores da saúde mental assumiram outras tarefas, tais como a da vacinação, além das cotidianas que já eram desafiadoras, pois o trabalho psicossocial exige escuta mais qualificada ao atendimento dos aspectos subjetivos e coletivos da comunidade. As reuniões esvaziadas, com câmeras desligadas, profissionais realizando atendimento ao mesmo tempo que participavam das reuniões é um analisador institucional. Viviana, usando da sua contratransferência, pôde perceber que sua oferta de escuta, a princípio uma excelente oportunidade para que os profissionais fossem ouvidos e pudessem se apoiar mutuamente nas novas formas de cuidados à população, foi percebida pelo trabalhador como uma tarefa a mais, uma obrigatoriedade ministerial. Sua experiência mostrou que um trabalho junto à comunidade frequentemente é atravessado por interesses de gestão que nem sempre coincidem com as necessidades dos trabalhados da saúde e os usuários.

O que une os trabalhos dos profissionais de saúde Cassorla, Moroni, Silvestrini e Valz Gen relatados nessa breve síntese? Pensamos ser uma disposição para estar com o outro, uma ética que inspira a escuta e o cuidado com a vida psíquica, praticada por psicanalistas, cada qual em face de sua própria subjetividade e circunstâncias.

A ética do cuidado

> *A palavra cuidado deriva do latim cura. Indica uma atitude de zelo, solicitude e atenção para com o outro. Implica a preocupação e responsabilidade por parte de quem cuida. Desde que nascemos somos cuidados. Sabemos que se não tivéssemos sido cuidados por alguém, no complexo processo de nos tornarmos humanos, não sobreviveríamos. O cuidado, então, é o primeiro comportamento humano a que temos acesso e se apresenta por meio de um adulto que tem disponibilidade para se dedicar a nós. O cuidado, assim, estabelecer-se-á como fundamento das relações que construiremos na vida e que contribuem para a formação de nossa identidade.*
>
> Leonardo Boff (2014), em *Saber Cuidar: Ética do Humano: Compaixão pela Terra* (2014) nos conta *A Fábula do Mito do Cuidado.*

Certo dia, ao atravessar um rio, Cuidado viu um pedaço de barro. Logo teve uma ideia inspirada. Tomou um pouco do barro e começou a dar-lhe forma. Enquanto contemplava o que havia feito, apareceu Júpiter. Cuidado pediu-lhe que soprasse espírito nele. O que Júpiter fez de bom grado. Quando, porém, Cuidado quis dar um nome à criatura que havia moldado, Júpiter o proibiu. Exigiu que fosse imposto o seu nome. Enquanto Júpiter e Cuidado discutiam, surgiu, de repente, a Terra. Quis também ela conferir o seu nome à criatura, pois fora feita de barro, material do corpo da Terra. Originou-se então uma discussão generalizada. De comum acordo pediram a Saturno que funcionasse como árbitro. Este tomou a seguinte decisão que pareceu justa: "Você, Júpiter, deu-lhe o espírito; receberá, pois, de volta este espírito por ocasião da morte dessa criatura. Você, Terra, deu-lhe o corpo; receberá, portanto, também de volta o seu corpo quando essa criatura morrer. Mas como você, Cuidado, foi quem, por primeiro, moldou a criatura, ficará sob seus cuidados enquanto ela viver. E uma vez que entre vocês há acalorada discussão acerca do nome, decido eu: esta criatura será chamada Homem, isto é, feita de húmus, que significa terra fértil. (p. 46)

Para Boff (2014), existir implica em cuidar. Os desafios impostos pela natureza levaram os seres humanos a se distanciar e a intervir nela pela racionalidade. O cuidar, inclusive da natureza, implica uma relação de aproximação, intimidade, com o sentimento de acolhimento e respeito. Cuidar é entrar em *sintonia com*, auscultar-lhe o ritmo e afinar-se com ele (Bouwman, p. 110). No cuidar a razão abre caminho para a cordialidade, a delicadeza, a expressão de sentimentos profundos pelo outro. Profissionalmente serão os trabalhadores da saúde e da educação que assumirão essa capacidade de oferecer acolhimento ao desamparo subjetivo constitutivo, cuidando e reconhecendo o que cada um tem de próprio e singular.

Sandor Ferenczi (1873-1933) enfrentou os desafios de uma clínica com os pacientes precocemente traumatizados e nos ajuda a pensar sobre o cuidado com os pacientes contemporâneos, não somente os pacientes ditos *difíceis*, mas todos aqueles que vivem o mal-estar provocado pelas dimensões social, política e econômica, como tem sido o caso da pandemia. A relação adulto-criança é marcada por uma *confusão de línguas* – o não entendimento de um pelo outro – cuja impossibilidade de tradução poderá fazer emergir o trauma. Para a elaboração do traumático será necessária a regressão na situação analítica. Para pensar sobre o fenômeno do cuidado, o psicanalista húngaro, nos artigos de 1927 e 1928, explicitará os princípios éticos a serem cultivados pelo analista na experimentação de novas modalidades técnicas. Atitudes de cuidado como hospitalidade, acolhimento ativo àquele que chega, sensibilidade, empatia diante das comunicações verbais e não verbais e tato ao fazer suas intervenções nos momentos adequados, possibilitarão ao psicanalista criar novos dispositivos clínicos para permanecer em sintonia com seus pacientes e, assim, evitar a reprodução do trauma entre analista e analisando. Outro aspecto relacionado ao ato de cuidar, salientado por Ferenczi, tem a ver com o cuidado voltado para a própria saúde do analista, tal como a análise pessoal, exigência ética na responsabilidade do exercício de sua função.

Figueiredo (2009), também se refere ao processo de cuidado como o ingresso do recém-nascido na vida, marcado por uma complexa trama de acontecimentos. A existência humana só é possível se houver alguma continuidade do cuidado, oferecido e sustentado na relação com o outro – famílias, grupos e instituições. Cada cultura constrói seus rituais e procedimentos específicos de cuidado para cada estágio da vida, que se repetem e reposicionam o sujeito em seu meio social. A "disposição do mundo humano em receber seus novos membros", configura-se como uma ética do cuidado. (p. 133).

Estar no mundo, pertencer a um grupo, criar laços sociais, implica "um processo contínuo de dar sentido" aos acontecimentos que nos atravessam. E, nesse processo, encontraremos com vários "agentes de cuidados" – pais, educadores, amigos, profissionais de saúde – que exercerão "as funções de acolher, hospedar, agasalhar, sustentar", por meio de uma "presença implicada, comprometida e atuante". (Figueiredo, 2009, p. 135). O autor nos chama atenção, ainda, para a necessária moderação das fantasias onipotentes do cuidador, quando o poder e domínio podem predominar, travando as introjeções criativas. "Um equilíbrio dinâmico entre as funções da presença implicada e uma presença reservada não se aprende por manuais e nem com técnicas" (p. 141). Cuidar bem é, entre outras coisas, converter o cuidar em algo prazeroso e lúdico, introjetando, transmitindo bem as funções criativas e fazendo daquele ser que se cuida um agente da própria saúde. O autor ainda nos lembra que o agente de cuidado melhora a qualidade do que faz quando compartilha seus afazeres e decisões com outros agentes cuidadores, deixando-se cuidar por outros. Boas experiências e bons modelos de cuidado levam o objeto de cuidado a desenvolver suas capacidades cuidadoras pela introjeção criativa das funções cuidadoras (p. 144).

O cuidado com o mundo

Cuidar de si, da própria saúde, da relação com o outro e do ambiente que habita são funções éticas do psicanalista. A análise pessoal do analista, conduzida por um analista mais experiente, é necessária para a sua formação, como também a participação de grupos de estudos clínico-teóricos e o compartilhamento, entre pares, dos atendimentos que realiza para que possa escutar e se perceber no manejo da profissão. Todos concordamos que este é o caminho a ser trilhado para todos que escolhem a psicanálise como ofício.

Mas, e a vida pública? Como se dá a participação do psicanalista?

O que pensam os psicanalistas sobre os fenômenos sociais, políticos, culturais e institucionais que ocorrem no cotidiano e produzem sofrimentos psíquicos na população? Violências de toda ordem nos atravessam e caracterizam o mal-estar atual. Somos afetados diariamente por notícias estarrecedoras: pelas mídias ou redes sociais ficamos sabendo de acontecimentos absurdos, praticados nas relações entre os seres humanos, como: atitudes perversas vindas de situações de guerra, violência urbana, abusos sexuais contra crianças e mulheres, violência doméstica, assassinatos de jovens pelo tráfico de drogas. O mundo chega em nossos consultórios. O que fazemos com o que escutamos de nossos pacientes e que se manifesta em atitudes de desalento e tristeza, além de entendermos como algo do mundo interno deles? Muitos de nós seguimos inconformados com a situação catastrófica causada pela pandemia e com o pandemônio político que vivemos no país desde 2016 com ataques cotidianos à democracia. Como evitar o debate político, com a presença da psicanálise, em nome de uma suposta *neutralidade* ou então como um desvio do *ouro puro da psicanálise* se olharmos para o que se passa através das janelas dos nossos consultórios? Freud, um pensador da cultura, não se furtou em manifestar-se sobre a violência da guerra e desenvolver seu pensamento sobre a sociedade de seu tempo.

Há desacordos entre nós psicanalistas quanto ao lugar e a função que ocupamos na nossa sociedade e é enorme o desafio de tratar o assunto nos espaços das instituições psicanalíticas. Ouvimos *que não é psicanálise* aquilo que fazemos quando trabalhamos com outras modalidades de atendimentos, fora do consultório, ou quando nos colocamos publicamente diante dos fenômenos sociais de nossa época.

Penso que a dificuldade se dá pelo fato da convivência (vida institucional) não ser colocada em análise. Sabemos que há inúmeras discordâncias sobre os modos instituídos estabelecidos nas instituições psicanalíticas, mas não cabe, para o objetivo dessa escrita, enumerá-los aqui. É pela ampliação do conhecimento psicanalítico sobre grupos, coletivos e instituições, desenvolvidos por psicanalistas como Pichon-Rivière, José Bleger e René Kaes, dentre outros, que poderemos superar algumas dessas divergências. Cabe aos institutos psicanalíticos contemplarem um quarto eixo na formação do psicanalista constituído pela dimensão sociopolítica, cultural e institucional que caracterizam o mundo contemporâneo. Se somos analistas do nosso tempo – ou seja, analistas de pessoas que partilham a mesma sociedade – precisamos contemplar práticas com trabalhos em comunidade, tais como os que estão sendo desenvolvidos pela RPS, e pensar sobre elas.

Como os psicanalistas se posicionam eticamente perante a cultura e a política, diante dos acontecimentos de nossa vida pública que produzem mal-estares subjetivos e coletivos, entendo ser também uma condição primordial para o exercício da função analítica. O cuidado de si, para além de sua análise pessoal, implica em seu envolvimento ativo com os movimentos da Polis e das instituições as quais pertencemos, pois o mundo em que vivemos pede olhar, escuta, ou seja, cuidado clínico.

Uma estratégia de enfrentamento desse desafio, conforme descrito por Mori & Gui (2021), foi a criação do Observatório Psicanalítico (OP) pela Federação Brasileira de Psicanálise (Febrapsi), em abril de 2017, "para retirar a psicanálise de uma prática clínica estreita" (p. 703). O OP é um dispositivo clínico-político que acolhe os pensamentos dos psicanalistas da Febrapsi sobre a época em que vivemos, buscando engajar, comprometer seus membros na análise desses acontecimentos, no "vértice do pensamento psicanalítico extensivo" (p. 702).

Por meio da elaboração escrita sobre os acontecimentos que abalam nosso mundo, a Febrapsi vem contribuindo para a saúde dos seus analistas e da própria instituição e, dessa maneira, inclui a psicanálise no diálogo interdisciplinar com outros campos de saber. Para ampliar esta articulação com as Artes, a Sociologia, a Filosofia, a História, a Antropologia, o OP criou neste ano de 2022, o podcast *Mirante*.

Ao colocar a psicanálise para falar publicamente, a Febrapsi, com o OP, estimula a grupalidade de seus membros que, ainda que distantes geograficamente, passaram a se relacionar por meio de um grupo de compartilhamento de mensagens via e-mail, "à semelhança das cartas trocadas entre os psicanalistas dos primórdios da psicanálise, tais como, originalmente, as cartas entre Freud e Fliess." (p. 706).

A criação de um dispositivo como o OP representa um ato de resistência da Febrapsi no enfrentamento do mundo caótico em que vivemos, incluindo o coletivo de seus psicanalistas, "na condição de um movimento social organizado tanto como experiência afetiva subjetiva como um trabalho de grupo, fomentando redes" (p. 706).

Considerações finais

Cuidar do mundo é tarefa do ser humano adulto, mas desde crianças deveríamos aprender a cuidar de tudo aquilo que nos diz respeito: *guardar* nossos brinquedos após brincarmos com eles, aprender a *consertá-los* caso quebrem e *não descartar* porque às vezes podemos ter outro como substituto, *retribuir* os cuidados recebidos dos adultos, dentre outras tantas atividades do cotidiano de uma casa. "Tudo começa em casa" como dizia Winnicott, ao se referir ao ambiente doméstico como espaço essencial da existência humana onde tudo se inicia.

Este evento tão contemporâneo, como a Pandemia, nos alertou para o fato de que vivemos num mundo compartilhado: a natureza e a cultura. Precisamos cuidar de ambas as dimensões. Vivemos uma crise climática resultante do descuido com *nossa casa maior*. Em *O Mal-estar da Civilização*, Freud (1930/2010), nos aponta a natureza indomável como uma das fontes do nosso sofrimento. Ele nos diz que o sofrer nos ameaça a partir de três lados: "do próprio corpo – que, fadado ao declínio e à dissolução, não pode sequer dispensar a dor e o medo como sinais de advertência; do mundo externo – que pode se abater sobre nós com forças poderosíssimas, inexoráveis, destruidoras; e, por fim, das relações com os outros seres humanos" (p. 31). Para Freud, os avanços da cultura poderão reduzir tal sofrimento: "Natureza e cultura são colocadas lado a lado, num duelo em que a cultura representará a tentativa de controle sobre a natureza, numa lógica que pode resvalar para a expressão da arrogância, da negação e onipotência na exploração dos recursos de nosso planeta. O resultado, nós conhecemos: desequilíbrio ambiental, fome e desigualdade social crescentes." (Mori, 2022).

A cultura nos impõe a necessidade de contermos nossas pulsões e impulsos destrutivos. Ela mesma é uma fonte do nosso mal-estar; entretanto muitos não suportam abrir mão de seus desejos, ainda que esses afetem negativamente outros seres, como tem sido o caso de muitos governantes ao lidar com a pandemia e a macropolítica. Muitos países vivem tragédias, como a fome, a falta de saúde e educação, dentre outros males, nas mãos de governantes que seguem demonstrando falta de interesse em cuidar da população que os elegeram. Não obstante, no controle da pandemia, "mulheres que exercem posição de liderança em alguns países tiveram atuações elogiadas no que tange à firmeza e ao zelo com os quais encararam a difícil realidade do mundo" (Seben, Lima & Degania, 2020). Para essas autoras, a associação entre o feminino e a capacidade de cuidar e acolher não é casual; afinal, a cultura sempre delegou às mulheres o papel de cuidadoras.

Nós psicanalistas temos sido convocados a nos posicionar diante desse sofrimento do mundo. Trata-se de uma ética de nosso ofício: escutar aquilo que o diferente nos diz e responder com atenção a esse pedido. Tanto as gestões da FEPAL quanto da FEBRAPSI, por meio de suas Diretorias de Comunidade e Cultura, vêm criando espaços para acolher trabalhos orientados à Comunidade e à Cultura. A Rede de Psicanálise Solidária e o Observatório Psicanalítico Febrapsi são exemplos vivos da resistência política de psicanalistas diante de um mundo conturbado e carente de cuidado.

Referências

Balint, M. (1975). *O médico, seu paciente e a doença.* São Paulo: Ateneo.

Birman, J. (2021). *O trauma na pandemia do Coronavírus: suas dimensões políticas, sociais, econômicas, ecológicas, culturais, éticas e científicas.* Rio de Janeiro: Civilização Brasileira.

Boff, L. (2014). *Saber cuidar: ética do humano – compaixão pela terra*. São Paulo: Vozes.

Bouwman, M. W. (2011). A ética do cuidado na clínica psicanalítica. *Estudos em Psicanálise*, nº 36, pp. 109-116. Belo Horizonte.

Castiñeiras, J. G. (2021). *Pandemia de ódio. Como combater os discursos de ódio?* Comunicação oral e escrita no Congresso da FEPAL. Disponível em: http://www.fepal.org/culturalidades-o-labor-dos-psicanalistas-nos-momentos-atuais-como-pensar-a-cultura-o-social-e-a-politica/. Acesso em 15.05.2022.

Figueiredo, L. C. (2009). *As diversas faces do cuidar: novos ensaios de psicanálise contemporânea.* São Paulo: Escuta.

Freud. S. (2010). Caminhos da terapia psicanalítica. In Sigmund Freud. *Obras Completas.* Vol. XIV, pp. 279-292. São Paulo: Cia. das Letras. (Publicado originalmente em 1919).

Freud. S. (2010). O Mal-estar da Civilização. In Sigmund Freud. *Obras Completas.* Vol. XVIII, pp. 13-122. São Paulo: Cia. das Letras. (Publicado originalmente em 1930).

Lopes, R. J. (Anfitrião). (29 de setembro 2021). O futuro da vacinação. [podcast de áudio *Resposta Imune*]. Folha de São Paulo. Disponível em https://omny.fm/shows/resposta-imune/o-futuro-da-vacina-o. Acesso em 20.05.2022.

Mori, M. E. (2018a). A esplanada dividida: um pesadelo da cidadania. *Psychoanalysis.today*. Disponível em https://www.psychoanalysis.today/pt-PT/PT-Articles/Mori151956/The-Split-Esplanade-A-Nightmare-of-Citizenship.aspx. Acesso em 28.05.2022.

Mori, M. E. (2018b). A clínica psicanalítica: uma prática política. *Revista Brasileira de Psicanálise*. Volume 52, n. 3, pp. 91-105.

Mori, M. E.; Gui, R. T. (2021). A escrita psicanalítica na pandemia do Coronavírus: tempos de elaboração no Observatório Psicanalítico Febrapsi. *Revista de Psicanálise da SPPA*, v. 28, n. 3, pp. 695-718, dezembro 2021.

Mori, M. E. (Anfitriã). (1 de maio de 2022). Natureza e cultura. *Mirante, o Podcast da Federação Brasileira de Psicanálise, Febrapsi*. Disponível em https://open.spotify.com/episode/2q2jYWvxyoVLQ6qM9cGEMx?si=TVj27jlpTDKNx0aXJWFW_w. Acesso em 30.05.2022

Rosa, M. D. (2016). *A clínica psicanalítica em face da dimensão sociopolítica do sofrimento*. São Paulo: Escuta/FAPESP.

Roussillon, R. (2019). *Manual da prática clínica em psicopatologia e psicopatologia*. São Paulo: Blucher.

Seben, G.; Lima, J. L; Degani, R. (2020). A luta da pandemia tem rosto de mulher. OP-164/2020. *Observatório Psicanalítico Febrapsi*. Disponível em: https://febrapsi.org/publicacoes/observatorio/a-luta-contra-a-pandemia-tem-rosto-de-mulher/. Acesso em 30/05/2022.

Terepins, S. (2021). *Psicanálise em trânsito*. Comunicação Oral, em evento virtual da Diretoria de Comunidade e Cultura da Fepal realizado em 16/04/2021.

***

Grupo Balint

Roosevelt Cassorla
Sociedade Brasileira de Psicanálise de São Paulo

O grupo inicia falando do frio, do ciclone que devastou o sul e das árvores derrubadas que ficaram com as raízes para cima. Ocorrem outros relatos na mesma direção até que o grupo chega mais perto. "Lembram da ventania que existia aqui (em nossa cidade) antigamente?". A maioria se recordava e o grupo, de forma divertida, constata que tem muitos "velhos".

O tema seguinte reflete o inconformismo com as pessoas que se aglomeram, que não usam máscaras. Surgem relatos minuciosos de situações perigosas devido à falta de cuidados. O clima emocional, inicialmente indignado, aos poucos se torna melancólico.

A indignação retorna, com intensidade, quando o grupo se defronta com uma realidade inesperada: os grupos virtuais de médicos que divulgam fatos opostos ao conhecimento científico, de forma fanática. Pergunta-se: o que aconteceu com esses colegas, já que todos nós tivemos a mesma formação? A perplexidade é substituída por risos quando são lidas postagens que são ridicularizadas.

O grupo demonstra desejo de saber como funcionam essas mentes e que fatores fazem com que deformem a realidade. Em seguida se fala do prejuízo que essas notícias causam à população. Contam-se variadas situações em que pacientes acreditaram em *fake news* e o esforço dos médicos para anulá-las. Aparecem relatos tocantes sobre a desorientação dos pacientes, sua não compreensão do que está ocorrendo, sua vergonha em perguntar e o palavreado técnico dos médicos que não se fazem compreender.

Alguém lembra que uma paciente não sabia o que era "aglomeração". O médico conseguiu esclarecer sua dúvida. Tal paciente conseguiu convencer toda sua família – antes reticente – a cuidar-se. Contam-se outras situações em que os médicos se sentiram gratificados.

Surge o tema da morte. Colegas mortos e internados foram nomeados. Cada membro relata a situação de seu serviço e como está lidando com a pandemia.Indignados, constatam que muitos pacientes morrem porque demoram para encontrar ajuda. Há troca fértil de informações. Percebe-se que todos estão aprendendo.

Em sequência os médicos falam de seus medos, de suas famílias, das providências que estão tomando, das dúvidas quanto à imunidade, das possíveis sequelas caso sobrevivam. Percebe-se um grupo depressivo e pensante.

Um médico quer contar um episódio. Estava em um grupo de Whatsapp de médicos disseminadores de notícias falsas. Já pensara em sair do grupo mas ficava, por curiosidade. Nunca se manifestava. No entanto, quando viu um colega que havia sido seu professor escrevendo besteiras não resistiu e o confrontou. Seguiu-se uma acalorada discussão. O médico xingou seu professor.

O mesmo médico nos conta que, agora, enquanto participava do grupo Balint, lembrou-se de seu tempo de estudante, do mesmo professor, dedicado e admirado, que o tinha ajudado muito, mesmo depois de formado. Uma pessoa maravilhosa, querido por todos os alunos. O médico termina dizendo: "Terminada a reunião vou enviar-lhe uma mensagem dizendo-lhe isso: como ele foi importante em minha vida, como o admiro. Que me desculpe pelo xingamento. Que pensamos de formas diferentes mas eu continuo respeitando-o". A voz do médico estava embargada. O grupo emocionado.

O coordenador resume os temas principais trabalhados pelo grupo. Do início em que se falou de catástrofes naturais, passou-se para variadas catástrofes que estamos vivendo, buscando conhecê-las melhor. À medida que o grupo avança, tornam-se mais acuradas as percepções das emoções. A capacidade de reparação se manifesta. Em seguida, o grupo de "velhos" retoma a esperança que vem com as novas gerações.

***

Psicanálise em trânsito: a clínica extramuros em dois atos

Marina Moroni e Silvia Silvestrini
Sociedade Brasileira de Psicanálise de Campinas

A proposta do primeiro Ato do Projeto Primeiríssima Infância – iniciado em 2017 na SBPCamp – é compartilhar experiências e inquietações. O Projeto começou com o propósito de pensarmos, junto à comunidade gestante e carente da região de Piracicaba, a relação mãe/bebê. Fomos surpreendidos pela receptividade e pela procura de entidades.

As ações aconteceram na Santa Casa de Piracicaba e no SUS, durante os atendimentos já existentes para gestantes e pais nas áreas de fisioterapia, fonoaudiologia, enfermagem e pediatria.

O intuito do projeto era colocar em pauta as angústias relativas ao nascimento e à amamentação. Nossas ações foram adequadas às limitações impostas pela Covid, o que acabou ampliando nosso âmbito de atuação. Com os encontros sendo virtuais, pessoas de outros estados, instituições e até países puderam participar. Isso promoveu um intercâmbio maior e abriu um espaço de escuta às novas demandas, para além das nossas clínicas.

Relato de um caso clínico recente

O caso foi apresentado pela fisioterapeuta Silvia Silvestrini, especialista em Acupuntura e colaboradora do Projeto Primeiríssima Infância. A profissional trabalha na área de atendimento a gestantes e bebês e é responsável pela Massagem Shantala no Programa de Preparação para o Parto e Grupo de Gestantes da Santa Casa Saúde de Piracicaba. Silvia realizou esse atendimento em parceria com outra colega, psicoterapeuta, também membro do projeto.

Foi apresentado o seguinte relato para discussão e colaboração do grupo:

Uma gestante adolescente contraiu Covid e foi isolada do contato com seus pais, num dormitório de amigos. Ela procurou o grupo de preparação para o parto assim que os sintomas diminuíram.

A adolescente, já no primeiro contato, referia-se ao temor que sentia da contaminação e do que "o vírus maldito poderia provocar". Os sintomas físicos a deixaram mais assustada. A psicóloga responsável sugeriu que ela contasse mais sobre a concepção e propôs, para o final do encontro, uma série de alongamentos e técnicas de respiração, a serem realizados com a fisioterapeuta. No primeiro encontro da dupla de terapeutas com o Grupo de gestantes, ela apresentou muitas dificuldades, dores e tensões.

Com muito sofrimento, a adolescente relatou sentir-se culpada por ter pensado em interromper a gravidez. Disse também que não tinha notícias do pai, usuário de drogas.

No segundo atendimento, ela manifestou desgosto e insatisfação em estar no grupo de gestantes. Disse não suportar os olhares incriminadores de todos, "principalmente das mais velhas com maridos". A fisioterapeuta interveio, afirmando não ter reconhecido esses olhares.

A adolescente pediu para manter apenas os atendimentos individuais (que são quinzenais). Diante dessa solicitação, a psicóloga sugeriu e tentou negociar a participação da menina no grupo, pelo menos na semana seguinte.

No grupo de reflexão entre as terapeutas do projeto comentou-se que a maioria das mães demonstravam o desejo de segurar seus bebês, nos exercícios práticos. O mesmo, porém, não se dava com a adolescente. Na maior parte das vezes, ela afirmava não poder suportar nem a si mesma, quanto mais ingressar em um mundo de brincadeiras se o mundo não era nada amigável.

Entre as terapeutas, foram levantadas hipóteses sobre a impossibilidade de essa futura mãe adolescente se aproximar de seu bebê. Um dos aspectos apontados foi que o próprio grupo de gestantes poderia afetar o psiquismo das mães e suas emoções. No caso da adolescente, a falta de suporte afetivo da família e a ausência do pai do bebê seriam dados que dificultavam sua capacidade de se aproximar e até desejar essa criança.

A fisioterapeuta disse ter observado as expressões das gestantes durante os exercícios de respiração. Pela primeira vez, pensou que para algumas pessoas – no caso a adolescente – tais exercícios poderiam provocar mais sofrimento do que alívio.

Ficou tocada com a nova percepção pois sabe que o bebê recebe sensações de sua mãe. Por esse motivo, refletiu, o tipo de toque e o momento adequado devem ser sempre repensados, com base em como cada futura gestante vivencia aquela experiência.

Ao ouvirem o relato acima, os membros do projeto decidem conversar sobre os terrores que a adolescente carrega e que, somados ao medo de morrer e de contaminar seu bebê, promove uma condensação do "vírus maldito" e da culpa por ter inicialmente desistido de seu bebê.

O grupo ampliou os elementos de discussão e refletiu sobre um sentimento comum a todos. O Covid em si, na adolescente grávida de 7 meses, não trouxe maiores danos à sua saúde, segundo os médicos, principalmente porque ela recusou a medicação que poderia fazer mal ao bebê.

Esse diálogo foi interessante:

– Não quis tomar aquele "coquetel Covid", porque falam que tem veneno e pode atacar a barriga.

Fisio – Posso me informar sobre isso, mas como soube?

– No hospital, disseram para tomar, mas não gosto de remédio.

Psicóloga – Agora sua barriga tem seu bebê, que está com você.

– É. Já mexe então tá aqui.

Psicóloga – Nesse mundo aí dentro de sua barriga vocês estão muito ligados.

Nos atendimentos seguintes a dupla de terapeutas pode realizar – mesmo à distância – a livre escuta da adolescente, agora fora do grupo de gestantes. Sentimentos diversos apareceram e abriram caminho para novas percepções. Quem sabe ela consiga estar no grupo com as outras gestantes, quando suas dores não mutilem a sua capacidade de pensar?

Os pais da adolescente foram chamados para um contato, porém não compareceram na data marcada.

***

Registros do trabalho feito em parceria com os Centros de Saúde Mental Comunitários (CSMC) do Ministério de Saúde do Peru

Viviana Valz Gen
Sociedade Peruana de Psicanálise

No contexto de implementação de iniciativas orientadas à comunidade em tempos de pandemia, e tendo como base as redes de suporte, entramos em contato com os Centros de Saúde Mental Comunitários (CSMC) do Ministério de Saúde do Peru (Minsa). Até a presente data, tais centros são a única forma disponível de dar atenção à saúde mental de 60% da população, em todo o território nacional.

Foi necessário fazer adaptações e tomar providências para facilitar o atendimento de pessoas extremamente deslocadas e que enfrentavam os desafios da imobilidade imposta pela quarentena. Nesse processo, tornou-se interessante abordar o fortalecimento desses centros.

No nosso país (Peru), a saúde mental vem sendo trabalhada sob um enfoque médico, centrado especialmente na questão das doenças mentais. Mediante o fortalecimento de casos de primeiro e segundo nível de atenção, em 2015 teve início a reforma da atenção à saúde mental, que estabeleceu o modelo comunitário como o novo paradigma de tratamento nessa área.

Assim, criou-se um uma nova estrutura para estes serviços: os Centros de Saúde Mental Comunitários (CSMC), citados acima. Desde então, foram inaugurados diversos centros em todo país. A maioria deles conta com equipes multidisciplinares compostas por 22 profissionais da saúde, dentre os quais se destacam médicos psiquiatras, médicos de família, psicólogos, enfermeiros licenciados, assistentes sociais, terapeutas ocupacionais, químicos farmacêuticos, técnicos em enfermagem e em farmácia, além de equipes de limpeza e de vigilância. No momento, existem 203 centros em todo país e pretende-se chegar a 315 para suprir a demanda nacional.

A diretoria de saúde mental do Minsa demonstrou grande interesse em nossa proposta de reunião com as equipes de alguns centros, destacando, porém, que não têm possibilidade de acompanhar o trabalho que estes estão realizando. Em 2020, desenvolvemos um projeto piloto.

Levando em consideração a experiência do piloto, concordamos com o Minsa em organizar reuniões semanais de uma hora, via plataformas virtuais, encaixadas na jornada de trabalho dos profissionais. O projeto se estenderia por 14 semanas e a participação teria caráter voluntário. O convite seria redigido e enviado pela equipe da SPP, de modo que a proposta do projeto fosse apresentada, mas não imposta, aos membros da equipe.

A proposta era iniciar o trabalho a partir da discussão de casos e intervenções de caráter cotidiano. Desde o começo, sugerimos que as reuniões acontecessem com as câmeras ligadas, de modo a facilitar comunicação e a participação. Pedimos também que as equipes indicassem os melhores horários para o trabalho em grupo e organizamos nossa agenda levando em conta tais informações.

Logo no primeiro encontro com as equipes de trabalho constatamos que os participantes não apenas haviam recebido nosso convite, como também um requerimento/memorando para a participação de reuniões com profissionais da *Sociedad Peruana de Psicoanálisis*. Também descobrimos que as equipes não foram consultadas para que se decidissem os melhores horários de trabalhos.

Compartilho com vocês o registro da penúltima reunião com a equipe do CSMC de uma comunidade em expansão, no limite urbano de uma cidade andina, que vem ocupando uma área anteriormente dedicada ao pastoreio e à agricultura.

Desde o início das sessões, houve um grande desconforto com a nossa presença. Foi-lhes informado que se tratava de uma tarefa de "capacitação", cuja participação era obrigatória. Quando esclarecíamos do que se tratava o trabalho, este parecia atender às necessidades dos participantes que, por sua vez, não tinham tempo para ele. Sempre contávamos com a participação de duas ou três pessoas e, algumas vezes, outras duas. Trabalhávamos sempre com as câmeras desligadas e os participantes explicavam que, apesar de estarem fazendo outras coisas, estavam lá, "*te escutamos, Vivi*". A situação se tornou ainda mais complicada com o início do processo de vacinação (contra o Covid), já que eles foram convocados, primeiro como equipe de apoio, e, mais tarde, como equipe responsável.

Diziam sentirem-se sobrecarregados com as tarefas do centro, exauridos com a quantidade de fichas e formulários que deveriam preencher. O baixo número de participantes e o fato de as câmeras estarem sempre desligadas eram elementos que me desencorajavam. Em certa ocasião, perguntei a alguns participantes sua opinião sobre uma situação de que tinham participado. Obtive como resposta: "*desculpa, mas estou em atendimento*". Me senti muito mal, pensei nas pessoas que estavam sendo atendidas ali; fiquei desconfortável por interromper sua consulta.

Em alguns encontros, muito divertidos, compartilhavam as coisas que faziam para motivar a participação de seus vizinhos, utilizando, muitas vezes, a arte e as tradições culturais. Na maior parte dos encontros, no entanto, cuja demanda se originava nas múltiplas expressões de violência da comunidade, costumavam comentar sobre a quantidade de casos que deveriam atender por exigência judicial.

Aos poucos, vão ingressando: primeiro uma das enfermeiras, com sua câmera ligada. Mais tarde, entra uma das psicólogas, com a câmera desligada, imagino que esteja fazendo outras coisas, e, depois, mais uma psicóloga e outra enfermeira. Ao final, entra um dos psicólogos.

A enfermeira menciona a estranheza destes tempos, destacando que a quantidade de tarefas na pandemia ultrapassou sua capacidade de intervir, e que as exigências são muitas. Do acompanhamento do processo de imunização, aproveitando para realizar atividades com adultos, acabaram por se tornarem responsáveis pela vacinação, já que a equipe de saúde não foi suficiente para isso. E foram informados que permanecerão assim até o fim do ano.

É muito agradável poder conversar com ela, com sua câmera ligada. Os outros que entram mantém suas câmeras desligadas e praticamente não falam. Continuam os relatos sobre o processo de vacinação: são encarregados da "triagem diferencial", de gerenciar as funções essenciais, e da triagem inicial, para verificar se a pessoa pode ou não ser vacinada.

Mais tarde, fala sobre como o centro deve oferecer o primeiro contato com a população, explica as diferenças entre o trabalho que realizava em um hospital psiquiátrico e o que faz agora, abordando "transtornos psicossociais". Fala sobre muitos casos de vício e de violência.

A partir do trabalho com crianças e adolescentes, estão aprendendo a intervir para a preservação promocional. Para eles, é muito difícil abordar alguns casos, especialmente os que dependem de mandados judiciais. Não sabem como convencer os pacientes a serem atendidos, eles vão porque são obrigados, e os profissionais devem relatar sua ausência, além de poderem detê-los, entre outras coisas.

Não existe motivação ou interesse em trabalhar, apenas o senso de obrigação. O psicólogo intervém, destacando como é difícil fazer com que os pacientes se animem para o trabalho, e que famílias inteiras deveriam usufruir do "pacote completo", com 12 sessões (atendimento psiquiátrico, psicológico e visitas domiciliares), oferecido pelo centro.

No entanto, a enfermeira, que participou desde o início e que tinha total ciência do que passava no centro, conta que houve um caso em que o adolescente se deu conta de que este era um espaço para falar de seus sentimentos, de seu dia a dia, das mudanças etc. e passou a aproveitá-lo como tal. Talvez tenha sido o único membro dessa família a se interessar pelo trabalho. Ela desenvolveu os temas trazidos pelo jovem, insistindo que, diferentemente de seus pais, ele estaria aproveitando o espaço.

Ressalto que talvez eles se sintam como estas famílias: obrigados a participar deste espaço comigo, não por mandado judicial, mas por obrigação ministerial.

O psicólogo ri: "Boa! Claro, não havia pensado assim; não é que não queiramos participar, é que não podemos, não há tempo. Nos sentimos obrigados."

Complemento dizendo que talvez, assim como o adolescente, alguns deles descubram que este é um espaço que pode lhes permitir enxergar seu trabalho de um jeito diferente, falando das mudanças incutidas no processo de deixar para trás o modelo de hospital para desenvolver um modelo comunitário.

A enfermeira sorri e comenta que gostaria de participar mais, mas que nem sempre consegue. Seria bom pensar em como fazer para que as pessoas possam aproveitar esses dois espaços. *A maioria vem porque é obrigado.*

É mais difícil quando trabalham com agressores, negam tudo. O psicólogo comenta que há um método para trabalhar com essas pessoas, e que é mais difícil trabalhar com os agressores porque os profissionais se propõem ajudá-los a tornarem-se conscientes. Trata-se do modelo de Prochaska, que vai da total negação à pré-contemplação e, em seguida, à contemplação, em que começamos a reconhecer que há recaídas, tentativas de abandonar o tratamento e, portanto, um estágio de manutenção. Intervenho para explicar que minha pergunta era relativa a que etapa eles se encontram no que diz respeito ao uso de seu espaço comigo.

A enfermeira sorri: "*nós negamos, não temos espaço para mais*".

O psicólogo complementa dizendo que é uma boa pergunta: como poderíamos aproveitar, ainda que estivéssemos na etapa da contemplação? *Temos vontade de participar, mas nos falta convencimento. Não podemos conceder-nos esse espaço.*

A enfermeira diz que está de acordo: às vezes, querem participar, mas não conseguem por conta de sua carga de trabalho, o que é frustrante. Mas é importante falar disso com os outros.

E assim terminamos a reunião.

10. Luto e isolamento[1]

O incêndio e o relato

Mariano Horenstein
Associação Psicanalítica de Córdoba

I

Em "O fogo e o relato", Giorgio Agamben (2016) resgata uma história contada por Gershom Scholem:

1 Diferentemente dos anteriores, este capítulo conta com dois artigos iniciais, dos psicanalistas Mariano Horenstein e Pablo A. Dragotto. Eles foram elaborados com base nos trabalhos dos colegas Roosevelt Cassorla, de São Paulo; Alicia Lisondo, Patricia L. de Oliveira, Teresa Cristina Peixoto, Ivana Marino, Sancha M. Benvindo Lopes, de São Paulo; Heloisa Helena Sitrângulo Ditolvo, Maria Tereza Labate Mantovanini, Raul Gorayeb, Silvia Martinelli Deroualle, também de São Paulo; e Emílio Salle e Renato Piltcher, de Porto Alegre. Os respectivos trabalhos também compõem este capítulo.

> *Quando o Baal Shem, fundador do hassidismo, tinha de resolver uma tarefa difícil, ia a determinado lugar na floresta, acendia um fogo, pronunciava as orações e aquilo que ele queria se realizava. Quando, uma geração depois, o Maguid de Mazritch se encontrou frente a um problema semelhante, dirigiu-se a esse mesmo lugar na floresta e disse: 'Não sabemos acender o fogo, mas podemos pronunciar as orações', e tudo aconteceu de acordo com seus desejos. Uma geração depois, Rabi Moshe Leib de Sasov se encontrou na mesma situação, foi até a floresta e disse: 'Não sabemos como acender o fogo, não sabemos pronunciar as orações, mas conhecemos o lugar na floresta, e isso deve ser suficiente'. E, de fato, foi suficiente. E quando, passada outra geração, Rabi Israel de Rischin teve de enfrentar a mesma tarefa, permaneceu em seu castelo, sentado em seu trono dourado, e disse: 'Não sabemos acender o fogo, não somos capazes de recitar as orações e nem sequer conhecemos o lugar na floresta: mas de tudo isso podemos contar a história'. E, mais uma vez, com isso foi suficiente.*

Agamben se serve desse relato para pensar, em termos alegóricos, a literatura. Eu, no entanto, com minha mania de encontrar a psicanálise por todos os lados, não posso evitar lê-lo com base nos meus próprios interesses. Assim, os elementos do conto – o lugar, o fogo, as orações, a história – se apresentam para mim como quatro conceitos fundamentais da psicanálise, que servirão não para repensar os fundamentos teóricos da nossa disciplina, mas como coordenadas de uma leitura, contemporânea e situada.

Assim, o *lugar* se revela não apenas como esse espaço, virtual ou real, em geral bastante simples, no qual ocorre a conversa analítica, mas também na localização geo-histórica onde se pratica. O *fogo* encarna a transferência, sem a qual se torna impossível qualquer experiência psicanalítica.[2] As *orações* remetem ao ritual inerente a nosso ofício, que, por não ter se secularizado, oculta sua origem de cerimonial religioso. Finalmente, a *história* é o próprio estofo da conversa analítica, tanto se a entendemos como disciplina de investigação sobre o passado, como se nos voltarmos para sua vertente ficcional.[3]

Na sucessão de gerações que o relato oferece, os personagens sabem cada vez menos o que precisam saber para resolver um problema. Verifica-se, então, uma progressiva e crescente *perda*. Podemos facilmente aproximá-la da perda da experiência denunciada por Walter Benjamin cem anos atrás,[4] a destruição da experiência – que a psicanálise, inventada naquele mesmo momento, nasce para restaurar.

O relato é o que resgata algo dessa experiência perdida. O relato precisa, para se constituir, não apenas de um narrador – como tender mos a pensar –, mas sobretudo de um ouvinte. A crise da experiência veio acompanhada da destruição da comunidade de ouvintes. O psicanalista advém, por transferencia, a esse lugar de escuta. Ao se oferecer à escuta, ele inventa e determina retroativamente o relato que lhe é oferecido.

---

2 Por isso o analista pode ser comparado ao flogístico, que provém de uma palavra grega que designa o que é inflamável. Charles Melman, afirmando sobre a impossibilidade de que o analista se situe como observador asséptico e externo ao que acontece no analisante.

3 Agamben chama atenção sobre o uso de uma mesma palavra para referir tanto ao curso cronológico das vicissitudes humanas como ao que conta a literatura, ao gesto do historiador e ao do narrador.

4 Quando verificava que os soldados voltavam da sangrenta Grande Guerra mudos, incapazes de colocar em palavras as atrocidades que tinha vivido.

II

A psicanálise é um discurso de uma especificidade radical, distinto de qualquer outro. Pelo menos da minha perspectiva, tanto sua especificidade quanto a fonte de eficácia estão ligadas a seu dispositivo clínico original, inclusive, mais que à miríade de teorias que tentam dar conta do que se sucede dentro do eu.[5] Ao mesmo tempo, tal especificidade, que diferencia a psicanálise de quaisquer outras abordagem da mente, de qualquer outra práticas das consideradas terapêuticas, contrasta com uma abertura invejável para a infinidade de disciplinas – da ciência ou da arte, da literatura ou da filosofia. Sua porosidade, a insaturação de suas fronteiras, inclusive de consensos básicos entre seus praticantes, são todas características que constituem um problema do ponto de vista neopositivista e que se tornam vantagens em um diálogo que concebe as fronteiras como zonas férteis e os conceitos como migrantes.

Esse paradoxo da psicanálise, no qual especificidade e abertura convivem sem conflito, replica-se na hora de pensar a relação entre a psicanálise como prática clínica e a psicanálise extramuros; entre a psicanálise em *intensão* e a psicanálise em *extensão*.

Se queremos pensar em uma figura que articule estas dimensões bifrontes da psicanálise – especificidade e abertura; psicanálise intra e extramuros; e, por que não, clínica e cultura – devemos apelar a uma figura topológica como a fita de Moebius, que não separa os distintos aspectos em compartimentos estanques, mas os articula sem solução de continuidade, alternando-se continuamente sobre uma mesma superfície. E essa alternância constante, em que se desfazem pretensas ilhotas da pureza de uma práxis que já foi por vezes mistificada, surge com clareza nas experiências resumidas neste capítulo.

---

5 Ainda que seja impossível pensar tal dispositivo sem essas teorias.

Teoria e práxis podem ser pensadas nessa mesma figura topológica, pois mesmo quando são as experiências que convocam à reflexão em um segundo momento, depois de realizadas, o Segundo Ato se dá logicamente antes do Primeiro Ato. A experiência está formatada, não existe algo como uma experiência crua em psicanálise.

Sempre há uma teoria que se infiltra na nossa leitura dos fatos, mesmo a que pareça mais ingênua ou rudimentar. Acontece que quando adentramos – como esses depoimentos mostram – em zonas menos confortáveis, nas margens de uma experiência codificada ao longo do esforço de mais de um século de teorizações, o espaço daquilo que não se sabe torna-se mais evidente.

É mais fácil ser presa da ilusão da compreensão e do controle em uma análise mais ou menos padronizada do que em situações de fronteira, como as que são exploradas por meio destes depoimentos. O que estas experiências nos ensinam não vale somente para elas mesmas, mas funcionam também como um questionamento que repercute como um bumerangue nas vicissitudes clínicas de um *setting* mais ou menos convencional.

Clínica e cultura estão tão em comunidade quanto em continuidade. A natureza da espécie, como demonstrou Claude Levi-Strauss, é cultural, e é a linguagem o que nos faz humanos. Assim, a cultura não é um ornamento mais ou menos sofisticado que pode cair bem ao analista ou até dar-lhe prestígio. Diferentemente de outros ofícios, no nosso ela é filigrana estruturante e irriga o próprio coração da prática clínica.

Talvez também tenhamos de nos acostumar com o fato de que as intervenções dos analistas na comunidade, necessariamente desajeitadas e em construção, mereçam outro qualificativo, diferente do habitual: "Isso não é psicanálise". Talvez justamente certos tipos de intervenções que a ortodoxia teria desqualificado décadas atrás sejam as mesmas que irão garantir a sobrevivência inclusive de formas mais tradicionais de prática psicanalítica nos tempos porvir.

As discussões mais interessantes, dizia Derrida, acontecem nas margens, nas bordas de um território. Assim, o modo de pensar a psicanálise partindo de uma região como a América Latina questiona e permite ler a psicanálise das grandes metrópoles de outro modo. Desde que, é claro, nos afastemos de uma posição de meros consumidores de um saber idealizado estabelecido fronteiras afora.

A psicanálise nasceu como um questionamento das margens para o centro: tanto pelos fenômenos mentais que tomou como objeto, sonhos e lapsos desatendidos pela ciência, como pelos pacientes dos quais se encarregou, as histéricas repudiadas pela medicina. Foi com base nesse lugar marginal que se constituiu a psicanálise, e somente se baseando nele ela foi capaz de olhar – ou escutar – mais longe.

Esse mesmo mecanismo se ativa aqui, quando o que se pratica extramuros talvez mude a prática intramuros – pois em nenhum tempo e lugar, muito menos em uma região como a América Latina e em uma época como a que nos toca, é possível permanecer impermeável frente às inquietações e perguntas de uma época. A não ser que optemos por nos tornar anacrônicos no pior sentido e sustentar um monólogo que acaba sendo pouco interessante até para nós mesmo.

O fato de a teoria estar presente nas práticas que incursionam fora do consultório tradicional obriga a uma abertura permanente. Na clínica habitual também estamos submetidos a essa verificação constante entre o que pensamos e o *Zeitgeist*, mas percebe-se menos. Trabalhando a céu aberto, na comunidade, as costuras podem ser vistas com mais facilidade e qualquer ortodoxia, qualquer fanatismo ou qualquer pensamento inercial torna-se obsoleto e inútil. Em um espaço em que a transferência não está assegurada, em que é necessário conquistá-la a cada dia como o pão, não há lugar para teorias *ready made*, sejam elas de origem inglesa ou vienense. As filiações teóricas, as fidelidades de escola e os reflexos técnicos que adquirimos mostram-se ineficazes sem a abertura e a coragem necessárias para colocar tudo em questão, submetendo-o à prova da experiência.

A realidade política e social que permeia sempre a clínica e as teorias aparece nesses contextos com uma intensidade maior. A clínica se mostra mais uma vez um observatório privilegiado do social, em que a fragilidade do laço se evidencia. Há um delicado equilíbrio entre preservar a singularidade de uma disciplina frágil como a psicanálise, sempre em ameaça de extinção, sempre exposta à sua diluição, e mantê-la aberta a seu entorno. Um fechamento absoluto, atento a preservar os fundamentos, a faria refratária à sua época (às coordenadas de tempo e lugar que a alojam e a demandam). Uma abertura absoluta ameaçaria destruir justamente o que a psicanálise traz de mais distinto em relação a outros modos de escuta.

Vejamos do que se trata nestas experiências, forjadas em tempos difíceis.

III

Se atentamos ao que une as quatro experiências relatadas mais que ao que as diferencia, surgem alguns traços em comum: nota-se a predominância de dispositivos grupais, em alguns momentos com a inclusão de *virtualização* da assistência; e, na maioria das situações, o trabalho do analista é exercido não sobre os sujeitos diretamente afetados (pacientes, alunos, clientes), mas sobre aqueles encarregados de assisti-los, como médicos, docentes ou integrantes de uma empresa. Ou seja, a tarefa analítica é exercida de modo mediato, *intermediado*, e visa a potencializar sua eficácia assistindo os que assistem. Outro traço comum é a ferramenta fundamental a que apelam os analistas trabalhando em contexto comunitário: a *escuta*.

Quando se pensa no trabalho de analistas em comunidade, algo nada simples, em geral surge a ideia, almejada por Freud em 1918, de alcançar uma escala maior nos benefícios da tarefa analítica, restritos pelo fato de nosso fazer ser um artesanato clínico, que opera de pessoa a pessoa. Assim, apelar ao trabalho em grupo ou às ferramentas virtuais, ou a trabalhar com os que cuidam ou ensinam os outros são modos de multiplicar os benefícios da escuta.

É nossa escuta que podemos oferecer, nada mais, nada menos. Uma escuta diferente de qualquer outra, uma escuta irrigada por complexas teorizações, mas radicalmente simples quando se desdobra. Uma escuta abstinente e não caritativa, uma escuta laica, praticada por pessoas treinadas em certa disciplina de escutar, uma escuta capaz de escutar até aquilo que é insuportável de ser escutado.

Nas experiências relatadas, o modelo que segue essa análise em extensão parece ser o da extensão da escuta que praticamos nos consultórios, mas menos constrangidos por nossos estritos *settings* e os custos muitas vezes excludentes que implicam em uma prática artesanal como a clínica.

Cabe esperar, como eu dizia antes, que essa abertura da escuta analítica, a flexibilidade necessária que se deve pôe em prática extramuros, incida no que fazemos intramuros, tornando mais porosa e acolhedora nossa maneira de ouvir, menos pressionada por ideais institucionais ou cânones teóricos e mais *situada* (tanto em termos históricos quanto geográficos), resistente a qualquer tipo de ortodoxia.

Se existe algo em comum às quatro experiências incluídas neste capítulo, se há algo que as alinhava, é a experiência de perda. Todas as experiências foram realizadas no meio da pandemia da covid-19, momento em que a fragilidade de nossa espécie se fez mais evidente do que nunca, ao menos para nós que não vivemos diretamente em guerras ou catástrofes naturais. Essa fragilidade – estrutural na espécie, mas velada até o momento em que se tornou impossível não a notar – nutria-se de distintos aspectos que imediatamente se fizeram visíveis: a incerteza; a intempérie logo compartilhada entre países poderosos e fracos; entre ricos e pobres; entre jovens e velhos; o retorno do isolamento forçado como ferramenta primitiva mas eficaz de prevenção do contágio; a contabilidade em tempo real de hospitalizados e mortos; as imagens pavorosas de cadáveres sem lugar nos cemitérios.

A experiência de perda, central em qualquer análise individual levada às últimas consequências, uma experiência que se vive em solidão, logo se tornou uma experiência compartilhada. E isso acontecia em um contexto em que também se havia perdido também a presencialidade. Tanto os analistas que escutam, quanto os médicos, alunos e pacientes que participam das experiências relatadas, atuam com um pano de fundo em que é impossível desmentir, como habitualmente fazemos, a perda e a morte.

Outra característica comum às experiências relatadas é o anseio pelos rituais perdidos, principalmente os ritos funerários ou expiatórios, esses mecanismos simbólicos pormeio dos quais nós humanos aprendemos a contornar a morte e a torná-la suportável.

Ao mesmo tempo, as quatro experiências propõem novos rituais, alternativos, para suportar essa perda que introduz o real da morte, que o desaparecimento dos rituais tradicionais havia amplificado até uma potência insuportável. Esses novos rituais, geralmente conversas periódicas grupais, funcionam como amortecedores simbólicos que recorrem a uma narrativa, à possibilidade de construir relatos.

Lacan, após a trilha de Freud e de Shakespeare, descreveu se baseando em Hamlet uma estrutura em que analisa níveis distintos:

em primeiro lugar, o mundo. Em segundo lugar, a cena no mundo, e logo a cena sobre a cena. Poderia se pensar assim, sem dúvida de modo reducionista e não completamente certeiro, em seus três registros: o *real* do mundo, o *simbólico* da cena que configura o mundo, o *imaginário* da cena que se monta sobre aquela outra cena. Então, de repente, uma pandemia nos coloca como espécie em um cenário inesperado. Habituados a nos mover em uma cena relativamente estável, de repente nos encontramos a céu aberto.

O mundo se perturba, se comove, *o tempo sai do eixo*, como escreveu Shakespeare, e o espaço se contrai. Tempo e espaço, então, as variáveis que organizam o mundo, revelam-se ficções em uma vida fechada no tempo e espaço imóveis da quarentena. O fato de que Shakespeare tenha escrito essas palavras há mais de quatro séculos deveria nos advertir que o que nos aconteceu não foi um evento único e irrepetível, e não há razões para pensar que não volte a acontecer. Há guerras, uma catástrofe climática em curso, a distribuição obscenamente injusta da riqueza, entre outras preocupações virais contemporâneas que ameaçam até as democracias mais bem constituídas, que oferecem oportunidade de imaginá-lo. Essa comoção do mundo, então, nos leva de volta à velha *Hilflösigkeit*, o desamparo freudiano. Como no tempo mítico do infante, somos lançados, novamente e apesar da precária proteção de uma quarentena, à mais radical intempérie.

IV

Uma digressão pessoal: durante certo tempo, pensei que uma disciplina como a nossa, tão imprecisa e frágil, exigia cortar tudo o que não era imprescindível para sua práxis clínica. No que agora registro como uma manobra defensiva de minha parte, me ocupava de desvencilhar a psicanálise – e minha escuta, e meus pontos de atenção – não apenas de qualquer deriva psicoterapêutica, mas de campos de reflexão em que estavam em jogo problemáticas alheias ao discurso psicanalítico, fosse política, história ou ecologia, entre tantos outros.

Sempre fui um leitor curioso de disciplinas e de realidades alheias à nossa, mas minhas leituras, para satisfazer esse animal voraz que é o superego, deviam sempre atravessar o diafragma "do psicanalítico". Hoje já não penso dessa forma.

Por um lado, talvez isso se deva a algum grau de maturidade em minha idade psicanalítica (seja lá o que isso signifique), que permite que eu me preocupe menos com os limites. Por outro lado, porque a realidade (seja lá o que isso signifique) entra de tal modo em nossas consultas que não lhe dar lugar seria nos entregar ao exercício de uma miopia preocupante. No estado de coisas do mundo, não incluir alguns dados de realidade no coração da prática analítica seria literalmente torná-lo um desmentido, quando não uma completa foraclusão, e os analistas se tornariam, mais do que praticantes puros e responsáveis de uma disciplina frágil, seres fragmentados, tão inúteis como interlocutores de uma conversa social e incapazes de qualquer escuta analítica singular.

Sem incluir em nossas reflexões a peste, a mudança climática, a guerra, as migrações e a exclusão social, sem levar esses pontos candentes ao coração de nossa prática e de nossas teorias para ver como acomodá-las ali, na linha de fogo de um mundo sempre ameaçado de dissolução, nossa disciplina corre o risco de se tornar apenas uma esgrima intelectual sofisticada, um tráfego de palavras e angústias amputado de seus referentes no mundo.

Voltando ao que Lacan lembrava de Hamlet: dado que ali se trata de uma cena, sobre outra cena, que por sua vez está armada em um mundo, pretender a autonomia cênica sem incluir o mundo nos condenaria, creio eu, a uma merecida extinção.

Talvez o ponto crucial aqui seja a partir de qual lugar nós psicanalistas intervimos. A abstinência continua sendo um de nossos princípios orientadores – que, por serem poucos, tornam-se incontornáveis. Então, se excluirmos qualquer tipo de manipulação de nossa tarefa clínica, o que teria consequências desastrosas, ainda que motivadas pelas melhores, as mais caridosas e nobres razões, o que nos resta? Como intervir em uma conversa que atravessa hoje a sociedade e fazer isso de um modo fértil?

Refiro-me a como fazê-lo *enquanto analistas*, pois cada um de nós é também cidadão, e participa de múltiplos espaços de expressão e atuação. Enquanto analistas, nossa ação se modula sempre por meio da reflexão. Nossa prática – que tem efeitos na realidade – é intelectual. Enquanto analistas, pensamos, escutamos e falamos, o que às vezes pode ser tão importante como servir comida ou resgatar feridos em uma catástrofe, como acolher refugiados ou escrever manifestos. Obviamente desde que nossa escuta e o que pensamos e falamos tenham consequências e estejam alinhados àquilo que acontece dentro e fora de nossos consultórios, sem permanecer na repetição de consignas estéreis e anacrônicas (se for para isso, é melhor ficarmos calados).

Acredito que uma boa chave de compreensão aqui poderia ser a frase transformada em lema das lutas contemporâneas lideradas pelas mulheres, por coletivos de dissidência sexual ou por minorias étnicas, com os quais temos tanto a aprender. Esses movimentos conseguiram que uma ideia antes marginal hoje tenha a força de uma evidência: tudo o que é pessoal é também político. No campo de suas reivindicações, pequenos gestos domésticos naturalizados há muitas gerações encobrem posições de poder, resquícios patriarcais, efeitos de um classismo ou de um racismo insidiosos. Então a luta pessoal, de cada um em seu entorno – uma mulher em seu casamento, um homem negro frente a seu supervisor branco, um jovem diante de seus pais conservadores – se transforma em uma causa política.

Também podemos inverter a frase e dizer que tudo que é político é pessoal, e é nesse momento, quando irrompe o fator pessoal da equação, que nos é habilitada – enquanto psicanalistas – uma oportunidade de participar da discussão.

Porque uma guerra não é somente um coquetel de interesses geopolíticos – embora não seja de sê-lo –, mas também o modo como um líder encurralado, perseguido por seus fantasmas feito um animal ferido, pode conduzir sua manada a um holocausto. O deterioramento da habitabilidade do planeta não é apenas possível de ser explicado com base em complexas medições dos gases do efeito estufa, mas por meio de uma pertinente negação,[6] que se torna um desmentido tão massivo quanto catastrófico. Uma pandemia não significa apenas a exposição da humanidade a um novo germe, mas também ao modo como lidamos coletivamente com ele. Em vez de nos comportarmos como um rebanho capaz de proteger os mais fracos – por exemplo, por meio da imunização massiva – há tantos que preferem se agarrar a disparatadas conspirações imaginárias apenas para manter seus precários pressupostos. Ou, então, como uma desesperada tentativa de sobrevivência, a reclusão em casa a que tivemos de apelar quando não havia vacinas se tornar uma autorrestrição satisfatória para muitos, que encontraram na distância social excessiva a racionalização de seus temores mais primitivos. Eu poderia seguir, *ad infinitum*, narrando situações que tornam evidente o fato de que, tratando-se de humanos, tudo que é político é também pessoal.

Antes eu pensava que certas preocupações, como a mudança climática ou a ecologia, se tornariam uma espécie de *hobby* de

---

6 Como a paródia "Don't look up" bem ilustra.

analistas do primeiro mundo, nos quais algumas circunstâncias sociais já resolvidas habilitariam angústias quase exotéricas para uma região do planeta que ainda não conseguiu resolver o tema da fome, da moradia e do trabalho para boa parte de sua população. Agora não penso exatamente dessa forma. Talvez questionando nosso próprio nível de negação (*Verneinung*) e desmentido (*Verleugnung*) possamos fazer algo com o que muitas vezes alinhava a atitude dos coletivos sociais quando se tornam massas, em que fenômenos dos quais poderíamos falar bastante – como a identificação com líderes messiânicos, os pontos cegos coletivos diante de uma catástrofe em curso, a entrega ao gozo cego da destruição, a recusa da diferença ou a simples equiparação da realidade psíquica com a material, entre tantos mais – correm soltos e de modo evidente por toda parte.

V

Voltando às experiências que compõem este capítulo, a tríade que resgato nele – perda, falta de ritualização, retorno da ritualização através de um dispositivo em que se tece um relato – permite voltar a ler a história que Agamben nos lembra.

Mas o que Agamben chamava de fogo aqui pensaremos em termos de *incêndio*. O fogo deixou de ser essa chama controlada, fonte de calor e de luz, germe de um lar, para transformar-se em metáfora de uma destruição radical: dos laços, da cotidianidade, da experiência.

Se o fogo vira incêndio, a dimensão traumática se faz presente – tal como aconteceu nas experiências que ressoam nos depoimentos desta seção – e nossa escuta é convocada mais em termos cirúrgicos que em termos clínicos. Somos obrigados a ser mais ativos que receptivos, a abandonar a antisséptica segurança de nossos consultórios – que, por outro lado, a essa altura já não se sabe bem onde ficam localizados – para nos reconhecermos ouvintes a céu aberto, tão sujeitos às intempéries como aqueles a quem escutamos.

Nos depoimentos do trabalho analítico em extensão, o que aparece não é a vocação de apagar um incêndio, como poderia acontecer com uma escuta caritativa, religiosa ou até psicoterapêutica. Não somos bombeiros, mas psicanalistas, então não pretendemos acabar com os conflitos, e sim colocá-los para trabalhar. Não pretendemos cobrir de água as vozes, mas oferecemos escudo corta-fogo e procuramos reduzir o incêndio que arrasa toda a trama simbólica ao limite do fogo originário, circunscrito, mas palpitante, reduzi-lo às brasas inconscientes que nos justificam enquanto sujeitos.

Mesmo em tempos em que tudo parece estar arrasado, o trabalho que aqui se apresenta, por meio de uma escuta que confia tanto no inconsciente quanto na eficácia do relato, torna possível recuperar a experiência, restituindo, assim, pelo menos algo de tudo o que se quebrou.

Para encerrar, *last but not least*, talvez seja importante chamar atenção a um detalhe: no contraponto entre experiências e reflexão incluído nesta seção, as experiências foram realizadas em língua portuguesa e a reflexão, em língua castelhana. Bem poderia ter sido ao contrário, e com certeza há exemplos inversos. Mas o que me interessa destacar aqui é que o contraponto entre línguas, que se aproveita do bilinguismo latino-americano[7] para afofar ainda mais o terreno fértil de nossa psicanálise. Não se trata de construir uma *língua franca*, muito menos um portunhol psicanalítico, mas de fazer operar a leitura com base na diferença, passar pela *prova do estrangeiro*. Isso implica a passagem de uma língua pelo diafragma de outra, uma operação que traduz e avança mais um degrau na direção da intelecção teórica, como se fosse uma máquina que digere

7 Deixo de lado aqui o inglês (presente de modo muito minoritário na região) e as línguas indígenas para realçar o bilinguismo que nos constitui majoritariamente.

uma grande quantidade de experiências para destilar ideias – ou pelo menos rudimentos e gotas de ideias. Superados os obstáculos iniciais, a distância necessária para colocar à prova nossos pressupostos beneficia-se dessa estrangeiridade, que aparece em uma posição estrutural aqui/nesta publicação, talvez por uma inteligência intuitiva das editoras.

Referências

Agamben, G. (2016) *El fuego y el relato.* Madrid: Sexto Piso.

Benjamin, W. (2008). *El narrador*. Santiago de Chile: Metales Pesados.

Benjamin, W. (1993). *Experiencia y pobrez.* Acesso em 14 jul. 20. Disponível: https://semioticaenlamla.files.wordpress.com/2011/09/experienciabenj.pdf.

Berman, A. (2005). *La traducción como experiencia del/de lo extranjero.* Antioquia: Universidad de Antioquía.

Derrida, J. (1982). *La escritura y la diferencia.* Anthropos.

Freud, S. (1919). "Nuevos caminos de la terapia psicoanalítica". In *Obras Completas*, Tomo XVII. Buenos Aires: Amorrortu editores, 1976.

Horenstein, M. (2020). *Bújula y diván*. El psicoanálisis y su necesaria extranjería. Córdoba: Viento de Fondo.

Lacan, J. (1962/63). *El Seminario X, La angustia*. Buenos Aires: Paidós, 2006.

***

Violinistas nas salinas

Notas a partir de experiências de atendimento psicanalítico na comunidade durante a pandemia de covid-19

Pablo A. Dragotto
Associação Psicanalítica de Córdoba

Toda escolha teórica é política.

Rita Segato

Esse texto responde ao convite feito pela Diretoria de Comunidade e Cultura da Fepal para refletir e comentar algumas das experiências de escuta, atendimento e contenção a pessoas e grupos durante os períodos mais dramáticos da pandemia de covid-19, implementadas por sociedades psicanalíticas latino-americanas. Tal iniciativa faz parte de um projeto amplo e contínuo no tempo que pretende dar visibilidade ao trabalho de analistas na e com a comunidade e, ao mesmo tempo, ratificar a validade e importância desse trabalho, contribuindo à produção de novas ferramentas teóricas para abarcá-lo.

No seu romance Alma partida (2020), Akira Mizubayashi narra a comovente história de Rei, filho do músico japonês Yu, que se reúne regularmente para ensaiar a sonata *Rosamunde*, de Schubert, com três estudantes chineses. A história transcorre no Japão de 1938 governado por uma ditadura nacionalista. Tanto o gosto pela música clássica ocidental como – mais ainda – a companhia de cidadãos chineses é considerada suspeita por uma patrulha militar que invade um dos ensaios. Os músicos são maltratados, detidos e transportados a um centro militar. Rei assiste à cena de dentro de um armário onde o seu pai conseguiu escondê-lo segundos antes.

Aterrorizado, escuta os gritos do sargento encarregado, brutal e ignorante, humilhando seu pai. O aparecimento de um tenente sensível à música consegue amenizar a punição nesse momento, mas não evita a prisão e condução dos quatro músicos. Depois de minutos de silêncio e agitação, quando está prestes a sair de seu esconderijo, Rei, então, escuta passos que retornam ao lugar onde está escondido e vê – aterrorizado – a silhueta de um militar que se aproxima e abre o armário. Se sente perdido. O tenente, em silêncio, lhe entrega o violino do pai, despedaçado pela bota do sargento, e se retira. Rei é adotado por um casal francês que o leva à França, onde se converterá em um destacado luthier, especializado em calibrar e restaurar violinos. Durante toda a vida, trabalha com minuciosa dedicação na reconstrução do violino do seu pai. Não só a alma do violino fora destruída, mas todo o seu corpo. A alma e a história de Rei serão ressignificadas ao longo de todo o romance, em buscas e encontros nos quais conseguirá reconstruir fragmentos perdidos e realizar atos reparatórios, a partir do encontro fortuito com algumas pessoas, da escuta atenta e do acompanhamento de Hèlené. O contraponto entre a delicada tarefa de compositores, músicos e luthiers, suas excelentes produções e, por outro lado, a brutalidade dos militares, se entrelaçam no romance com o convulsionado caminhar da história, as transformações sociais e o sofrimento de pessoas e populações, num relato simples e emocionante.

Ao ler as breves descrições dessas quatro experiências de trabalho de analistas de associações latino-americanas, na e com a comunidade, durante os primeiros anos da pandemia de covid-19, a história de *Alma partida* se fazia presente com frequência, talvez pelo fato de que o protagonista encontra um refúgio precário em meio a uma situação traumática, o que o permite sobreviver, atravessar o tempo presente e futuro, de angústia, dor e atordoamento, para depois, ao longo da vida, realizar o lento trabalho de elaboração. Sempre existem outros, mas o papel que desempenham varia não só pelas circunstâncias ou pelas suas intenções e capacidades, mas sim pelo lugar possível em cada contexto. Fazendo uma analogia com as experiências descritas neste capítulo, se as pensamos como práticas situadas (de acordo com suas coordenadas históricas, sociais, geográficas e subjetivas) esse lugar de refúgio temporário e as funções de **amparo, escuta e acompanhamento**[8] podem ser pensadas como um ***leit motiv*** que aparece e desaparece no transcorrer de processos amplos e variados, tanto das existências de cada um dos sujeitos participantes, como das instituições envolvidas. Estas iniciativas ofereceram um refúgio, uma ponte transitória para **se apoiar** durante uma crise que implicou em uma ruptura no cotidiano e no enquadramento vital, com o surgimento de ansiedade e angústia massiva quase impossíveis de amarrar. Pessoas e grupos isolados, abandonados por terapeutas e instituições, puderam se apoiar nestes dispositivos que, **como uma ilhota flutuante** em meio à inundação, destinado a desaparecer e a esquecer-se ao fim da emergência, sustentaram a vida em um apoio fugaz.

Depois, a releitura do material me provocaram associações com outras imagens e histórias nas quais pessoas, práticas e instrumentos gerados em um contexto histórico, social e geográfico migraram para outros contextos (distantes, exóticos) em que não apenas se adaptaram, como também mostraram uma potência inusitada e abriram novos campos. Talvez o exemplo mais conhecido seja o do bandoneon, instrumento musical derivado da sanfona, criado na Alemanha no século XIX, mas que não tinha conseguido uma grande inserção nos círculos musicais europeus. O bandoneon veio à Argentina na bagagem dos imigrantes que chegaram no final do século XIX e começo do XX e converteu-se numa peça fundamental

8 Como digo mais à frente, esse acompanhamento deve ser entendido como assimétrico, envolvendo o exercício ético da abstinência do lado do analista, se diferenciando dessa maneira de outras práticas de caráter assistencialista, beneficente ou filantrópico.

de um novo gênero musical: o tango, surgido nos subúrbios populares de Buenos Aires. Parece-me ainda mais interessante outra história, menos conhecida, a da chacarera santiagueña[9] e o uso do violino. Sim, o mesmo precioso instrumento clássico cuja arte de construção se refinou até a perfeição na Europa nos séculos do renascimento e posteriores, para ser executado com maestria em teatros e salões da França, Itália e Áustria, chegou à América trazido por colonizadores, mais precisamente pelos missionários cristãos em seu afã evangelizador. A colonização, esse acontecimento disruptivo e fundacional, cujos efeitos ainda reverberam e incidem em nossas realidades sociais e econômicas, além de um acontecimento negado e renegado em suas determinações históricas pelas elites, é hoje ressignificado pelo pensamento latino-americanista recente (Segato). A chacarera santiagueña é um gênero folclórico muito popular, desenvolvido principalmente em Santiago del Estero, província do noroeste argentino. Sua origem parece remontar à Marinera Peruana e outros ritmos e instrumentos trazidos por pessoas e grupos de origem africana, submetidos à escravidão, trazidos por colonizadores do Peru. O violino,[10] neste contexto rural tão diferente é adotado e usado com novas sonoridades e modos de execução brilhantes e comoventes, por exemplo em artistas como Don Sixto Palavecino. É tão impensável uma chacarera sem violino, quanto um tango sem bandoneon.[11]

Em outro lugar (Fepal, 2020) eu evocava a cena da orquestra do Titanic que continuava tocando no convés, como se nada estivesse

9 A chacarera é um ritmo e dança tradicional da Argentina, principalmente da província de Santiago del Estero.

10 https://razafolklorica.com/historia-del-violin-en-argentina-como-ingreso-en--el-folklore/amp/

11 Agradeço ao Marcelo Bartolomé e ao Omar "Sapo" Estanciero pela orientação e pela informação sobre a chacarera e a história do uso do violino no folclore santiaguenho.

acontecendo, em pleno naufrágio, como alegoria de uma posição de negação em que as instituições psicanalíticas poderiam ficar fechadas e desconectadas das realidades sociais e comunitárias da América Latina. Essa posição poderia ser comparada com a de quem olha com desprezo para os primeiros tangueiros ou quem considerava quase um sacrilégio que um violino fosse usado para interpretar uma chacareira em um terreiro de terra, em vez de uma sonata no teatro Colón.

Algo disso acontece com as experiências psicanalíticas na e com a comunidade. Não é um assunto novo. Passamos por longos (longos demais) debates sobre o que é e o que não é psicanálise. Quando é psicanálise e quando é psicoterapia? Psicanálise e psicanálise aplicada. Essas extensas e muitas vezes estéreis discussões podem nos interessar como especialistas na nossa disciplina, mas que estão muito longe dos problemas cotidianos das nossas comunidades na América Latina.

As experiências apresentadas nessa seção do livro mostram a sensibilidade, o compromisso social e a excelência técnica de psicanalistas das sociedades da Fepal ao implementar dispositivos para minimizar os danos psíquicos, subjetivos e vinculares provocados pela situação social resultante da pandemia de covid-19. Os e as colegas do Brasil, assim como centenas de psicanalistas em toda a região, se organizaram para configurar ou reconfigurar dispositivos de escuta, contenção e elaboração por meio da psicanálise, que estiveram disponíveis, durante um período em que os governos priorizaram a atenção à saúde nos seus aspectos biológicos, suporte necessário para a vida, relegando as problemáticas subjetivas a um segundo plano das prioridades na hora de decidir ações de política pública. Este livro reúne uma amostra das múltiplas iniciativas realizadas durante a pandemia nas quais participaram sociedades e analistas membros da Fepal. Nos inscrevemos assim em uma tradição fecunda e solidária da psicanálise latino-americana, dessa psicanálise que procura não se encapsular sobre si própria, mas sim vibrar com a pulsação convulsionada da comunidade da qual participamos. Aquela que reconhece as paredes de adobe e os tetos de chapa que cobrem o sonho dos nossos concidadãos como a terra à que pertencemos e o âmbito em que nossa tarefa pode e deve ser realizada.

Assim, as experiências realizadas pela Sociedade Brasileira de Psicanálise de São Paulo (SBPSP) mostram uma variedade de dispositivos e âmbitos de trabalho em que a escuta psicanalítica ficou disponível para vários grupos da comunidade. No trabalho *SOS Brasil* (Lisondo, de Oliveira, Peixoto, Marino e Lopes) nos encontramos com um dispositivo de escuta analítica, com duração limitada de três a oito sessões, mas amplo em termos de disponibilidade, que recebe consultas de vários pontos do país. Foi possível observar este modelo de intervenção em diferentes países com características comparáveis (conheço melhor os dispositivos das sociedades argentinas, particularmente a experiência da APC Disponible realizada em Córdoba, mas existiram e existem em toda a região).

Na experiência relatada nesta oportunidade nos encontramos com uma analista em São Paulo que recebe uma mulher, estudante de enfermagem, residente em Manaus, a mais de 3 mil quilômetros de distância uma da outra. Ayra sofre de insônia, ansiedade, angústia (e quem não, naqueles dias?) e, além das perdas que viveu e presenciou ao seu redor, interrompeu, teve o tratamento psicoterapêutico que havia iniciado uns meses antes interrompido. A falta de acessibilidade aos tratamentos de saúde mental foi uma constante em muitos países durante a pandemia, como dizíamos anteriormente. Isso nos leva a destacar a importância de que as nossas sociedades psicanalíticas aumentem a sua participação nas esferas onde as políticas e as ações de saúde pública são discutidas, para que a saúde mental não seja deixada de lado numa época em que a economia, a tecnologia e os aspectos biológicos da saúde humana tendem a ser prioritários nas agendas de governo.

Voltando a Ayra e sua à analista, encontramos um recorte de uma experiência de escuta e de encontro, em que, apesar da distância e do contexto de catástrofe, a analista consegue criar um clima de intimidade e contenção, como uma barraca de lona (tomando emprestada a linda imagem que Rossevelt Cassorla utilizou em um dos primeiros webinários da IPA durante a pandemia) (IPA, 2020), uma pequena tenda iluminada à noite, como a que uma criança faz quando está assustada e acende uma lanterna sentada na sua cama e coberta com os lençóis. Embora a analista capte rapidamente a reativação dos lutos precoces na história de Ayra e aponte aspectos relevantes que trabalham juntas, o contexto da pandemia e o limitado enquadre disponível necessariamente a fará priorizar os elementos de contenção, mais do que as intervenções de abertura que seriam feitas em outro contexto. Buscar a conexão com dispositivos locais que permitam uma continuidade com o atendimento psicoterapêutico para quem necessita surge como uma prioridade nessas intervenções breves. No entanto, a analista continua a se perguntar, e nós com ela, sobre o mundo psíquico de Ayra e também dos aspectos transferenciais desenvolvidos nestas entrevistas. Durante a experiência de APC Disponível, nós analistas participantes nos surpreendemos com a rapidez e a massividade do estabelecimento da transferência nestes contextos de atendimento na crise. Chamamos transferência *express a* este fenômeno de conceitualização ainda escassa. Percebíamos que era diferente à transferência massiva de tipo psicótico que se observa precisamente em crises psicóticas de pacientes graves. Talvez seja mais parecido à desesperada necessidade de Outro que acolha, escute, entenda, esteja disponível, que podemos relacionar ao desamparo infantil. Quem não se sentiu assim, em maior ou menor medida, durante este período? Mas para nós que participamos destes dispositivos, era surpreendente o alívio que percebíamos nas pessoas que escutamos, só por estar ali, disponíveis, do outro lado do telefone, sem que tenhamos visto os nossos rostos nem uma única vez. Apenas uma oportunidade, uma escuta, em um horário combinado previamente, algumas poucas vezes. Penso que, nesses contextos, as perguntas mais ou menos teóricas, mais ou menos técnicas, que fazemos como interventores, são muito úteis... principalmente para nós mesmos. Elas nos auxiliam a encontrar apoio na tarefa difícil e angustiante, em um momento em que nossa própria divisão subjetiva estava exacerbada, onde nós mesmos sentíamos o chão se abrir sob os nossos pés. Nós encontramos apoiao apoiando outros. Mas não sozinhos. E, aqui, quero ressaltar outro aspecto que considero importante: os dispositivos não foram iniciativas isoladas; foram práticas **sustentadas em um trabalho coletivo e em uma inserção institucional**. As instituições psicanalíticas saíram à rua (ainda que virtualmente) quando todos estávamos isolados e assustados, estabelecendo pontes e vias de comunicação para alojar o sofrimento, a dor e a angústia de milhares de pessoas; reconhecendo, habilitando e apoiando seus membros e equipos que decidiram manter iniciativas em curso ou implementar novas experiências. Isso é importante e dá sentido ao nosso pertencimento e permanência institucional. Assim o entendem e afirmam os colegas da SOS Brasil no seu testemunho.

É muito bonito o processo grupal que mostra o material compartilhado pela equipe de psicanálise extramuros da SBPSP (Ditolvo, Mantovanini, Gorayeb e Deroualle). É impactante também constatar o alcance potente da intervenção, dada a ampla cobertura da instituição com a que trabalham e a quantidade de alunos aos que indiretamente podem atingir. A função da coordenadora, escutando, ressoando emocionalmente com o clima do grupo, em assuntos sobre os quais não se encontrava alheia, captando o que emergia, apontando por meio de intervenções que integram produções culturais (uma canção que é ressignificada no momento atual), sublinhando necessidades comuns (rituais funerários), permite o desenvolvimento de identificações cruzadas no grupo e a conquista de uma coesão ao se reconhecerem como semelhantes unidos por uma tarefa comum. O sofrimento de cada um, ao ser posto em palavra, escutado e repetido no grupo, produz alívio, sensação de pertencimento, faz outros assuntos surgurem e permite delimitar a demanda superegóica de estar sempre à disposição dos demais. *"durante o processo vão construindo, por meio das redes associativas, novas narrativas e vão se dando conta da importância de poder falar e ser escutados"* dizem os autores. Em cada uma destas experiências constatamos que a **primeira e fundamental intervenção é a montagem e a sustentação do próprio dispositivo**. A existência de um espaço (nestas experiências, virtual) de um encontro, com horário claro e estável, com um ritmo regular, onde há disposição para a escuta, circulação da palavra, registro de uma memória coletiva. Isso sustenta e alivia. Distancia a angústia infinita do isolamento e do terror na pandemia. Sustentar tais dispositivos promoveu a saúde mental e preveniu doenças e atuações de todo tipo. Para sustentar essas práticas, nós analistas precisamos dos nossos espaços de sustentação: reuniões de equipe, grupos de supervisão que estiveram disponíveis em muitas experiências.

A experiência de Salle e Piltcher da Sociedade Psicanalítica de Porto Alegre, trabalhando com alunos da universidade no final de 2020, em um grupo "*orientado a abordar as angústias e os sentimentos relacionados com a pandemia que* ***estávamos***[12] *vivendo*", nos mostra o processo de elaboração que o grupo realiza em um trabalho psíquico e coletivo de lembrança e saudades dos âmbitos e atividades suspensos/perdidos durante a pandemia mas que imaginam que serão

12 O destaque é nosso, querendo ressaltar a inclusão dos coordenadores na mesma situação que os outros membros do grupo (isso aconteceu com todos nós que trabalhamos durante esse período) e também o tempo passado da formulação: expressa não apenas quando aconteceu, como também o desejo de que tenha terminado.

restituídos no futuro. Os recortes textuais da fala dos participantes mostram uma alta valorização do espaço grupal como âmbito de encontro, de compartilhar sentimentos, pensamentos, expectativas. As perdas pessoais e dos outros, são mencionadas insistentemente. Especialmente o medo da perda de um futuro imaginado, da não concretização dos projetos construídos e fantasiados. Os coordenadores se abstêm de interpretar questões transferenciais, incentivam a circulação da palavra e a identificação de situações comuns. A escadaria como lugar do qual se sente saudades, esse lugar onde se encontravam de corpo presente, que parece metaforizar algo de um espaço/tempo de transição, de passagem entre um tempo e outro. Um tempo/lugar de encontro grupal dos estudantes, de que agora se tem saudades, mas parece ser reproduzido nestes encontros coletivos por Zoom, onde é possível sonhar em conjunto e elaborar pesadelos e medos. É enigmática a última frase: "Todos ficam muito contentes porque finalmente vão conseguir o container que ficará no campus". Os autores a deixam assim, como se fosse uma linha solta de um poema, ou um fragmento do material de um sonho... Um container no campus da universidade, o grupo como depositário de algo que deve ficar ali para que a vida possa voltar a uma "normalidade"? A necessidade de esquecer, de deixar lá longe no tempo as vivências angustiantes, disruptivas, que se passaram durante a pandemia é outro elemento que merece destaque como observador silencioso em âmbitos distintos: na vida cotidiana, nos trabalhos, nas famílias, nos tratamentos. Talvez por isso nos custe tanto voltar a pensar no que foi realizado ao longo desses meses: como refletir sobre o que se fez sem que a angústia retorne, a dor pelas perdas, pelas mortes, a falta de despedidas e de encontros, a solidão, o medo? Ainda estamos elaborando lutos enquanto seguimos em frente.

Algo disso se transmite de maneira comovente no texto de Cassorla (SBPSP) sobre uma reunião on-line com membros de um grupo de atendimento a pessoas em luto por causa da covid. Talvez por ser tão paradigmática a situação que aparece como emergente no grupo: "*O médico residente relata dificuldades com T., marido de uma paciente que faleceu há duas semanas em consequência do covid*", a paciente tinha sido internada por outros motivos e se contagiou dentro do hospital. Quem não escutou um relato similar ou viveu uma situação parecida? De um lado ou do outro: como profissional de saúde, como doente, como familiar de uma pessoa enferma, como familiar de alguém que faleceu por covid... Nos identificamos a partir de algum lugar com essas cenas, tantas vezes repetidas: a angústia, a dor de doentes e familiares, o esgotamento dos membros e das equipes de saúde (exigidas, aplaudidas, perseguidas, não reconhecidas, doentes também). O supervisor conduz o grupo, insta os participantes a falarem. Outros focos de angústia surgem: medidas de proteção, infecção dentro do hospital, cobertura legal. Os inimigos se multiplicam. A relação transferencial e de confiança entre os profissionais de saúde e os assistidos se torna persecutória e ameaçadora em meio a uma situação de catástrofe e de angústia transbordante. O grupo trabalha como grupo operativo (Pichon-Rivière) centrado na tarefa, processando as ansiedades a partir dos emergentes, que vão surgindo como associação grupal do trabalho elaborativo (raiva, rancor, ameaça, culpa, indignação pelas *fake news*), e o grupo chega a uma formulação que traz um clima mais tranquilo: "*Devemos ajudar as pessoas a separar o real do imaginário*". Escuto essa formulação, que de maneira expressa coloca uma nova tarefa/mandato compreendida talvez como "*ajudar que as pessoas vejam a realidade e não se deixem enganar por fantasias*", como o avesso de algo mais radical que é colocado em jogo no grupo e, principalmente, no cotidiano da pandemia, especialmente nos hospitais: **a irrupção desencarnada de um real intolerável**: os corpos humanos, de entes queridos, "*tratados como resíduos patológicos*" como me disse há pouco um paciente. As vidas truncadas, tratadas como um balanço de contas pela mídia e pelas estatísticas dos sistemas de saúde: 1 milhão de infectados, 100 mil mortos. A desumanização no trato e no tratamento não só dos dados, mas sim, fundamentalmente, das pessoas em cada interação: a ausência de contenção por meio de um vínculo humano nos protocolos de atuação. Quantas pessoas não puderam nem sequer se despedir em uma sala de espera? Familiares que entraram para fazer uma radiografia e não voltaram a se ver nunca mais, exceto pela iniciativa de uma médica ou enfermeiro que possibilitaram a comunicação (não o contato) através de um celular ou tablet. Gestos humanos singulares, à margem dos protocolos. Isto que é real e que (de acordo com Lacan) é recoberto pelo véu simbólico e imaginário que torna o fantasma singular para cada um. Isso que é real irrompe violentamente e arrasa com os diques de contenção da angústia. O apelo pela separação do real e do imaginário que o grupo formula é uma aposta por restaurar algo da trama simbólico-imaginária que permita recuperar algo de "realidade" nas trocas e no cotidiano. O grupo se acalma a partir da explicitação das ansiedades e do trabalho de elaboração focado na tarefa. E é exatamente a falta de rituais diante da morte o que emerge no grupo, a ausência de espaço-tempo para os rituais do luto de tribos indígenas que colocam a causa da morte em um causante distante. Assunto que condensa e permite processar tanto os sentimentos persecutórios, quanto a culpa e a dor vividos e revividos no dia a dia nesse contexto traumático.

A produção de um trabalho científico a posteriori mostra o trabalho de elaboração grupal das ansiedades e vivências e a recuperação da capacidade de pensar e trabalhar. Embora as intervenções do coordenador não estejam explícitas no texto, percebe-se a condução experimentada nos processos grupais.

Em resumo, essas experiências são uma amostra eloquente da tarefa fértil que analistas realizam e podem realizar na e com a comunidade em diferentes contextos, oferecendo espaços que contribuam para abrigar a emergência subjetiva a partir de **uma ética da hospitalidade** (Derrida), com o instrumento treinado e calibrado da escuta analítica, montando dispositivos específicos para cada contexto. Os elementos que cada analista carrega consigo em sua mochila certamente serão diferentes de acordo com a sua formação, suas preferências, sua história, sua própria análise... Algumas coordenadas deverão ser esclarecidas em cada contexto. Outros elementos do dispositivo analítico, na minha opinião, teriam que estar presentes em qualquer caso: **uma ética, certa redefinição da noção de abstinência, a escuta, o respeito pela singularidade**. Para sintetizar, quero realçar alguns elementos que observei nestas experiências e em outras implementadas durante a pandemia por analistas das nossas sociedades:

- **A disponibilidade** das sociedades psicanalíticas para oferecer um serviço de contenção, preventivo e assistencial em circunstâncias sociais de catástrofe.
- A **implementação rápida e eficaz** de dispositivos individuais e grupais.
- A característica de serem dispositivos implementados por sociedades civis não governamentais (ainda quando articulassem seu trabalho em alguns casos com redes e instituições do Estado), o que lhes **permitiu funcionar a partir de um lugar de terceiro**, ativando redes informais, mas **com referência e em uma ética psicanalítica**.
- A relevância **da instituição como marco de pertencimento (identidade) e apoio** aos psicanalistas interventores (por exemplo, com espaços de apoio, coordenação e supervisão), para que estes pudessem levar adiante sua tarefa específica e para a articulação posterior com dispositivos que permitissem uma continuidade de tratamento quando finalizada a intervenção.

- A disponibilidade e o apoio institucional articularam-se com o impulso para "fazer alguma coisa" durante a quarentena (a ansiedade e a angústia nos invadiam também a nós, analistas), a vocação de serviço e **nosso saber-fazer específico** como analistas para a conformação de uma oferta assistencial em dispositivos diversos.

Algumas das nossas ferramentas habituais foram úteis nesta nova tarefa: **a escuta analítica, a capacidade de instrumentalizar o que nos ocorre enquanto escutamos, a capacidade de pensar, associar, ecoar, a dissociação instrumental.** Outras ferramentas ou ações frequentes na nossa tarefa habitual como analistas possivelmente foram menos pertinentes ou eficazes neste contexto: a interpretação, a busca de aspectos da história pessoal, são alguns que me ocorrem agora...

Rita Segato, refletindo sobre a antropologia, em particular, e das ciências sociais em geral, propõe a ideia de uma disciplina que funcione por demanda: "*...dependente da demanda dos que anteriormente tinham sido objeto de nossa observação; uma antropologia atenta e interpelada pelo que esses sujeitos nos solicitam como conhecimento válido que lhes possa servir para acessar um bem-estar maior, recursos e, principalmente, a compreensão dos seus próprios problemas*" (Segato, 2015). Nestor García Canclini (Fepal, 2022) em um seminário virtual organizado pela Diretoria de Comunidade e Cultura da Fepal, apontava recentemente que "*Não há uma teoria das dores contemporâneas*" e que é necessário refletir sobre a perplexidade e a incerteza dos recursos das nossas disciplinas. "*É ali que o saber psicanalítico pode nos ajudar a não ser funcionais à modalidade em que a mídia convoca os 'especialistas' para explicar o que acontece. Na psicanálise o primeiro é escutar, sem se apressar em responder à demanda de quem paga a consulta*". É verdade que nós psicanalistas nos formamos tecnicamente para a escuta do sofrimento humano, diferenciando a demanda e calibrando em que medida respondemos ou não a ela, para promover o trabalho psíquico que, necessariamente, deve ser realizado pelo analisante abstendo-se o/a analista de dar respostas que obstaculizem esse trabalho. **Noção de abstinência que não é sinônimo de neutralidade**. Tão verdadeiro como o fato de que o modelo explícito ou implícito que funciona como referência na maioria das formações psicanalíticas é o do tratamento individual que se realiza em um consultório privado. Daí se desprendem algumas das dificuldades para recalibrar as práticas em e com a comunidade que se realizam como resposta a demandas comunitárias. Práticas que não poucas vezes se nomeiam como "*psicanálise extramuros*". Curiosa denominação. De que muros estamos falando? Por acaso a psicanálise é uma prática trancafiada ou de confinamento cuja definição exige estar em um quarto ou em uma instituição? Ou é um desses fenômenos de hábitos e costumes (Segato) que ratificam e convalidam o *status quo*? Ana María Fernández (Fernández, 2021) aponta que em qualquer campo conceitual é crucial trabalhar "*a partir de um campo de problemas que opere em um* entre *muito específico: na tensão ruptura-continuidade com saberes e dispositivos prévios*". **Chegou a hora de abrir espaço no currículo formativo oficial das instituições psicanalíticas a conceitos, autores, modelos, experiências e dispositivos que permitam aos e às analistas exercer o ofício em contextos diferentes ao consultório.**

A psicanálise nasceu em Viena, como as valsas de Strauss, ainda que não precisamente nos âmbitos mais proeminentes. Somos psicanalistas latino-americanos, praticando a psicanálise nas nossas comunidades. Já não perdemos tempo buscando o melhor âmbito, com a melhor acústica para executar à perfeição uma partitura clássica. Somos violinistas nas salinas. Temos que fazer música na nossa terra e, assim como Don Sixto Palavecino tocava a chacarera com o seu violino do campo, exercemos nosso ofício artesanal em terrenos diversos, ali onde alguma demanda comunitária nos convoca ou onde o nosso desejo faz surgir a demanda de escuta analítica.

Referências

Fepal. (2020). Obtido em https://www.youtube.com/watch?v=nYBHcneOD_A&t=20s

Fepal. (2022). Obtido em https://www.youtube.com/watch?v=o0XtFrvZen4

Fernández, A. M. (2021). Morales incómodas: algunos impensados del psicoanálisis en lo social y lo político. En A. M. Fernández, *Psicoanálisis. De los lapsus fundacionales a lo feminismos del siglo XXI*. Buenos Aires: Paidós.

IPA. (2020). Obtido em https://www.youtube.com/watch?v=rqRiuOjK1e8

Segato, R. *Crítica da colonialidade em oito ensaios*. Bazar do Tempo; 1ª edição (19 agosto 2021)

***

Reunião virtual com componentes do Grupo de Atendimento a Enlutados Covid

Roosevelt Cassorla
Sociedade Brasileira de Psicanálise de São Paulo

O médico residente (MR) relata dificuldades com T, marido de uma paciente que há duas semanas falecera em decorrência de Covid. A paciente havia sido internada devido a um problema neurológico e infectou-se com o Covid dentro do hospital. MR lembrava-se de T. que, sem poder visitar a esposa, conseguiu ao menos vê-la por meio das imagens do tablet. O dispositivo foi utilizado pelo grupo para que familiares e pacientes internados pudessem se comunicar. MR conta que T. havia ficado muito feliz por ver o corpo da esposa, então entubada.

MR nos relata seu primeiro atendimento com T. Inicialmente o rapaz foi receptivo, mas já no segundo atendimento passou a acusar e a responsabilizar o hospital pelo ocorrido. T entendia que o hospital não teria tomado os cuidados devidos para evitar a infecção da esposa. Mostrava-se bastante agressivo em alguns momentos e mais tranquilo em outros. MR usa o termo "ambivalência" para descrever o paciente.

MR continua: T. conta que encontrou um amigo que não sabia da morte da esposa. Esse amigo comenta que os médicos ganham dinheiro a cada morte de paciente com covid e que os médicos diagnosticam covid em todos os casos, para ganharem mais.

MR nos conta que se sentiu indignado com a acusação aos médicos. Sente-se muito irritado e cansado das notícias falsas que são disseminadas nas redes sociais. MR manifesta sua raiva enquanto fala. Conta que, felizmente, percebeu a possibilidade de entrar em confronto com T. e pôde conter-se. Não lembra exatamente o que falou, mas sabe que conseguiu dizer a ele, de forma calma, que a notícia era falsa. T. concordou dizendo: "imagina que os médicos fariam isso...".

O supervisor sugere que o grupo se manifeste. Retoma-se a grande preocupação que existe com a infecção dentro do hospital e as providências que estão sendo tomadas, ainda que se saiba ser impossível controlá-la totalmente.. Está em discussão um documento esclarecedor que deverá ser assinado pelo paciente ou familiar no momento da internação. O aspecto legal do documento está sendo avaliado.

Em seguida o grupo se debruça sobre a questão da culpa dos familiares por terem levado os pacientes ao hospital. MR se lembra que T. manifestara essa culpa. O grupo se lembra de situação discutida anteriormente em que outro paciente não queria ficar internado e sua filha insistiu, sentindo-se depois muito culpada por sua morte.

O grupo retoma, indignado, a questão das *fake news* e do uso político que se faz da pandemia. Os relatos, minuciosos, indicam a necessidade do grupo compartilhar sua raiva e impotência. Em seguida impõe-se a questão: "por que as pessoas acreditam nessas coisas?"

O grupo associa com homens abusivos e com esposas que não sustentam denúncias judiciais não apenas por medo, mas por estarem "convencidas" da recuperação do marido. Surgem novos relatos na mesma direção até que, em determinado momento, se impõe a questão: "O que fazer nessas situações?"

Após intensa discussão, permeada por novos exemplos, o grupo chega à formulação aproximada: "Devemos ajudar as pessoas a separar o real do imaginário".

O clima se tornou tranquilo e agora o grupo pôde voltar-se para si mesmo, constatando-se o fato de que médicos e equipes de saúde são alvos preferenciais para a projeção de culpas de pacientes, familiares e da própria sociedade. Surge a lembrança de um texto sobre os rituais de luto entre os índios Sanöma (Guimarães, 2020). Nessa tribo, sempre se considera que existe um culpado pela morte de algum membro. Essa culpa é atribuída a outra pessoa ou a um grupo que vive em um local muito distante, o que acaba por impedir a vingança objetiva e promover sua substituição por rituais.

O grupo se lembra da culpa pela pandemia ser atribuída aos chineses, que vivem em terras distantes. Comenta-se como seria bom se a culpa pelas mortes fosse atribuída a "alguém distante" (Deus ou o Diabo) e não aos médicos!

Em seguida surge a questão da culpa dos sobreviventes.

A sessão continua mas não há espaço para escrevê-la.

Posteriormente o grupo produziu um trabalho científico a partir dos relatos dos pacientes enlutados (Dantas et al, 2020), no qual são discutidos temas relacionados aos rituais de despedida, à dor de "não ter estar estado lá", à contaminação, à culpa e às múltiplas perdas e fatores relacionados ao contexto político.

***

Projeto S.O.S Brasil – Ateliê Eixo III – Adolescentes

Alicia Lisondo, Patricia L. de Oliveira, Teresa Cristina Peixoto, Ivana Marino, Sancha M. Benvindo Lopes (analista da paciente)
Sociedade Brasileira de Psicanálise de São Paulo

O Projeto S.O.S Brasil foi criado com o objetivo de oferecer atendimento psicológico emergencial diante das situações de desamparo, angústia e incertezas que a pandemia de covid-19 causou, e ainda vem causando, nas pessoas. A equipe de psicanalistas e outros profissionais da saúde disponibiliza de três a oito sessões on-line, num trabalho interdisciplinar cujo foco é o atendimento gratuito de bebês, crianças, adolescentes, gestantes e cuidadores. O texto que segue refere-se a um atendimento ocorrido no contexto deste projeto.

*

Algo tão inesperado surge de forma catastrófica em nossas vidas, deixando-nos atônitos, sem norte. Se aqui já nos encontrávamos sofrendo pela perda de direitos políticos e sociais, eis que se abate sobre nós essa pandemia viral semelhante às piores já ocorridas no nosso planeta. Chega repentinamente, subtraindo uma quantidade assustadora de vidas e nos tirando, ao mesmo tempo, o convívio social e o equilíbrio psíquico. Com tudo isso, logo pudemos constatar que vivências traumáticas que pareciam superadas retornam, muitas vezes, de forma avassaladora.

Nesse contexto de muita angústia, de desamparo e de incontáveis perdas, uma colega idealiza o Projeto S.O.S Brasil, por curto e determinado período de tempo, com o objetivo de acolher pessoas em seus sofrimentos e entender suas experiências traumáticas numa abordagem psicanalítica.

Recebo a adolescente Ayra para uma entrevista. Estudante de enfermagem, carente de recursos financeiros, residente em Manaus. Tem como queixa principal insônia, bem como muita preocupação com a chegada e o agravamento da pandemia. Conta-me que, antes da pandemia, por causa da insônia, havia procurado um psiquiatra, que a medicou e a encaminhou a uma psicóloga. Frequentou algumas sessões de terapia, a pandemia começou e ela acabou perdendo contato com a psicóloga, que mudou-se para outra cidade. O medicamento acaba, ela tenta uma nova consulta com o psiquiatra, não consegue, e não o procura mais. Depois dessa primeira conversa, combinamos dias, horários e período em que nos veríamos.

No dia marcado, ela entra em nossa primeira sessão falando da pandemia. Destaco aqui alguns trechos de nossa conversa.

Ayra – Essa pandemia é um horror. Tenho sofrido muito. São tantas mortes. Perdemos muitos amigos e conhecidos. O meu avô ficou muito mal, quase morreu. Minha tia também. Ficou um mês na UTI. Que tempos difíceis! E essa pandemia ainda impede que eu encontre meus colegas e que tenha aulas de laboratório, que era o meu sonho.

Analista: Tudo isso está causando um sofrimento excessivo, não é, Ayra? São muitas perdas.

Agora, Ayra está podendo compartilhar estes sentimentos comigo. Acrescenta:

Ayra – Perdi meu pai em um acidente de carro quando tinha 11 anos. A partir daí eu me tranquei. Sou filha única por parte de mãe. Sou fruto de um relacionamento extraconjugal de meu pai. Ele tem mais um filho e duas filhas. Uma delas me odeia. Os outros gostam de mim, mas nunca me procuram.

Será que Ayra também não odiaria esses irmãos, por terem tido pai e mãe juntos?

Intervenho dizendo que ela gostaria que a relação com os irmãos fosse bem diferente. E também que seu nascimento tivesse sido diferente e que pudesse ter tido um pai por inteiro.

Ayra – Sempre morei com minha mãe na casa dos meus avós. A relação com meu pai era muito boa. Ficávamos juntos durante os finais de semana. Ele me levava para passear. Íamos muito ao shopping e ele comprava todas as coisinhas de que eu precisava. Era muito bom. Com a morte dele, minha mãe entrou em depressão. Ela chorou durante meses. E queria que eu falasse de meus sentimentos. Mas eu não conseguia. Achava que tinha que preservá-la. E não falava nada do que eu sentia para que ela não sofresse mais. Eu, que era extrovertida, falante, me tranquei.

Analista – Talvez, Ayra, você tenha ficado com medo de ficar sem pai e sem mãe, pois sua mãe agora estava diferente, e, quem sabe, em sua cabecinha de 11 anos, temesse perdê-la de vez, também. Ela se emociona.

Ayra está ameaçada, aterrorizada mesmo, com medo de perder outros familiares por conta da pandemia. Mas agora ela está podendo falar, pois tem uma analista para escutá-la, mesmo que por um número limitado de vezes.

Ayra – Nesse período fiquei muito cuidadosa com minha mãe. Tínhamos uma relação muito boa, de amigas. Era uma relação de mãe, mas também de amiga. Fiquei muito carinhosa com ela. Com o passar do tempo, tudo mudou. As coisas foram piorando e vieram muitos conflitos. Tudo se tornou motivo de briga. Quando, de repente, a pandemia piorou, eu estava na casa do meu namorado. Recomendaram *lockdown*. Fui ficando lá e então resolvemos morar juntos.

Ayra continuou falando e disse algo que chamou muito minha atenção. Conta-me que, dois dias depois da nossa primeira entrevista, teve uma crise de pânico, algo que nunca havia vivenciado antes.

Ayra – Há dois dias, acho que tive uma crise de pânico. À noite, quando me preparava para dormir, veio um desespero muito grande, um sentimento de que eu estava presa, presa dentro de minha mente, e com essa estranha aflição eu queria sair correndo, correndo, para me livrar daquela experiência de horror. Foi desesperador. Meu namorado ficou ali ao meu lado, me segurando, querendo que eu falasse sobre o que eu estava sentindo, mas eu não sabia falar daquilo, achava que estava enlouquecendo. Eu agora estou com muito medo de sentir tudo aquilo novamente.

Ainda nesta, sessão Ayra fala de como aguardou, ansiosamente, o nosso encontro.

As mudanças provocadas pela pandemia e seus perigos podem ter trazido à baila o luto do pai. O medo ao qual Ayra se refere não seria o medo relacionado a esse luto ainda sem elaboração? O pânico é um pedido de socorro ante o terror. Estaria ela presa a esses lutos, atualizados agora na transferência? E qual seria o significado de Ayra, logo após a entrevista, ter tido uma crise de pânico? Não estaria ela mostrando indícios de uma transferência positiva de pronto? Ela agora pode enlouquecer e encontrar, junto com sua analista, as palavras para falar de seu desespero e, quem sabe, poder transformá-lo em esperança?

O projeto SOS Brasil está reafirmando a existência de muitas pontes entre a psicanálise e a comunidade. Para mim, participar de um projeto como este é manter vivos a esperança e o sonhar. E para a vida de Ayra, que importância terá?

***

Psicanálise extramuros – grupos de reflexão Psicanálise e Educação

Heloisa Helena Sitrângulo Ditolvo, Maria Tereza Labate Mantovanini, Raul Gorayeb, Silvia Martinelli Deroualle

Sociedade Brasileira de Psicanálise de São Paulo

Vamos apresentar uma experiência com os grupos de educadores do Centro Paula Souza (CPS), durante o primeiro semestre de 2021. Neste semestre foram realizados cinco grupos.

Esses encontros acontecem de forma on-line, por conta da pandemia. Anteriormente, eram todos presenciais, na matriz do CPS ou na sede da Sociedade Brasileira de Psicanálise de São Paulo.

São oito encontros quinzenais, com duração de uma hora e meia, e se caracterizam por ser um espaço de escuta e reflexão, com questões e temáticas que os educadores trazem para o grupo, de maneira livre e espontânea. Esses grupos são constituídos por Diretores, Orientadores Educacionais e Orientadores Pedagógicos.

É esclarecido que não se trata de terapia de grupo, embora a experiência, ao longo do semestre, tenha um efeito terapêutico muito evidente. Espera-se que a experiência possa ser disseminada, expandida pelos profissionais que participaram dos encontros, em suas unidades de ensino.

O Centro Paula Souza mantém 221 Escolas Técnicas Estaduais (Etecs), distribuídas em mais de 163 municípios paulistas. Elas oferecem mais de 140 cursos voltados para os setores industrial, agropecuário e de serviços. Contam com mais de 290.000 alunos matriculados em seus cursos médio, técnico e técnico integrado ao ensino médio e tecnológico.

A seguir segue o relato da dinâmica do terceiro encontro de um dos grupos. Nesta ocasião, temas como a morte, o desamparo e o medo ganham espaço e protagonismo.

A reunião se inicia com professores relatando o substancial aumento de mortes, tanto de colegas como de pais de alunos. Falam do medo e da tristeza que se espalham. Sentem-se desanimados, sem iniciativa e com falta de perspectiva.

Vai se constituindo um clima de muito sofrimento e tristeza.

Fui inundada por uma angústia de morte, um cansaço: uma quase impotência me invadiu. Como enfrentar esse tema tão angustiante que não era só deles? Era meu também!

A seguir a fala de uma educadora condensa a angústia do grupo: *"Como devo receber uma aluna que perdeu a mãe de COVID? Gostaria de estar bem para ajudar essa menina"*. Começa a chorar muito e relata a perda de seis amigos nas últimas semanas. Todos morreram devido à contaminação pelo vírus da COVID.

Coordenador: *Como você acha que poderia ajudar essa menina que perdeu a mãe? O que você considera uma ajuda?*

"Gostaria de estar bem... Não fraquejar, ser forte. Mas, no momento, não consigo, só consigo chorar!"

Há uma grande identificação do grupo com essa fala. Todos se mobilizam para acolhê-la e ampará-la em sua dor. Seguem vários testemunhos importantes:

"Nesse momento de tantas perdas é impossível ficar durão... Como alguém consegue não se sensibilizar?

"Com todas estas mortes não podemos fugir dessa conversa que estamos tendo".

"Sinto muita insegurança e medo, estou tendo ansiedade e noites de insônia. Não consigo trabalhar bem."

"As perdas são em todos os lados; morte de mãe de aluna, assalto a banco em nossa cidade que vira notícia nacional. Não podemos desanimar, já tivemos sete professores vacinados, o que dá um certo alento."

Coordenadora: *Você está trazendo a necessidade de resgatar a vontade de viver em meio a tanto luto e tantas perdas. Relembro a canção "Apesar de Você" de Chico Buarque de Holanda, que, longe de ser negadora, traz um rumo de esperança: "Amanhã há de ser um outro dia".*

A educadora retoma a palavra, agora mais calma e reflexiva: *"Sabe, o pior é não ter podido me despedir; como eram mortes por COVID não foi feito velório. Foi um enterro rápido só com a família. Não pude fazer as homenagens que gostaria... Não sei se sou só eu que sinto essa falta dos rituais. Morreu, desapareceu."*

Coordenadora: *Esta é uma questão da maior importância. Não é só você que necessita dos rituais funerários; cada cultura reserva um ritual que propicia o trabalho de luto. Precisamos enterrar os nossos mortos. Retornando à sua aluna que perdeu a mãe, fiquei pensando como seria importante uma* conversa, *uma escuta mesmo que virtual em virtude da pandemia.*

A educadora continua: "*Como faz falta abraçar e confortar as pessoas. Poder falar e dar uma palavra de apoio, tanto aos amigos como à minha aluna.*"

Encerramos esse encontro denso e tão sofrido concluindo que a escola e os educadores acabam sendo uma outra linha de frente nessa pandemia. Eles estão muito expostos à dor e ao luto.

"Fazer educação vai muito além de ensinar".

Nos encontros seguintes, ocorreu um movimento importante: o grupo ficou mais coeso e se criou uma maior intimidade. Nos nossos últimos encontros, o grupo parecia caminhar sozinho, quase prescindindo da presença do coordenador.

Esse foi o relato do trabalho ocorrido num dos grupos, mas de forma ampliada observamos momentos similares nos cinco grupos. Ele exemplifica o que entendemos como um momento depressivo – ou, nas palavras de Fédida, "depressividade". Acontece uma atividade criativa de pensamento e ilusão. A experiência de perda se constitui e possibilita a transformação da vivência interna. Trata-se de um momento de "parada": parar de agir, parar de funcionar o tempo todo, parar de querer resolver todas as demandas, propiciando a abertura de um espaço de reflexão e de visão crítica a respeito do próprio modo de funcionamento.

Seguem-se algumas falas que ilustram esse movimento:

"Se não ficar alerta, fico respondendo WhatsApp 24 horas por dia; não para de chegar mensagem. A demanda não tem fim!"

"Estamos condicionados com os excessos que nós mesmos fomos consentindo. A regra vai se tornando uma prisão. Posso mudar a regra?"

"Me sinto culpada por não dar conta de todas as demandas."

"As cobranças da instituição não param, tenho que fazer inúmeros relatórios em três dias. Sei que não dou conta... todas as outras demandas continuam.

"Minha meta agora é cumprir meus horários, ninguém pode tudo."

É interessante notar como a "ação excessiva," o não poder parar, que inicialmente foi associado a "ser competente" e "ser eficiente," vai se desconstruindo.

Concluindo, gostaríamos de relatar que esses educadores chegam para essas reuniões sem saber muito o que esperar. Durante o processo vão construindo, por meio das redes associativas, novas narrativas e se dando conta da importância de poderem falar e de serem escutados. Percebem que passam por situações conflitivas muito semelhantes. A condição colaborativa e de trocas, no grupo, faz com que se encontrem novos caminhos, novas perspectivas. E os sujeitos que deles participam se reconhecem pertencendo a um campo comum por meio das identificações em seu papel profissional.

***

Trabalho com alunos da Universidade Federal do Rio Grande do Sul, ligados ao Instituto de Geociências

Emílio Salle e Renato Piltcher
Sociedade Psicanalítica de Porto Alegre (SPPA)

Primeiro ato

No final de 2020, em meio ao recrudescimento da pandemia, a SPPA iniciou um trabalho em grupo com alunos de graduação da UFRGS (Universidade Federal do Rio Grande do Sul), vinculados ao Instituto de Geociências. Todos eram integrantes de uma empresa Júnior, a Petra Jr., abrigada pela Universidade Federal. A atividade envolvia reuniões mensais, com duração de uma hora, coordenada por um membro da SPPA (Sociedade Psicanalítica de Porto Alegre).

Estabeleceu-se como objetivo abordar as angústias e os sentimentos relacionados à pandemia que estávamos vivendo.

Registros de fragmentos de encontros do grupo:

20/04/21 – E. fala em tom de lamento: "Bah, que saudades da escadinha..."

N.: "É mesmo...ali acontece, ou acontecia, né, um monte de coisas... acho que isso é encontrar alguém de verdade... A gente se senta junto, surgem opiniões sobre o professor que não dá para perder, ou quando os veteranos contam que é melhor evitar um outro... até uns namoros começam ali... discussões de provas, política da universidade e da cidade".

A. fala que tem medo que as aulas e este tipo de experiência nunca mais retornem. R. diz que "achava a escadinha legal, mas confesso que até prefiro as aulas online… tem o conforto de casa, estou podendo ficar de novo perto dos meus pais, já que moram no interior".

Outros participantes voltam a destacar as perdas que sentem.

R. participa de novo: "Talvez seja por eu ser meio tímida que combina mais comigo fazer pelo computador…". Vários falam que encontrar as pessoas "por aqui" (virtualidade) não é a mesma coisa, que mesmo uma mensagem via WhatsApp, de um pra um, parece algo meio estranho, como se tivesse que ter um objetivo na conversa, em grupo então mais ainda, falar com alguém sabendo que outros estão ali assistindo à conversa… Fica muito estranho.

Um integrante diz: "Ainda bem que temos os projetos e reuniões da Petra, o pessoal em geral parece bem mais perdido". O analista pensa nos aspectos transferenciais envolvidos, mas opta por não verbalizar isto, comentando das ansiedades aumentadas pela incerteza da duração que terá a quarentena e suas repercussões, e também pontuando que a experiência de estarem ali neste momento, procurando expressar sentimentos e pensamentos junto com ele, era também algo novo e potencialmente gerador de ansiedade.

18/05/21 – Grupo aborda os receios com o impacto da pandemia no futuro.

G. comenta: "Muitas vezes fico nervoso, será que vou conseguir ter uma casinha, um carro, custear uma família com filhos? E esta pandemia parece que está piorando tudo, menos chances de emprego… já eram poucas, mas está pior… meus pais, mesmo sem muitas condições, dizem: não te estressa, vamos te ajudar, mas eu quero poder me sustentar como eles conseguiram!"

17/08/21 – Muitos comentam sobre o medo que predominava no início da quarentena e que, com o passar do tempo, foram se adaptando... mas a perda existe, é difícil focar na aula online e aprender como se aprende na sala de aula. Tristeza em não encontrar "de verdade" as pessoas. Surge a fala de A. sobre a força da capacidade adaptativa dos humanos. Fala dela própria, como estava em março e como está agora: "quando voltar total o presencial, e tomara que seja logo, vou ter que me adaptar de novo... Pegar uma hora e meia de ônibus cedo pela manhã... talvez até a gente precise mais deste grupo do que agora...". Ninguém teve perda por morte de familiar, mas souberam de familiares de conhecidos que sim. A estas alturas, por vezes reconhecem arriscar um pouco, ninguém aguenta mais não fazer as coisas, não encontrar as pessoas... B. consegue "virar a chave" da seriedade e formalidade que acha importantes na Petra para a soltura informal e divertida para o papo solto. Faz terapia individual. O analista fala sobre o objetivo de apoio emocional centrado na pandemia.

R. acha que, se tivesse alguma dinâmica de grupo, algum assunto escolhido para falarem, direcionado, talvez rendesse mais. J. fala que tem dificuldade em se organizar ficando em casa, que sem a rotina vinda de fora fica meio perdido. Todos ficaram muito contentes que vai enfim ser obtido o "container" que ficará no campus.

Sobre os autores

Marcelo Viñar – Membro titular e didata da Associação Psicanalitica do Uruguai, foi professor da Faculdade de Medicina da República, de 1968 à 1997 e presidente da FEPAL. Autor de livros e artigos na área de psicanálise, com ênfase nos temas da violência, trauma, desigualdades e o trabalho extramuros.

Ana Cristina Cintra – Psicóloga Clínica, psicanalista pelo Instituto Sedes Sapientiae, mestre em psicologia clínica pela PUC-SP, doutora em psicologia escolar e do desenvolvimento humano pelo IPUSP. Diretora dos Institutos Acaia e Çarê.

Maria Elizabeth Mori – Psicóloga, Mestre em Psicologia e Doutoranda do Programa de Pós-Graduação em Psicologia Clínica e Cultura, pela Universidade de Brasília (UnB). Psicanalista e Diretora de Comunidade e Cultura (DCC) da Sociedade de Psicanálise de Brasília (SPBsb). Coordenadora do Observatório Psicanalítico (OP) da Federação Brasileira de Psicanálise (FEBRAPSI).

Fernando Orduz – Psicoanalista. Sociedad Colombiana de Psicoanálisis (Socolpsi). Magister en Comunicación y Cultura. Expresidente

Federación Psicoanalítica de América Latina (FEPAL) 2014-2016. Docente Universitario. Universidad de Norte y Universidad Javeriana. Colombia. Miembro fundador. Aperturas en Psicoanálisis. Colombia.

Mariano Horenstein – Psicoanalista. Miembro de IPA, FEPAL, APC y grupo de investigación "Geografías del psicoanálisis". Ex editor en jefe de Calibán-RLP. Ex director de Instituto de Formación APC. Autor de "Psicoanálisis en lengua menor", "Brújula y diván. La necesaria extranjería del psicoanálisis", "Funambulistas" y "Conversaciones de diván". Recibió, entre otros, los premios Lucian Freud, FEPAL y Elise Hayman Award for the study of the Holocaust and genocide. (www.marianohorenstein.com)

Marion Minerbo – Psicanalista, membro efetivo da Sociedade Brasileira de Psicanálise de São Paulo, doutora pela UNIFESP, autora de artigos e livros Neurose e não neurose, Transferência e contra-transferência, Diálogos sobre a clínica psicanalítica, Novos diálogos sobre a clínica psicanalítica, A posteriori, um percurso, todos pela Blucher. Prêmio Durval Marcondes no XXV congresso brasileiro de psicanálise em 2015.

Alberto César Cabral – Ex-Director del Instituto de Psicoanálisis APA (2013-2016). Autor de Cuestiones en Psicoanálisis (Letra Viva, 2000), Lacan y el debate sobre la contratransferencia (Letra Viva, 2010) y el Perdón y sus límites (Teseo, 2020). Compilador con Abel Fainstein de On training analysis – debates (APA-Lugar, 2020). Co-autor, entre otros, de "De fanatismos y carismas", APA Editorial, 2022.

Carmen Rodriguez – Dra. en Educación. Licenciada en Psicología Socioanalista (Análisis Institucional), especialista en políticas públicas de infancia y adolescencia, consultora UNICEF. Docente, investigadora y autora de diversas publicaciones en el área de infancia y adolescencia.

Jorge Bruce – Miembro de la Sociedad Peruana de Psicoanálisis. Magíster por la Universidad de París. Autor de diversos libros, el más reciente es la reedición de Nos Habíamos Choleado Tanto: Psicoanálisis y Racismo (Penguin Random House).

Pablo Alberto Dragotto – Psicoanalista. Lic. en psicología por la Universidad Nacional de Córdoba (Argentina). Miembro adherente y actual coordinador de comunidad y cultura, de la Asociacion Psicoanalitica de Córdoba (APC). Co-autor del libro "Acompañantes. Experiencias y conceptualizaciones en acompañamiento terapeutico" (Ed. Brujas, Cordoba, 2012). Ex-Director Nacional de Prevención de las Adicciones (Secretaria de Politicas Integrales en Materia de Drogas, Argentina). Docente del Departamento de Acompañamiento Terapéutico de la Facultad de Psicología de la Universidad Nacional de Córdoba.

Magda Guimarães Khouri – Membro associado da Sociedade Brasileira de Psicanálise de São Paulo. Diretora de Cultura e Comunidade da SBPSP (2007-2010). Diretora de Comunidade e Cultura da FEPAL (2015-2016). Diretora de Atendimento à Comunidade da SBPSP (2017-2020). Organizadora com Bernardo Tanis do livro A psicanálise nas tramas da cidade, Ed. Casa do Psicólogo (2009).

Alejandro Martín Beltrán Guerrero – Psicoanalista didacta; presidente de la Sociedad Psicoanalítica de México (2022). Cursó los estudios de maestría y doctorado en psicoanálisis y es además sociólogo. Recibió el Premio Internacional Avelino González otorgado por la SPM y el Premio Niñez y Adolescentes por FEPAL, entre otros. Tiene su clínica privada en niños, adolescentes y adultos.

GRÁFICA PAYM
Tel. [11] 4392-3344
paym@graficapaym.com.br